DAVINA MCCALL

oraz DR NAOMI POTTER

Menopauzing
czyli nowy początek

JAK ZDROWO I Z ENERGIĄ WEJŚĆ
W KOLEJNY ETAP SWOJEGO ŻYCIA

Przedmowa do polskie[...]
dr n. med. Katarzyna S[...]

D1437877

BUCHMANN

Tytuł oryginału: *Menopausing. The positive road map to your second spring.*

Copyright © by Davina McCall 2022

Originally published in the English language by HarperCollins Publishers Ltd. under the title Menopausing.
Translation © Grupa Wydawnicza Foksal 2022, translated under licence from HarperCollins Publishers Ltd.
Davina McCall asserts the moral right to be acknowledged as the author of this work.

Copyright for this edition © by Grupa Wydawnicza Foksal, 2023
Copyright for the polish translation © by Agencja Wydawnicza Synergy, 2023

Redaktorka inicjujaco-prowadząca: Sylwia Kawalerowicz

Konsultacja medyczna oraz przedmowa do polskiego wydania: dr Katarzyna Skórzewska

Projekt szaty graficznej: Kate Oakley © HarperCollinsPublishers Ltd 2022
Ilustracja: © Imagist
Projekt okładki: Paulina Piorun

Kompleksowe opracowanie książki:
Agencja Wydawnicza Synergy Elżbieta Meissner
www.agencja-wydawnicza-synergy.pl
Zespół w składzie:
Przekład: Paweł Kozłowski
Weryfikacja przekładu: lek. med. Beata Kossakowska-Nowakowska
Redakcja: Beata Wieseń
Korekta: Małgorzata Kryska-Mosur
Analiza tekstu: Lingventa
Indeks: Anna Sadczuk
Skład i łamanie: Barbara Kryska

WYDAWCA:
Grupa Wydawnicza Foksal Sp. z o.o.
ul. Domaniewska 48, 02-672 Warszawa
tel. 22 826 08 82, 22 828 98 08
e-mail: biuro@gwfoksal.pl
www.gwfoksal.pl

ISBN: 978-83-8319-019-8
Wydanie I
Warszawa 2023
Wydrukowano w Polsce

• M1731

SPIS TREŚCI

PRZEDMOWA
DO POLSKIEGO WYDANIA

Co roku w Polsce około 250 tysięcy kobiet przechodzi menopauzę, blisko 700 każdego dnia, miesiąc w miesiąc. Każda osoba z macicą, niezależnie od miejsca zamieszkania, wykształcenia, zawodu, posiadanego majątku, dzieci czy orientacji seksualnej będzie miała menopauzę. To nieuniknione. Menopauzę – czyli ostatnią miesiączkę w życiu, bo jest to jednorazowe wydarzenie, a nie, jak się powszechnie sądzi, okres w życiu.

Menopauza jest częścią przejścia menopauzalnego – fazy, w której w naszym ciele następują różne zmiany związane z zakończeniem okresu rozrodczego i w konsekwencji zaprzestaniem produkcji hormonów jajnikowych.

Menopauza występuje w okresie perimenopauzy – tym najbardziej nieprzewidywalnym i zaskakującym objawami, na które zwykle nie jesteśmy przygotowane. Bo przecież nikt nam nie mówił, że ucisk w klatce piersiowej, szybkie bicie serca i uczucie niepokoju to nie musi być zawał, a problemy z pamięcią i mgła mózgowa nie oznaczają początku alzheimera.

Menopauza to wielkie tabu, problem zamiatany pod dywan przez kolejne pokolenia kobiet, bardziej wstydliwy niż miesiączka, choroby przenoszone drogą płciową czy choroby psychiczne. Nie tylko w Polsce. Na całym świecie żyje obecnie miliard kobiet, będących w okresie około- i pomenopauzalnym, a blisko 90 procent z nich boryka się z nieprzyjemnymi dolegliwościami, często bojąc się lub wstydząc rozmawiać o tym ze swoim lekarzem.

Dlaczego tak się dzieje? Przez wieki rola kobiety była sprowadzana do prokreacji i wychowywania dzieci. Kobieta, która stawała się bezpłodna, okazywała się tym samym bezwartościowa. Taki pogląd przekazywany z pokolenia na pokolenie, wzmacniany przez niektóre środowiska, tak silnie wbił się w naszą psychikę, że mimo postępu nauki, wiedzy medycznej, rozwoju technologii, powszechnej cyfryzacji nadal wstydzimy się tego, co jest naturalne i nieuniknione. Menopauza zawstydza nas bardziej niż miesiączka. Miesiączkowanie potwierdza naszą „kobiecość", przydatność społeczną i sprawność seksualną, a menopauza, jako jeden z etapów starzenia, podaje to w wątpliwość.

Kobiety wstydzą się tego, że przekwitają, bo panuje kult młodości i seksualizacja naszego życia. W przekonaniu wielu osób, również kobiet, po pięćdziesiątce zmniejsza się nasza rola w społeczeństwie, wartość intelektualna, atrakcyjność, kobiecość. To taki powszechny, społeczny hejt, przed którym bronimy się, milcząc i nie przyznając się do menopauzy. Co nie oznacza, że ona nie nadejdzie.

Gdy w 2021 roku kanał Channel 4, jedna z brytyjskich stacji telewizyjnych, wyemitował reportaż Daviny McCall, osobowości telewizyjnej i autorki książki, którą właśnie trzymasz w rękach, okazało się, że dziewięć na 10 kobiet w Wielkiej Brytanii uważa, że menopauza miała negatywny wpływ na ich życie, ale tylko jedna na 10 z powodu nieprzyjemnych objawów zdecydowała się na leczenie hormonalne. Ta publikacja obudziła świadomość kobiet i odwagę do walki o lepsze samopoczucie i zdrowie w okresie transformacji menopauzalnej i po niej. Rewolucja menopauzalna stała się faktem i rozprzestrzenia się na całą Europę (nieśmiało) i inne kontynenty. USA, Australia, Indonezja, Korea Południowa – kobiety zaczęły domagać się skutecznego i bezpiecznego leczenia, które poprawia jakość życia. Nastąpiła ogromna zmiana w świadomości kobiet, jeśli chodzi o przyczyny złego samopoczucia, problemów w domu i w pracy, a także w podejściu do terapii hormonalnej. Coraz więcej osób chce stosować terapię hormonalną menopauzy (HTM), potocznie nazywaną HTZ (hormonalna terapia zastępcza). Zjawisko to, nazwane „efektem Daviny", spowodowało gwałtowny wzrost zapotrzebowania na leki hormonalne niwelujące objawy związane z zakończeniem produkcji estrogenów w jajnikach. W zeszłym roku w Anglii terapię hormonalną rozpoczęło około 2 milionów kobiet – o jedną trzecią więcej niż w roku poprzednim.

Skutkiem tego w wielu krajach, a szczególnie w Wielkiej Brytanii, leków tych zaczęło brakować. Zdesperowane kobiety szukały swoich tabletek, plastrów i żeli na czarnym rynku, apteki sprowadzały je z innych krajów, gdzie HTM nie jest aż tak popularna, również z Polski. Nie mamy dokładnych danych dotyczących tego, ile kobiet w Polsce stosuje terapię hormonalną. Szacuje się, że jest to około 7 procent osób w okresie transformacji menopauzalnej. Budząca się świadomość i chęć poprawienia komfortu życia powodują, że chcemy wiedzieć, co się z nami dzieje i dlaczego oraz jak możemy sobie pomóc. Szukamy wiedzy na temat menopauzy w internecie, bo nie ma zbyt wielu polskojęzycznych książek opartych na rzetelnej, aktualnej wiedzy medycznej, a nie na przekazach z poprzedniego wieku. Polscy lekarze ginekolodzy, którzy z racji kierunkowego wykształcenia są predestynowani do leczenia problemów rozrodczych kobiet, nie są odpowiednio edukowani ani podczas studiów, ani w trakcie szkolenia specjalizacyjnego. Dlatego wiele z nas szuka informacji na własną rękę i często trafia na samozwańczych ekspertów i nierzetelne źródła pełne fałszywych przekazów, straszenia hormonami i śmiertelnymi chorobami lub na rekomendacje leczenia niezarejestrowanymi preparatami zawierającymi olbrzymie dawki aktywnych substancji, które mogą doprowadzić do poważnych konsekwencji zdrowotnych.

Bardzo się cieszę, że na naszym rynku pojawiła się piękna i wartościowa książka, stworzona przez dwie kobiety. Davina McCall nadała jej odpowiedni kształt – pełen kobiecości, ciekawości, lekkości i zaangażowania. Doktor Naomi Potter, lekarka rodzinna specjalizująca się w medycynie menopauzalnej, wzbogaciła ją swoją merytoryczną wiedzą i doświadczeniem. Nie jest to książka medyczna – nie jest więc wolna od uproszczeń i potocznej terminologii, ale informacje są oparte na najnowszych doniesieniach ze świata nauki i rekomendacjach towarzystw naukowych.

Choć realia opieki medycznej w Wielkiej Brytanii i w Polsce różnią się zasadniczo, to dzięki lekturze *Menopauzingu* wiele osób dowie się, że są w „statystycznej normie", a dziwne zachowanie, niepokojące dolegliwości, objawy, które utrudniają życie i współżycie, to nie początek choroby psychicznej – tylko menopauza. To, że o tym nie mówimy, powoduje, że w wielu sytuacjach spotykamy się z niezrozumieniem ze strony najbliższych: partnera, dzieci, przyjaciół, współpracowników.

Pamiętaj, moja droga, że nie jesteś sama – w takiej sytuacji są miliony kobiet na całym świecie. Pani w sklepie, nauczycielka twojego dziecka, kuzynka i lekarka. Nie chowaj się w kącie i nie użalaj nad stanem menopauzalnym, tylko chwyć srebrną łanię za rogi i nie dawaj się. To dobry czas dla ciebie: dzieci są dorosłe i nie potrzebują całodziennej opieki, mąż też sobie radzi (może nawet umie włączyć zmywarkę?). Zdobyłaś wykształcenie, osiągnęłaś stabilną pozycję zawodową, kariera zrobiona – czas odcinać kupony i skoncentrować się na sobie. Rozwijaj pasje i zainteresowania, relacje towarzyskie – prowadź satysfakcjonujące życie. Wiele kobiet postrzega menopauzę jako błogosławieństwo. To jest ten czas, kiedy możemy odkryć siebie na nowo po latach skupiania się na potrzebach innych ludzi.

dr n. med. Katarzyna Skórzewska
@dr_menopauza

WSTĘP:
TO SIĘ ZDARZA,
MOJA DROGA... MENOPAUZA

Menopauzing to więcej niż książka, to ruch społeczny. REBELIA.

Nie wiem, jak było u ciebie, ale dla mnie najdziwniejsze jest to, że potrafię dokładnie określić moment, w którym – jak mi się wydaje – pojawiły się u mnie objawy perimenopauzy[1].

To trochę tak jak wielkie, wiekopomne zdarzenie, jak śmierć księżnej Diany czy wybór Baracka Obamy na prezydenta Stanów Zjednoczonych. Pamiętam, gdzie wtedy byłam, co robiłam, co miałam na sobie, jakie miałam włosy... wszystko.

Miałam 44 lata, gdy się zaczęło. To było takie DZIWACZNE. Poczułam się, jakbym właśnie utraciła kawałek siebie – i wiem, że inne kobiety opisują to w taki sam sposób. Zmieniałam się. Nie potrafię dokładnie sprecyzować, na czym to polegało, ale nie czułam się ze sobą dobrze.

Było to w 2012 roku, byłam w Pradze na zdjęciach dla Garniera. Pracowałam z tym wspaniałym reżyserem, który kazał mi uwolnić w sobie bestię. Miałam wiele swobody, jeśli chodzi o działanie na planie. Pamiętam, że czułam się bardziej pewna siebie niż zwykle i zastanawiałam się, skąd to się bierze. I za każdym razem było to samo: gdy szłam spać – a byłam tam chyba trzy noce, w naprawdę miłym hotelu – pościel była przyjemna, świeżo uprasowana, a kiedy budziłam się w środku nocy, wszystko było mokre. W dołku na szyi miałam sadzawkę pełną wody i trzęsłam się z zimna, bo najpierw było mi gorąco, potem się pociłam, a potem marzłam i musiałam wstawać, by zmienić pościel.

Czułam się z tym okropnie, bo bardzo dawno temu, gdy miałam 20 lat, byłam uzależniona od heroiny i ostatni raz tak się pociłam, gdy w tamtych czasach byłam na głodzie. Czułam się TAK wstrętnie. Po potach i tym wszystkim czułam, jakby moje ciało zamieniło się w suszoną śliwkę. Nogi stawały się supersuche od razu, gdy wychodziłam spod prysznica. Cała skóra zrobiła się jakaś inna, trochę jak krepina – musiałam używać kosmetyków nawilżających.

---

[1] Klinicznie okres przekwitania dzielimy na etapy: przejścia menopauzalnego, okołomenopauzalny (perimenopauza) i pomenopauzalny (postmenopauza) [przyp. kons.].

Czułam, że włosy też się zmieniły. I miałam wrażenie, że wszystko to stało się w ciągu jednej nocy.

Część mnie myślała: Boże, może jestem chora, może coś się dzieje, może coś ze mną nie tak, może źle się odżywiam, może złapałam jakiegoś wirusa? Nie przeszło mi wówczas przez myśl, że poty były objawem perimenopauzy.

Ciekawe było to, że moje perimenopauzalne objawy przychodziły i odchodziły, trochę jak cykl miesięczny. Wydawało się to bardzo przypadkowe.

Nie miałam potów każdej nocy. Pojawiały się tylko w określonych momentach cyklu. Ale inne symptomy – nagłe wrażenie, że jestem stara, stękanie podczas wkładania skarpetek, poczucie zmęczenia całego ciała, wahania nastroju – występowały stałe. Nie odczuwałam tego jak zespół napięcia przedmiesiączkowego. To było coś innego. Ale nie wiedziałam co.

Jednym z najgorszych objawów była suchość pochwy. Było to tak okropne i straszne, że poświęciłam temu cały rozdział w dalszej części książki. Odczuwałam ból przy podcieraniu się po siusianiu, bo brakowało naturalnego smaru, który zapobiegałby podrażnieniu przez papier toaletowy. Piszę zbyt dosłownie? Przyzwyczaj się. W tej książce będzie tego więcej.

Było też roztargnienie. Komórka trafiała do lodówki, a klucze do kubła na śmieci. Osiągnęło to zatrważający poziom. Zapominałam WSZYSTKO. Słowa, imiona, wydarzenia... wszystko!

Myślę, że najbardziej przerażało mnie to, co się stało z moim umysłem, ponieważ w pracy musiałam przyjmować bardzo różne role w wielu programach telewizyjnych i do każdego z nich należało wnosić inny rodzaj energii. Bardzo często występowałam też na żywo. Pamiętam, jak w trakcie jednego z takich programów mówiłam do rozmówcy i od czasu do czasu spoglądałam na niego, myśląc: „Nie pamiętam twojego imienia". Później też się zastanawiałam: „Jak on ma na imię?". Nie wiem, czy masz podobne doświadczenia, ale to nie był ten stan, kiedy po prostu podążasz normalnymi ścieżkami neuronowymi, by sobie coś przypomnieć. Gdy szukałam tego w umyśle, tam po prostu była pustka. Dosłownie nie byłam w stanie o niczym myśleć.

Jako uzupełnienie mgły mózgowej pojawiły się zaburzenia snu. Myślałam: no dobrze, mam za mało snu, dlatego nie mogę normalnie myśleć. Gdy teraz na to patrzę, mam świadomość, że moje zachowanie w domu było nie do zaakceptowania. Cały czas byłam lekko podenerwowana. Trochę rozdrażniona, trochę powolna, trochę blee. Straciłam miłość do życia.

No dobra...

Nie mogę przecież zakończyć stwierdzeniem „no dobra". I tak naprawdę nie mogę po prostu zapomnieć tamtego czasu. Był to naprawdę długi okres w moim życiu i żałuję, że nie wiedziałam, jakich objawów powinnam oczekiwać. Gdyby tak ktoś, z kim pracowałam, zauważył. Gdyby tak nauczono mnie tego w szkole – abym wiedziała, co nadchodzi. Gdyby tak któraś spośród starszych wiekiem wykładowczyń opowiedziała mi o swoich doświadczeniach, dostrzegłabym sygnał ostrzegawczy, gdy sama zaczęłam tego doświadczać.

Wiemy dzisiaj, że nowoczesna hormonalna terapia zastępcza (HTZ), nowoczesna HTZ przezskórna (czyli środek absorbowany przez skórę) jest zasadniczo bezpieczna i – o czym piszę w tej książce – na wiele sposobów wpływa na nas pozytywnie. Ja o tym nie wiedziałam i straciłam przez to kawał życia. W ciągu ostatniego roku rozmawiałam z wieloma kobietami – jednej z nich walka o otrzymanie HTZ zajęła dziewięć lat. Dziewięć lat! Gdy wreszcie ją otrzymała, po kolejnych czterech latach wszystko było w porządku. To są właśnie sytuacje, które nie mają prawa się zdarzyć.

Bardzo się cieszę, że czytasz tę książkę i jestem szczęśliwa, że będziesz ją mieć w domu. Cieszę się także z tego, że odwiedzający cię mężczyźni i kobiety będą mogli wziąć ją do ręki i choćby przejrzeć.

Po przeczytaniu odłóż ją na półkę w toalecie, obok książki z dowcipami, i postaraj się, by była dostępna dla każdego, kto zechce ją przekartkować. „Idę zerknąć do tej książki o menopauzie, by zobaczyć, czy któryś z objawów...". Bo nikt nie powinien marnować całych lat życia na menopauzę czy perimenopauzę. Nikt.

Wciąż jednak, biorąc pod uwagę te wszystkie znakomite książki o menopauzie, napisane przez fantastyczne autorki przede mną, oraz wszystkie programy TV i niezliczone kobiety, które się w nich pojawiały i mówiły o menopauzie, wydaje się, że w naszej wiedzy istnieje wielka luka. Wciąż wiemy bardzo mało. A menopauza to coś, co przytrafi się **absolutnie 100 procentom spośród 51 procent ludzi w tym kraju. To jakiś obłęd!**

W okresie, gdy naprawdę zmagałam się z objawami, zrobiłam mnóstwo programów na żywo, ale jeden spośród nich przebił wszystko. Poza tym, że zapomniałam imienia gwiazdy, miałam problemy z czytaniem tekstu. Coś się stało z moim wzrokiem – po prostu nie mogłam przeczytać wyświetlanego tekstu tak płynnie jak zwykle, jakby przewijane litery były nieco rozmyte. Pomyłka w nagrywanym programie to pół biedy. Gorzej w transmisji na żywo, gdzie jedną wpadkę można zamienić w żart, ale jeśli jest ich więcej, trudno to zignorować.

Pewna sympatyczna kobieta przyszła po programie do mojej garderoby (wciąż pracuje w ITV – jest cudowna) i zapytała: „Wszystko w porządku?". „Tak, tak, w porządku, proszę się o mnie nie martwić. Wszystko jest dobrze". A ona odpowiedziała: „Oj, to dobrze, tylko sprawdzam, bo pani jakoś tak dziwnie miała problemy z czytaniem tekstu z promptera i po prostu chciałam się upewnić, czy dobrze się pani czuje". A ja rzuciłam coś w rodzaju: „Tak, tak, przepraszam za to. Jutro będzie w porządku".

Wyszła z pokoju, a ja wybuchnęłam płaczem. Czułam się BARDZO źle. Ogromnie się wstydziłam i bałam się, że mogę stracić pracę. Obawiałam się, że ona już nie zaprosi mnie do współpracy, a zarazem wprawiało mnie w zakłopotanie, że sknociłam to, co normalnie zrobiłabym bez problemu. Byłam na siebie wściekła za popełnienie głupich błędów, które nigdy przedtem mi się nie zdarzały. Płakałam ze złości, smutku i strachu. Cała składałam się z tych trzech uczuć. Usiadłam na krześle i pomyślałam: „Co się dzieje?".

Jeszcze wtedy nie pomyślałam o Google'u. Wciąż nie przyszło mi do głowy, by skojarzyć fakty.

Porozmawiałam jednak z kuzynką, która była mniej więcej w moim wieku, a ona powiedziała: „Nie sądzisz, że to może być menopauza?". No właśnie nie – nie pomyślałam o tym. A ona ciągnęła: „No, przechodziłam przez coś podobnego – myślę, że to menopauza". Albo perimenopauza, ale wtedy nie wiedziałyśmy, że to o niej mówimy, bo wyglądało nam to na menopauzę.

Przeskoczmy dwa lata. Zdążyłam już zadzwonić do lekarza, bojąc się, że mam alzheimera. Pani doktor powiedziała: „Nie masz alzheimera, bo gdybyś miała, to nie ty zadzwoniłabyś do mnie, tylko ktoś z twoich bliskich. Prawdopodobnie jesteś przeciążona psychicznie. Masz stresującą pracę, wokół dużo się dzieje i masz troje małych dzieci. Masz po prostu za dużo na głowie".

Poczułam się lepiej, ale wciąż się zastanawiałam: „Boże, ja po prostu nie mogę normalnie myśleć. A nigdy nie miałam z tym żadnego problemu. Pracowałam na najwyższych obrotach, a teraz jakbym działała na pół gwizdka".

Zdarzało się, że wsiadałam do samochodu, krzycząc na dzieci, by zapędzić do niego całą trójkę i wszystkie razem zawieźć do

szkoły. Gdy były małe, unikałam bycia wrzaskliwą matką, nastawiałam budzik na pół godziny wcześniej. To działało. Teraz jednak nieważne, na jak wcześnie go nastawiłam, bo to i tak nie skutkowało. Pamiętam, że pewnego dnia w samochodzie powiedziałam: „Słuchajcie, przepraszam". Opałam głowę na kierownicy i zapłakałam. „To tylko zachowanie – to nie jest wasza mama. Nie wiem, co się dzieje, naprawdę jest mi przykro. Jedźmy już do szkoły". I przez całą drogę udawałam szczęśliwą.

W 2014 roku wzięłam udział w charytatywnej imprezie Sport Relief i to było SZALEŃSTWO. 800 km z Edynburga do Londynu. Pierwszego dnia, po wielu godzinach na rowerze, dostałam okresu. Nie mogłam przewidzieć, kiedy nadejdzie i ile będzie trwał. Wtedy już wszystko było możliwe. Miałam założony tampon (przepraszam za szczegóły...). Pierwszego dnia przez 200 km pedałowania w deszczu sznureczek ocierał mnie i ranił. Zrobiło mi się duże otarcie, a musiałam spędzić na rowerze w przemoczonych szortach kolejnych siedem dni oraz przebiec maraton! Ale to nie wszystko. W ciągu całego tygodnia co drugą noc pociłam się i właściwie nie spałam. Wydawało mi się, że to z powodu stresu. Byłam CAŁKOWICIE załamana. Przy czym był to jakiś nowy poziom rozbicia. Pogoda była okropna, dostałam okresu, miałam perimenopauzę.

KIEDY ZAWOŁAŁAM S.O.S.

Wreszcie się wybrałam do mojej lekarki.

Przedtem rozmawiałam z lekarzem rodzinnym, który był przemiły i powiedział, że jestem raczej za młoda na perimenopauzę i że zobaczymy, co będzie dalej.

Dalej nie było dobrze.

Przeszłam przez najgorszy okres w życiu. Jestem zaleczoną alkoholiczką. Od 30 lat nie miałam alkoholu w ustach. I miałam się nie złamać, tak?

Jestem niedoszłą hipiską. Urodziłam troje dzieci w domu, bez znieczulenia... Zamiast tego skorzystałam z hipnozy... Naprawdę byłam dumna z tego, że jestem wielką twardzielką, jeżeli chodzi o ból czy problemy. Byłam niewzruszona zarówno w kwestii przyjmowania popularnych tabletek na ból głowy, jak i standardowych procedur medycznych. Poćwiczę, mówiłam sobie, wezmę jakiś preparat roślinny (pluskwica groniasta – co ty na to?) i wypiję ziołową herbatkę. Szafki w mojej kuchni przypominają sklep ze zdrową żywnością. Ale nic nie pomagało i czułam się gorzej niż kiedykolwiek. To była porażka.

Byłam coraz bardziej zdesperowana. Gdyby mi ktoś wtedy powiedział, że skakanie na jednej nodze przez trzy godziny na środku Trafalgar Square w centrum Londynu może pomóc na niektóre objawy, z radością bym to zrobiła.

Szanuję państwowy system ochrony zdrowia i w przypadku problemów zawsze w pierwszej kolejności zwracam się właśnie do niego, ale mam to szczęście, że w razie konieczności stać mnie na prywatne wizyty. A ponieważ w tym momencie poważnie obawiałam się o swoje zdrowie, zapisałam się prywatnie do lekarza. Piszę to z przykrością, bo wiem, że wielu osób czytających tę książkę na to nie stać, a chciałabym, by ta lektura upewniła cię, że MOŻESZ otrzymać niezbędne wsparcie w państwowym systemie ochrony zdrowia.

No więc poszłam do prywatnego lekarza, który powiedział: „Myślę, że to perimenopauza, wyślę panią do ginekologa". No i trafiłam do ginekologa.

A on wysłuchał wymienianych przeze mnie objawów, spojrzał na mnie i potwierdził, że mam perimenopauzę. O MÓJ BOŻE!!! CO ZA ULGA! Łzy. Więc nie zwariowałam? Lekarz był wspaniały. Był pierwszym specjalistą, który poruszył ze mną temat hormonalnej terapii zastępczej (HTZ), jednak, biorąc pod uwagę nagłówki gazet z wczesnych lat dwutysięcznych, łączące HTZ z rakiem piersi, z góry ją odrzuciłam.

Powiedział: „Ma pani perimenopauzę, zapiszę plastry z estrogenem, one działają przez skórę". Odpowiedziałam, że nie chcę, bo dostanę raka piersi. A on odparł, że to już nie jest ta sama terapia.

Porozmawiałam z nim, popłakałam i zrozumiałam, że zrobię wszystko – WSZYSTKO!!! – by już nigdy się tak nie czuć. Przestałam się nawet przejmować tym trochę podwyższonym ryzykiem. Teraz, wiedząc o nim więcej, zdecydowanie uważam, że dobrze postąpiłam. Warto było zaakceptować minimalnie podwyższone ryzyko, zważywszy na moje życie i to, co traciłam, żyjąc z objawami.

Ginekolog zaoferował mi to, co powinna otrzymać każda kobieta, niezależnie od tego, czy pójdzie do prywatnego lekarza, czy do przychodni – naprawdę mnie wysłuchał. Posadził mnie, przyjrzał się temu, jak żyję, obejrzał moją historię medyczną i krok po kroku wyjaśnił korzyści i potencjalne zagrożenia przyjmowania HTZ w moim przypadku. To stanowiło całkowity przełom. Chciałabym, by lekarze rodzinni mieli więcej czasu na rozmowę z pacjentem.

Wiedziałam, że menopauza ma coś wspólnego z poziomem hormonów, lecz ta konsultacja otworzyła mi oczy na zupełnie inną stronę tej historii. Widzisz, menopauza to nie tylko przejściowy efekt spadku poziomu hormonów – uderzenia gorąca, mgła mózgowa, zmienność nastrojów – to także wiele zagrożeń długoterminowych, takich jak osteoporoza czy choroby serca. Pojawiają się nawet dowody na to, że HTZ może chronić przed alzheimerem. To niezwykle istotne i w kolejnych rozdziałach dokładnie się temu przyjrzymy.

Powiedział mi, że abym mogła stosować plastry HTZ, które miałam naklejać na biodro, muszę jeszcze przyjmować inny hormon – progesteron. Zapisał mi tabletki, po których jednak źle się czułam, więc wkrótce wróciłam do niego z pytaniem, czy nie mogłabym mieć założonej wkładki Mirena. Co ciekawe, miałam ją dawno temu i wtedy mi nie służyła. Prawdę mówiąc, sądzę, że nie była to kwestia wkładki, ale prawdopodobnie miałam już wtedy perimenopauzę. Tym razem, gdy ją założyłam, by zbalansować działanie estrogenów w plastrach, wszystko było w porządku. Od tego czasu noszę Mirenę, którą zmieniam co pięć lat. U mnie działa naprawdę dobrze.

Wspaniałe było to, że już po kilku dniach od rozpoczęcia tej formy HTZ dosłownie poczułam, jak w moim życiu odżywa radość. W wieku 47 lat miałam wrażenie, jakbym wróciła na drogę, którą opuściłam wiele lat temu. Czułam się znacznie lepiej. Umiałam się śmiać. Potrafiłam znowu naprawdę zająć się dziećmi. Czułam się prężna. Chciało mi się ćwiczyć i wstawałam rano bez poczucia, że postarzałam się o 20 lat. Stawy nie bolały. Nocne poty ustąpiły. Było mnóstwo objawów, z których nie zdawałam sobie sprawy, dopóki nie podjęłam kuracji. Nagle mnie olśniło: „O rany, ja naprawdę źle się czułam". W subtelny sposób terapia sprowadzała mnie na właściwe tory w kwestiach, z których nawet nie zdawałam sobie sprawy.

Potem przyszły mroczne czasy oszukiwania. Przez kilka lat próbowałam przekonać wszystkich, że nie biorę HTZ. Starałam się udawać, że zawsze byłam taka rzutka i tryskająca energią. Że te nowo odkryte więź i energia, skupienie, zdolność płynnego czytania z promptera, to po prostu ja w znakomitej formie w wieku 47 lat! Okłamywałam przyjaciół – miałam kilka bliskich mi osób, które bardzo kochałam i poważałam – homeopatów i naturopatów. Wstydziłam się przyznać, że zdecydowałam się na terapię. Czułam, że w jakiś sposób zawiodłam jako kobieta, że jestem słaba. Jak to: inni ludzie mogą się nie poddawać, a ja nie dałam rady?

No więc trzymałam to w tajemnicy. A nawet więcej – kłamałam. Gdy ktoś pytał, czy jestem na HTZ, odpowiadałam „nie". Wtedy pewna osoba wyskoczyła ze stwierdzeniem, że czuje się, jakby miała perimenopauzę, a ja w sekrecie wyszeptałam: „Rozmawiałaś z kimś o podjęciu terapii hormonalnej?". Wówczas nawet nie zasugerowałabym komukolwiek pójścia z tym do lekarza rodzinnego, bo nie sądziłam, że możliwe jest zapisanie przez niego jakiejkolwiek HTZ. Ta terapia miała tak złą reputację, nawet w świecie medycznym, że uważałam ją za coś, za co koniecznie trzeba płacić pieniądze do końca życia. Prawdę mówiąc to straszna niesprawiedliwość.

No więc okłamywałam przyjaciół. Rozpoczęłam sekretne życie osoby przyjmującej HTZ. Wielka zmiana nastąpiła, gdy dodatkowo zaczęłam przyjmować testosteron. Okazał się fantastyczny. Po pewnym czasie przyjmowania HTZ poszłam do ginekologa i powiedziałam, że wciąż czuję się średnio, jakbym miała za mało energii, jestem trochę rozkojarzona i taka blee. A on odparł: „Dobrze,

sprawdźmy poziom testosteronu". A potem: „Tak, masz za mało testosteronu. Dlaczego nie miałabyś zacząć go przyjmować? Zobaczymy, co będzie".

Testosteron potrzebuje więcej czasu, by zacząć działać na organizm, poprawa nie następuje więc od razu. To nie jest wielkie tadam, jak było z estrogenami, ponieważ przyjmuje się go w bardzo małych dawkach. Istnieją ograniczenia i trzeba się ich trzymać. Przyjmowałam tyle, ile potrzebuje kobieta w moim wieku. Szczerze, naprawdę tak go odczułam – bez zbędnych frazesów – jak złożenie ostatniego fragmentu trudnej układanki. I tak go nazywam. To ostatni fragment puzzli HTZ. Ten hormon bardzo trudno dostać i jego przyjmowanie z pewnych względów jest wstydliwe. Omówimy to trochę dalej.

Tak wyglądała moja droga aż do dzisiaj. Mniej więcej trzy lata temu zaczęłam być szczera wobec przyjaciół, a oni okazali się dla mnie bardzo mili. Sądzę, że wcześniej się niepokoili, uważali, iż podejmuję niepotrzebne ryzyko. W tym czasie byłam jednak tak przejęta tym, że jest fantastycznie, że nie byłam gotowa na czyjekolwiek próby odwiedzenia mnie od przyjmowania HTZ.

Jestem całym sercem ze wszystkimi, którzy stosowali tę terapię, ale potem byli zmuszeni ją przerwać. Naprawdę, szczerze bardzo wam współczuję.

W dalszej części książki omówimy wiele różnych sposobów, na które możesz zmienić to, jak dotyka cię menopauza – metodami naturalnymi. Są sposoby opanowania objawów bez HTZ i w dalszej części do tego dojdziemy. Jeżeli jednak ktoś chciałby teraz odwodzić mnie od stosowania HTZ, pewnie bym się wściekła. Zawsze będę jej broniła, ponieważ po prostu zmieniła moje życie.

Problem polega na tym, że niektóre osoby czytające tę książkę mogą teraz spodziewać się dożycia setki. W dawnych czasach kobiety wcale nie musiały doczekać pięćdziesiątki – z suchością pochwy i suchą skórą, bólami kości, podrażnionymi oczami i mięśniami, spięciami w mózgu i zmęczeniem. Tego wieku po prostu się nie dożywało. Nie możemy jednak przeżyć spełnionej drugiej pięćdziesiątki bez doprowadzenia do porządku hormonów. Musimy też pamiętać, że nie wykorzystujemy tych hormonów do budowy potężnego umięśnienia czy stania się w jakimś sensie superczłowiekiem – po prostu uzupełniamy to, co straciłyśmy. To wszystko – to jest uzupełnianie właściwego dla siebie poziomu hormonów, a nie dodawanie ich ekstra. To bardzo ważne.

Im więcej o tym mówimy, tym staje się to mniej wstydliwe. Chcę zmienić postrzeganie HTZ przez społeczeństwo. Uważam, że – potencjalnie – wszystkim kobietom w wieku 45 lat powinno się zaoferować spotkanie ze specjalistą: „Czy chciałabyś porozmawiać o menopauzie?". Jeżeli kobieta czuje, że z jakiegokolwiek powodu nie chce korzystać z tej terapii, to nie musi. Jeśli chodzi o pieniądze wydane na ochronę zdrowia – na leczenie osteoporozy lub schorzeń serca czy potencjalnie opiekę nad osobą z demencją – udostępnienie kobiecie HTZ, i to udostępnienie jej wcześnie, w okresie perimenopauzy, naprawdę przynosi wiele korzyści.

Sądzę, że musimy całkowicie zmienić spojrzenie na te kwestie. Roczna terapia dobrej jakości kosztuje około 100 razy mniej niż operacja wymiany stawu biodrowego! Nie mówiąc o tych wszystkich złamaniach i wizytach w szpitalu spowodowanych osteoporozą. Znacznie sensowniejsza jest pomoc w zapobieganiu tym schorzeniom.

No i dotarłam do tego miejsca. I zadałam sobie pytanie: „Czy rzeczywiście powinnam skierować to przesłanie do jeszcze większej liczby kobiet? Czy nie powstało już wystarczająco wiele książek na ten temat? Czy rynek nie jest nasycony?". Im dłużej się nad tym zastanawiałam, tym głośniej chciałam wykrzyczeć odpowiedź: „TAK! TAK! TAK! TAK!". Ponieważ wciąż każdego wieczora zaglądam do mediów społecznościowych i trafiam na pytania: „Czy HTZ opóźni mi menopauzę? Czy jeżeli ją przerwę, to od razu nie dostanę menopauzy?". Nie, nie opóźni. Nie ma też powodu, by ją przerywać. To są rzeczy, które każdy powinien wiedzieć. Chciałam napisać książkę prostą, jasną i łatwą w czytaniu.

Podstawy naukowe i faktografię przedstawi nam dr Naomi Potter, która jest współautorką tej książki – ponieważ ja oczywiście nie jestem lekarzem. Zamierzam pisać o swoich doświadczeniach kobiety w okresie menopauzy, a zwłaszcza o tym, jak przejść przez kolejny rozdział życia, by było ono możliwie najbardziej spełnione i szczęśliwe.

PUNKT WIDZENIA DR NAOMI

Początkowa reakcja Daviny na zaobserwowane u siebie symptomy – zakłopotanie i zażenowanie – wielu kobietom wyda się znajoma.

Nam, kobietom, mówi się, czego mamy się spodziewać, gdy dostaniemy pierwszego okresu. Otwarcie dyskutuje się o ciąży i, bardzo słusznie, kobiety otrzymują w tym czasie ogromne wsparcie. Jeżeli chodzi o perimenopauzę (okres prowadzący ku menopauzie, gdy zaczynają pojawiać się objawy) i samą menopauzę, mamy do czynienia z charakterystycznym brakiem pomocy. Nie ma tu mowy o otwartości. Wiele kobiet musi sobie radzić samodzielnie.

Widziałam mnóstwo przypadków, gdy życie zostało podporządkowane huśtawce symptomów. Wiele kobiet przez kilka kolejnych miesięcy czy nawet lat kompletnie nie zdaje sobie sprawy z dostępnych form wsparcia. I nawet jeżeli mają podejrzenie, że to menopauza, wszędzie słyszą, że po prostu „trzeba przez to przejść".

Davina zrobiła to, do czego zachęcam wszystkie kobiety w podobnej sytuacji: mówiła o tym i choć początkowo została odprawiona z kwitkiem, szukała porady u kogoś innego.

W różnych miejscach tej książki będę załączała użyteczne informacje i kluczowe fakty. Te wstawki będą zaznaczane różowym tłem (jak tutaj), by łatwo je było znaleźć.

MOJA MENOPAUZALNA MISJA

Kilka lat temu zaczęłam bardziej otwarcie mówić o własnej menopauzie. Latami liczyłam się z ryzykiem związanym z przyjmowaniem HTZ, jednak zainicjowane przeze mnie dyskusje spowodowały, że całkowicie zmieniłam na nią spojrzenie. Pomyślałam, że muszę upowszechniać te informacje. Mogę wykorzystać swoje możliwości, by informować kobiety o tym, co mogą wybrać.

Nagle stało się to moją życiową misją. Każdej nocy spędzam długie godziny

w mediach społecznościowych, wysyłając kobietom, których nie znam, artykuły albo informacje lub kierując je do miejsc, gdzie mogą uzyskać pomoc. Zawsze jednak wydaje mi się, że to tylko jedna kobieta... Chcę zrobić więcej, chcę dotrzeć do większej liczby kobiet i to jest właśnie przyczyna, dla której napisałam tę książkę.

Poniżej zamieszczam kilka wiadomości, które otrzymałam w mediach społecznościowych.

„Jestem na początku tych zmian hormonalnych i naprawdę przestałam lubić swoje życie. Mam szczęście, bo mam wspaniałego partnera, ale nienawidzę zmian zachodzących w moim ciele. Bardzo mnie przerażają"

„Mój lekarz potrzebuje natychmiastowego douczenia. Naprawdę mam problemy, a wszyscy chcą mnie namówić na różne terapie alternatywne"

· · · · · · ·

„Zadzwoniłam do lekarki, by porozmawiać o możliwości podjęcia HTZ, a ona chciała mi dać antydepresanty. JA NIE MAM DEPRESJI!!!"

Te komentarze dobrze podsumowują trzy obszary ogromnych problemów z menopauzą.

1. PROBLEM PODEJŚCIA

Jako społeczeństwo całe pokolenia temu zamietliśmy menopauzę pod dywan, cofając się do czasów wiktoriańskich, kiedy to przewidywalna długość życia kobiety nie dawała szans na długie życie po menopauzie.

Dzisiaj średni wiek wystąpienia menopauzy w Wielkiej Brytanii wynosi 51 lat, a spodziewana długość życia kobiety 83 lata[2].

Aż 83! Policzmy. Potencjalnie mamy przed sobą całe dekady życia po menopauzie, a jednak to lekceważące temat podejście sprzed wielu pokoleń wciąż ma się dobrze.

Pamiętasz, jak twoja babcia, a może nawet matka, radziły sobie z menopauzą? Nie? Oczywiście ani tobie, ani w ogóle nikomu o tym nie powiedziały. Bo, moja droga, znowu chodzi o ten wspomniany już wstyd.

---

[2] W Polsce średni wiek wystąpienia menopauzy to około 51,4 lat, a średnia długość życia kobiety to obecnie 79,7 lat [przyp. kons.].

Ten rodzaj dziwnej dyskrecji przetrwał do dzisiaj, a to oznacza, że zdecydowanie zbyt wiele kobiet musi opierać się na domysłach i tysiącach zadanych Google'owi pytań dotyczących doświadczanych przez nie objawów, zanim uda im się połączyć kropki i wyjdzie im, że to menopauza. Trafnie to podsumowała As Siobhan, pielęgniarka z przychodni, która przez wiele miesięcy nie zorientowała się, że ma perimenopauzę: „Wiem, brzmi to idiotycznie, że jako pracownica ochrony zdrowia nie zorientowałam się, co się dzieje w moim ciele, ale po prostu za mało o tym mówimy".

2. BRAK ODPOWIEDNIEGO KSZTAŁCENIA

Wiele historii z tej książki zawiera stwierdzenia „mój lekarz odmówił" albo „mój lekarz nie chce/nie może". Tak wiele kobiet, które podzieliły się swoimi doświadczeniami, mówi o bataliach, które musiałyście stoczyć, by spotkać się ze zrozumieniem i otrzymać terapię, że mogłabym samymi tylko takimi historiami zapełnić połowę tej książki. A być może i ty, czytająca teraz te słowa, masz podobne doświadczenia.

Ale ja nie jestem zła na lekarzy – to nie ich wina (jest wśród nich wielu wspaniałych i świadomych specjalistów) – jestem natomiast bardzo sfrustrowana żałosną

edukacją, jaką oferuje się tym, do których zwracamy się w naszych potrzebach. Menopauza nie jest standardowym elementem edukacji dla lekarzy pierwszego kontaktu i ginekologów.

Nic dziwnego, że gdy kobieta przychodzi do lekarza rodzinnego z mnóstwem objawów i stosem pytań, często nie otrzymuje pomocy, której tak bardzo potrzebuje. Czas skończyć ze wstydem i horrendalną dezinformacją, które otaczają menopauzę.

Komu możemy ufać? Kto dysponuje właściwą wiedzą? I jak możemy do niej dotrzeć?

3. MITY O HTZ I DEZINFORMACJA

Szczerze mówiąc, jestem wielką fanką hormonalnej terapii zastępczej. Wyprostowała mi ona życie, przywróciła jego dawną jakość i pomogła zabezpieczyć zdrowie na przyszłość. Wystarczy.

Dlaczego więc kłamałam w kwestii jej stosowania? Ponieważ jest naznaczona piętnem, które ciągnie się od dwóch dekad. To tłumaczy, dlaczego w Wielkiej Brytanii stosuje ją tylko jedna na dziesięć kobiet, które mogłyby skorzystać z jej dobrodziejstw[3].

---

[3] C.P. Cumming et al., *The need to do better – are we still letting our patients down and at what cost?*, „Post Reproductive Health" 2015, 21(2): 56–62.

Sedno problemu polega na rozpowszechnieniu opublikowanych w 2002 roku niepokojących wniosków z prowadzonego w Stanach Zjednoczonych badania WHI (Women's Health Initiative), które okazały się błędne, ale spowodowały panikę wśród lekarzy i... kobiet oraz katastroficzne nagłówki w gazetach, które pojawiły się po ich publikacji. To przeprowadzone na amerykańskich kobietach badanie sugerowało, że HTZ zwiększa ryzyko rozwoju raka piersi, zawału i udaru. Jednak powtórna analiza danych ujawniła, że średni wiek kobiet biorących udział we wspomnianym badaniu wynosił 63 lata (pamiętajmy, że średni wiek wystąpienia menopauzy to 51 lat). Konsekwencje tych publikacji były do tego stopnia szkodliwe, że kobiety dosłownie spuściły swoje HTZ w toalecie, a liczba osób stosujących terapię spadła do najniższego poziomu w dziejach.

Niestety negatywne nagłówki pozostały w pamięci i po dziś dzień kobiety mają problem z przepisywaną im terapią hormonalną, mimo że jest to najlepszy sposób poradzenia sobie z menopauzą.

Ogólnie rzecz biorąc, kobiety w Wielkiej Brytanii były źle traktowane przez społeczeństwo i przez naukę. Wiele z nich odczuło, że nie mają do kogo się zwrócić. Dokonują życiowych ocen swojego zdrowia, przyszłości i zdrowia psychicznego, ale nie mają dostępu do pełnych informacji.

O mój Boże, to się musi zmienić! I ja, razem z armią fantastycznych kobiet, podjęłam misję, by wprowadzić te zmiany w życie.

W 2021 roku na Channel 4 został wyemitowany mój program *Seks, mity i menopauza* (Sex, Myths and Menopause), który rozprawiał się z dezinformacją dotyczącą menopauzy i przytaczał dane naukowe oraz omawiał lęki związane z hormonalną terapią zastępczą. W kolejnych dniach stało się coś niespodziewanego i fantastycznego. Jeszcze nigdy nie zrobiłam programu, który spowodowałby, że aż tyle osób zaczepiało mnie na ulicy, chcąc porozmawiać! To przebiło nawet *Big Brothera*! Wszędzie, gdzie poszłam. Na spacerze z psem, w sklepie, na ulicy. Niektóre kobiety z płaczem opowiadały, że czuły się niewidoczne, marginalizowane i jak protekcjonalnie je traktowano. Mówiły, z jakim zadowoleniem oglądały mój program wspólnie ze swoimi partnerami i jak bardzo pomógł on ich mężczyznom w zrozumieniu, przez co przechodzi ich ukochana. To było niezwykle poruszające.

Te spotkania i otrzymane po programie wiadomości niejednokrotnie wzruszyły mnie do łez, bo były głęboko osobiste. Zapaliły we mnie ogień, który sprawił, że *Menopauzing* to nie tylko książka, ale misja. Rewolta.

JESTEM Z TOBĄ

Być może zmagasz się z piekielnymi uderzeniami gorąca, a może kupiłaś tę książkę jako inwestycję w przyszłość. **Niezależnie od tego, jak na nią trafiłaś, traktuj ją jako swoją menopauzalną biblię. Są tu informacje o faktach, statystykach, badaniach, objawach, seksie, relacjach, wskazówki na temat kariery, a także mnóstwo obalonych mitów.**

Jestem tu, by wziąć cię za rękę i poprowadzić ku temu, co chcesz wiedzieć.

Nie jestem ekspertem z dziedziny medycyny, ale zebrałam fantastyczny zespół specjalistów pod przewodnictwem wspaniałej doktor Naomi (która jest akredytowaną specjalistką British Menopause Society), aby mieć pewność, że porady zawarte na tych stronach będą praktyczne i oparte na najnowszych badaniach naukowych.

Suchość waginy? Brak pociągu seksualnego? Wypadanie włosów? Chcesz wiedzieć, czy możesz rozpocząć stosowanie HTZ po sześćdziesiątce? Te zagadnienia obejmuje nasza książka – i wiele, wiele więcej.

Jak już wspomniałam, dla mnie najważniejsze jest, by **każda kobieta zobaczyła siebie na kartach tej książki.** Chcę w tym miejscu podziękować fantastycznym paniom, które zgodziły się podzielić historiami o swojej menopauzie.

Będziemy się śmiać, będziemy płakać, będziemy się wściekać, potem znowu się śmiać, ale najważniejsze, że wspólnie znajdziemy rozwiązanie. Chciałabym, by każda kobieta i każdy mężczyzna, partner, przyjaciel i kolega, aby absolutnie każda osoba czytająca książkę wykorzystała ten moment na prawdziwą zmianę.

ZRÓBMY TO RAZEM

Oto mój przewodnik. W trzech krokach pozwoli jak najwięcej wydobyć z tej książki i zacząć działać.

1. ZDOBĄDŹ WIEDZĘ

Powinnaś, dla siebie i dla swojego zdrowia, zdobyć tak pełną wiedzę, jak to tylko możliwe. Wiem, że wokół menopauzy jest tyle szumu i dezinformacji, że musiałam sprowadzić je do zupełnie podstawowych faktów. Objawy, najnowsze terapie, korzyści, ryzyko – to wszystko znajdziesz na kartach książki.

2. UPOMINAJ SIĘ

Czas na „dążenie do celu" i na godzenie się z objawami menopauzy, które wpływały na twoje życie, zdrowie i szczęście, dobiegł końca. Teraz jesteś poinformowana i wzmocniona. Wykorzystaj tę wiedzę do podejmowania decyzji właściwych dla twojego zdrowia i przyszłości, a także jako zaplecze – jeżeli spotkasz się z oporem.

3. BĄDŹ SPRZYMIERZEŃCEM

Menopauzing to więcej niż książka. To ruch! A w jego centrum znajdują się szczere, otwarte rozmowy z przyjaciółmi, rodziną, kolegami. To także wskakiwanie na Twittera, by powalczyć z mitami i zaoferować wsparcie kobietom, które zmagają się z problemami. Trzeba się dzielić, trzeba mówić… i słuchać. Jeżeli pracujesz w ochronie zdrowia, weź tę książkę do pracy i daj do przejrzenia kolegom. Nie musisz mieć menopauzy. Nie musisz być kobietą. Tu są fakty i historie, które każdy powinien poznać.

Zajmiemy się tym

Moja droga, trzeba z tego wyjść i żyć najlepszym życiem, by przyszłe pokolenia nie bały się menopauzy, tak jak my się bałyśmy... albo nadal się boimy. Trzeba pokazać, że dalekie od wysychania i znikania, rozkwitamy i piękniejemy. A jeżeli w tym momencie to cię nie dotyczy... przeczytaj tę książkę.

Przede wszystkim PAMIĘTAJ:

Kocham cię

Będzie dobrze

Widzę cię

I sprowadzę cię z powrotem

Włóż tu zakładkę – albo, jeszcze lepiej, skseruj tę stronę i przyklej na lodówce albo schowaj w etui telefonu. Przypominaj sobie o niej codziennie i w ogóle przy każdym zawirowaniu, gdy wydaje ci się, że to dla ciebie za dużo: razem damy radę. Gotowa? Zabieramy się za *Menopauzing*.

ROZDZIAŁ 1

CHOLERA. GDZIE SĄ MOJE KLUCZE?

WŁAŚNIE TERAZ 13 MILIONÓW kobiet w Wielkiej Brytanii przechodzi perimenopauzę albo menopauzę.

Kiedy pojawiły się u mnie pierwsze objawy perimenopauzy, poczułam się samotna jak nigdy dotąd. Nie wiedziałam, gdzie się zwrócić, do kogo powinnam się udać, z kim porozmawiać. Ale ty, jeżeli czytasz tę książkę, mam nadzieję, że już teraz mniej dotkliwie odczuwasz samotność, bo jesteśmy tutaj wszystkie razem. Oprócz książki zamierzam ci przekazać także potężny arsenał źródeł i polecić miłych ludzi, których możesz śledzić w mediach społecznościowych – wspaniałe wojowniczki i wojowników menopauzy podejmujących fantastyczne działania. Istnieje grupa niesamowitych kobiet, które oferują wsparcie, porady i świetne poczucie wspólnoty.

Odnoszę wrażenie, jakbym nie pisała tej książki sama – jakby to było zwieńczenie wszystkiego, czego się nauczyłam, suma doświadczeń wszystkich ludzi, których spotkałam, wszystkich przeżyć, które były moim udziałem, albo tych, o których dowiedziałam się od innych. To wszystko połączyło się na tych stronach.

Wszyscy próbujemy żonglować tak wieloma rzeczami – kariery, domy, dzieci, psy, koty i wszystko pomiędzy. Dowiedziałam się o dwudziesto-kilkuletnich dziewczynach zmagających się z wczesną menopauzą, transmężczyznach, niebinarnych przyjaciołach, kobietach z rakiem. Żadna z tych osób nie miała pewności, jaka terapia menopauzy jest dla niej odpowiednia. Naprawdę poczułam, że to bardzo ważne, by każda kobieta, która weźmie do ręki tę książkę, odnalazła

siebie na jej stronach. Chcę jeszcze tylko dodać, że pisząc „kobieta", mam na myśli każdą osobę zmagającą się z menopauzą. Wszystkich nas łączy chęć przeżycia bardziej pozytywnych doświadczeń.

Pragnęłam naśladować to niesamowite poczucie wspólnoty, które znalazłam w mediach społecznościowych. Pomyślałam więc, że zwrócę się na wszystkich moich kontach z prośbą do wszystkich młodych i starszych kobiet, transmężczyzn – i w ogóle do każdego – o podzielenie się swoją historią. O mój Boże! To było fantastyczne. Odzew okazał się niewiarygodny. W ciągu 24 godzin setki, naprawdę setki osób podzieliły się historiami swojej frustracji, zmęczenia, złości i nadziei.

Czytanie tych opowieści było dołujące i budziło wielką złość. Nie przypuszczałam, że kiedykolwiek będę tak wściekła z powodu cierpień, które część z tych osób przeżyła. Niektóre historie były zabawne, niektóre smutne, ale wszystkie pochodziły od twardych kobiet starających się zrozumieć jakoś ten czas, który moja babcia zwykła nazywać „zmianą". Dorosłam do zrozumienia tego określenia, ale dzisiaj moją ulubioną nazwą jest chyba „druga wiosna".

Ale by dotrzeć do tej drugiej wiosny, trzeba przebrnąć przez to całe bagno. Po to tutaj jestem – by ci w tym pomóc.

Uważam, że powinnam podzielić się z tobą niektórymi z tych historii, ponieważ chcę, byś znalazła w tej książce kawałek siebie. Naprawdę chciałabym, żebyś – jeżeli jesteś trochę zagubiona, jeżeli zastanawiasz się, czy to menopauza albo perimenopauza – wzięła do ręki tę książkę i po przeczytaniu jakiegoś fragmentu stwierdziła: „O, to chyba o mnie".

Chcę więc krótko powiedzieć wszystkim, którzy zareagowali na mój apel, że bardzo, bardzo, bardzo za to dziękuję. Każda z tych osób jest wspaniała i, przede wszystkim, została wysłuchana. Wszystkie te historie, pytania i doświadczenia są tak naprawdę istotą tej książki.

· · · · · · ·

„Podrażnione stawy, bolące nogi, paskudna skóra, włosy niczym wata cukrowa, bóle głowy, swędzenie... lista jest nieskończona" – Sharon

O matko! Od czego zacząć? Kilka lat temu – gdy pierwszy raz pojawiły się uderzenia gorąca, retrospektywnie patrząc, zaczęła się perimenopauza – myślałam: „No – zaczęło się, to nie będzie takie trudne". JAK BARDZO SIĘ MYLIŁAM!

Przez większość tego czasu nie wiedziałam już, kim jestem... Uderzenia gorąca – jakkolwiek paskudne – były najmniej uciążliwym cholerstwem. Mgła mózgowa, tak, kompletna papka w głowie. Nie mogłam myśleć, nie mogłam mówić, nie mogłam NICZEGO przetwarzać!! Naprawdę czułam, jakbym miała demencję albo jakbym była całkowicie wyłączona. Zawsze byłam taka bystra, szybko myśląca, taka elokwentna, a teraz ciężko zmagałam się z napisaniem najprostszej wiadomości (dzięki Bogu za słownik w edytorze).

Moje dzieci były baaaaardzo sfrustrowane, ale uwierz mi, nikt nie był sfrustrowany bardziej ode mnie. Źle słyszałam – szumy w uszach i zawroty głowy (poczucie, jakbym właśnie zeszła z karuzeli).

Ciężko szło mi przetłumaczenie sobie tego, co ktoś do mnie mówi, więc czasami odpowiedź zajmowała mi trochę czasu. Ludzie sądzili, że ich ignoruję, ale to było po prostu opóźnienie transmisji!!!

Zmęczenie. O matko, takie zmęczenie, każdej najmniejszej cząstki mnie i dysocjacja, bardzo pogłębiona (jak teraz sądzę) przez środki antydepresyjne, które brałam przez ostatnie trzy lata!!! Powoli się od nich uwalniam. „O, witaj Sharon, wróciłaś do siebie".

Nie mówię już o zmianach fizycznych: wielki brzuch, podrażnione stawy, bolące nogi, paskudna skóra, włosy niczym wata cukrowa, bóle głowy, swędzenie... lista nie ma końca.

Gdybym się wtedy kręciła wśród ludzi, pewnie wysłano by mnie do psychiatryka. Zamiast tego byłam u większej liczby specjalistów w ośrodkach zdrowia niż ktokolwiek. Zrobiono mi całą masę badań – w zasadzie tylko po to, by odrzucać kolejne możliwe przyczyny moich dolegliwości. Większość była nieprzyjemna, a czasami trochę przerażająca, a po wykluczeniu kolejnej przyczyny miałam poczucie, że skoro nie można nic znaleźć, to chyba po prostu wymyśliłam sobie te objawy.

W tym czasie Sharon – silna, rzutka, towarzyska, ta odnosząca sukcesy Sharon – kurczyła się, chowała i wpadała w rozpacz.

Ale wreszcie pojawiła się odrobina zainteresowania ze strony lekarza rodzinnego.

Może to mój wiek? Może to menopauza? I można było zacząć myśleć o jakiejś pomocy dla mnie.

Pomogło mi pięć rzeczy:
1. *Wkładka wewnątrzmaciczna, która zmniejszyła krwawienie.*
2. *Hormonalna terapia zastępcza.*
3. *Ograniczenie i odstawienie antydepresantów.*
4. *Ćwiczenia.*
5. *TY, Davino!*

Nie, Sharon, ty to zrobiłaś. To ty walczyłaś i ty zdołałaś dotrzeć do niezbędnej ci pomocy. I przykro mi, naprawdę mi przykro, jestem absolutnie wściekła, że musiało to u ciebie trwać tak długo. Kocham cię, Sharon!

. . . .

„Chciałabym znowu czuć się sobą" – Charlotte

Zaczęło się to chyba rok temu. Mam 46 lat, ale czasami czuję się, jakbym miała 106. Wyglądam nędznie, pozbawiona energii. Moje autodestrukcyjne zachowania łączono z lękami.

Zwykle byłam pewna siebie i kreatywna... Teraz łatwo się rozpraszam, cierpię z powodu braku skupienia i koncentracji...

Okres zdarza mi się chyba raz na cztery miesiące i jest bardzo bolesny. Chciałabym znowu czuć się sobą.

Historia Charlotte jest przygnębiająca. Jest krótka, ale myślę, że wszystkie rozumiemy, co ona czuje. To życzenie: „Chciałabym znowu czuć się sobą". Charlotte, dziękuję za podzielenie się twoją historią.

„Rodziny powinny rozumieć, że perimenopauza to nie nasz wybór!" – Saz

Miałam 42 lata i każdego ranka budziłam się z tym głębokim uczuciem niepokoju, który pozostawał ze mną do chwili, gdy zasypiałam następnej nocy. Byłam przerażona. Nie byłam tą osobą, którą chciałam być.

Lekarz powiedział, że to wypalenie i zalecił zwolnienie tempa, ale z pracą na pełen etat, dwójką dzieci i ogólnym pośpiechem robienie sobie przerw nie miało wysokiego priorytetu w moim rozkładzie dnia! Wiedziałam, że to coś więcej niż wypalenie. Ale kto mnie posłucha? Do kogo mam się zwrócić?

Bolało mnie całe ciało, bolała głowa, bolało serce. Moje relacje z mężem i dziećmi ucierpiały, ale starałam się zachować spokój i jechać dalej. Gdzieś w głębi siebie chciałam się zwinąć w kłębek i płakać. Skryć się przed światem. Te uczucia nie rozwiewały się, tylko nasilały. Dlaczego nie mogę się skoncentrować, dlaczego jestem taka zrzędliwa, dlaczego bolą mnie stawy, choć byłam taka aktywna, dlaczego nie mogę spać? Tyle pytań bez odpowiedzi.

Po trzech latach cierpienia wewnątrz i na zewnątrz lekarz zgodził się przepisać mi HTZ i w ciągu dziesięciu dni byłam inną Saz. Saz, która lubi się bawić, spotykać

z przyjaciółmi, śmiać się i wykrzykiwać z radości, ale przede wszystkim spędzać czas ze swoją wspaniałą rodziną, którą niemal ignorowałam przez tak długi czas. Za długo cierpiałam w milczeniu. Gdy oglądam zdjęcia z tamtego okresu, ze smutkiem patrzę na siebie – wyglądam na nich na nieobecną, bez radości w oczach. Czuję, że straciłam trzy lata życia.

Mam szczęście mieszkać nad morzem i mogę pójść popływać, kiedy tylko mam czas. Nie znoszę myśli, że inne kobiety mogą cierpieć jak ja, więc teraz otwarcie opowiadam o mojej drodze, by inni zobaczyli, jakim turbulencjom można zapobiec. Moja rodzina uważała, że po prostu jestem gderliwa i smutna, ale bliscy powinni zrozumieć, że perimenopauza to nie jest kwestia wyboru!

Teraz mam 48 lat i żałuję, że nie otrzymałam wsparcia i pomocy wcześniej, że tak długo cierpiałam w milczeniu. Dzisiaj więcej się śmieję, przytulam najbliższych i trzymam się blisko morza na wypadek, gdyby naszła mnie ochota na odrobinę szaleństwa!!!

Saz, wielkie dzięki za twoją historię. Naprawdę czuję, jak patrząc na fotografie, przypominasz sobie uczucie nieobecności i pustki. Chcę powiedzieć, że ja też na niektórych zdjęciach udaję szczęśliwą i niemal widzę na nich, że to szczęście jest na pokaz. Naszym bliskim jest ciężko, szczególnie ciężko, bo nie rozumieją, co się dzieje – dlatego niezwykle istotne jest, by i oni przeczytali tę książkę. Nie muszą czytać całości. Wystarczy, że przeczytają kilka historii.

Dzięki temu łatwiej im będzie pojąć, że nie jesteśmy po prostu gderliwe i smutne, ale że przechodzimy przez coś niezmiernie traumatycznego i już samo zrozumienie tego faktu będzie dla nas niezmiernie pomocne. Naprawdę mi przykro, że nie otrzymałaś wsparcia i pomocy wcześniej – ale między innymi dzięki twojej historii inne kobiety ją otrzymają.

„Czuję się jak stara ja" – Diane

Byłam zdrowa jak ryba, po czym przyszła pięćdziesiątka i perimenopauza uderzyła mnie niczym pociąg. Najpierw zaczął mi się psuć wzrok – błyski i plamki. Oczywiście początkowo nie łączyłam tego z menopauzą. Potem pojawiły się straszliwe poty – rano, w południe i w nocy – palpitacje, drętwienia i bóle stawów.

Miałam tyle różnych objawów, że poszłam do lekarza, który stwierdził, że najprawdopodobniej wchodzę w menopauzę. Jakby to nie było nic wielkiego! Zaraz po tym zaoferował mi antydepresanty. Nigdy ich nie potrzebowałam, więc na szczęście powiedziałam mu: „Ale ja nie mam depresji".

W następnym tygodniu zapisałam się do lekarza kobiety, która wykazała więcej zrozumienia. Zrobiła analizę krwi, sprawdziła, ile ważę, i zmierzyła mi

ciśnienie. Powiedziała, że mam kilka możliwości. Wahałam się w kwestii HTZ, gdyż moja matka miała raka piersi, ale byłam gotowa spróbować wszystkiego, bo czułam się dosłownie tak, jakbym rozpadała się na kawałki. Chciałam mieć z powrotem dawną siebie.

Jestem na terapii hormonalnej od dwóch lat. W niektóre dni bywa różnie, ale ogólnie czuję się o 50–60 procent lepiej niż przedtem. Rozważałam ryzyko, ale czułam, że muszę spróbować terapii, gdyż jakość mojego życia była beznadziejna.

Radzę sobie. Mam nową pracę i wróciłam do świata, w większym stopniu czuję się dawną sobą.

A niech mnie, Diane, wielkie dzięki za podzielenie się twoją historią. To PRZERAŻAJĄCE, jak wiele kobiet otrzymuje antydepresanty, mając jednoznaczne objawy menopauzy w wieku, w którym jest bardzo prawdopodobne, że właśnie zaczęła się u nich perimenopauza. Bardzo się cieszę, że otrzymałaś pomoc, której potrzebowałaś. Twoja historia jest bardzo ważna, ponieważ wiele kobiet może się z nią identyfikować. Dziękuję.

„Jakby menopauza nie dotyczyła kobiet o różnych kolorach skóry" – Zahra

Jestem brytyjską muzułmanką i mam menopauzę. Jeśli jednak zajrzysz do sieci albo do gazet, odniesiesz wrażenie, że jestem jedyna. Trudno mi wyrazić, jak zmęczona się czuję, gdy widzę te same stare obrazki kobiet usiłujących ochłodzić się wachlarzem albo siedzących z głową w dłoniach. Modelki zawsze są białe – gdzie podziałam się ja i moje dwie siostry?

Jestem najstarszą dziewczyną w rodzinie, więc mnie pierwszą dotknęła menopauza. Jestem jednak zdeterminowana, by moje siostry były lepiej poinformowane, gdy nadejdzie ich czas.

Zahra, bardzo dziękuję za twoją historię. Ważne, że mogę ją zawrzeć w tej książce, gdyż kobiety muzułmańskie i o różnych kolorach skóry niedostatecznie często pojawiają się w prasie i magazynach w kontekście menopauzy i perimenopauzy. DZIĘKUJĘ, że się odezwałaś. To naprawdę bardzo ważne, by WSZYSTKIE kobiety w wieku menopauzalnym, transmężczyźni i wszystkie osoby przechodzące perimenopauzę i menopauzę były tu reprezentowane. Twoja historia jest bardzo ważna.

„Czuję się, jakbym miała menopauzę od zawsze!" – Sally

Czuję się, jakbym miała menopauzę od zawsze, zapewne od około dziesięciu lat. Naiwnie sądziłam, że jest to coś, przez co się przechodzi, a potem to mija.

Ciągłe uderzania gorąca i zimna, ciągłe, dniem i nocą, branie do ręki i odkładanie wachlarza, naciąganie i zrzucanie kołdry, otwieranie i zamykanie okna.

*Mój termostat zupełnie się zepsuł
i gdy tylko wydaje mi się, że uderzenia
gorąca łagodnieją, one wracają
ze zdwojoną mocą.*

*Sucha, podrażniona i obolała pochwa
starająca się sprostać temu, do czego
jest stworzona... niewyobrażalny ból!
Z niewieloma osobami można się
tym podzielić.*

*Zapominanie, ogłupiająca mgła
i trzykrotne nazywanie ludzi
niewłaściwym imieniem, zanim znajdę
to właściwe, mówienie czegoś
całkowicie niezwiązanego z tematem
albo niezdolność do powiedzenia
czegokolwiek!*

Sztywne, bolące stawy... to także objaw?

*Narastający lęk i panika – dużo czasu
zajęło mi skojarzenie ich z menopauzą,
jako że od wielu lat co pewien czas
doświadczałam niepokoju, tylko że
na zupełnie innym poziomie!*

*Chwila, właśnie robi mi się gorąco –
wachlarz do ręki! Znajoma lepkość, pot
i to, co nazywam zapachem menopauzy.
Lata kiepskiego snu albo jego braku.
Świetnie, jeśli uda mi się przespać dwie
do trzech godzin.*

*Przez lata: „Już blisko" albo „Teraz już
będzie lepiej" i „Dam radę". Zawsze*
*patrzyłam niechętnym okiem na
przyjmowanie terapii hormonalnej,
bo 14 lat temu przeszczepiono
mi nerkę. Czułam się na zawsze
naznaczona i nie chciałam przyjmować
niczego, co mogłoby źle wpłynąć na
moje dotychczasowe leczenie.
Ale kombinacja lockdownu, zasłaniania
twarzy, pracy zdalnej i wieczne
objawy menopauzy skumulowały się
w niekontrolowany lęk i panikę,
przez co odeszłam z pracy, zaczęłam
brać środki przeciwlękowe i nasenne
oraz poszłam na terapię.*

*Lekarz rodzinny uważał, że moje objawy
to więcej niż menopauza i znalazłam
się w punkcie, w którym uznałam,
że powinnam przynajmniej spróbować
HTZ. Proszę, pomóż mi to ogarnąć,
bo wciąż się zmagam z manewrowaniem
między tym wszystkim.*

Sally, twoja historia szczególnie rozdarła
mi serce, bo widzę, że od bardzo dawna
zmagasz się ze szczególnie okropnymi
objawami, które bardzo wyraźnie
wskazują na perimenopauzę. Jestem
zdumiona tym, jak sobie radziłaś, i bardzo
się cieszę, że twój lekarz zasugerował
HTZ. Kobiety ze skomplikowaną sytuacją
zdrowotną mogą być kierowane do
specjalistów od menopauzy przez lekarzy
pierwszego kontaktu. Piszę to na
wypadek, gdyby ktoś z czytających miał
podobne problemy.

„Jestem transmężczyzną... dlaczego nikt mi nie powiedział o atrofii waginy?" – Buck

Przeszedłem korektę płci na męską ponad 20 lat temu.

W przeciwieństwie do niektórych transmężczyzn, którzy poddają się usunięciu macicy, ja tego nie chciałem i postanowiłem zachować pochwę, macicę i jajniki. Nienawidziłem miesiączek, ale przyjmowanie testosteronu w celu zahamowania działania estrogenów rozwiązało ten problem.

Mniej więcej po dekadzie przyjmowania testosteronu zacząłem mieć straszne skurcze, zwłaszcza po orgazmie. Znalezienie ginekologa i pójście do niego jako mężczyzna z waginą to okropne doświadczenie. Wykonano mi wymaz i powiedziano, że skurcze powinny minąć samoistnie, ale ja czułem się zlekceważony, jakby lekarz nie wiedział, co ze mną zrobić.

Ale do sedna – gdy mieszkałem w Meksyku, miałem nagły wypadek. Pewnego dnia po treningu straciłem przytomność i upadłem na podłogę.

Mój ówczesny partner zawiózł mnie do szpitala. Miałem 39 stopni gorączki i temperatura wciąż rosła. Miałem sepsę. Niemal umarłem.

Lekarze stwierdzili, że testosteron, który przyjmowałem, spowodował atrofię układu rozrodczego: macica i jajniki zrosły się, prowadząc do infekcji.

Ponieważ wciąż miałem waginę i cały żeński układ rozrodczy, brak estrogenów doprowadził do krańcowej atrofii.

Ginekolodzy, którzy wciąż odsyłali mnie z niczym, powinni zapobiec atrofii, przepisując po prostu krem z estrogenem.

Nie chciałbym, by ktoś przechodził przez to co ja, więc podejmuję działania, by rozpowszechniać informacje o atrofii u transmężczyzn.

Bardzo ci dziękuję, Buck, za twoją historię. Aż krzyknęłam, gdy zorientowałam się, że nie uwzględniłam transmężczyzn i innych osób niebinarnych, które chciałyby opowiedzieć nam swoje historie. Nie przyszło mi nawet na myśl, że transmężczyzna może przechodzić menopauzę. Teraz już wiem i jestem ci bardzo wdzięczna za podzielenie się tym, przez co przechodziłeś. Wiem też, ile robisz dla środowiska trans, dziękuję ci więc za to i za udzielenie mi lekcji. Całusy.

„Właśnie skończyłam 40 lat, ale czuje się, jakbym miała 140" – Jo

Moja historia rozpoczęła się niedługo po trzydziestce. Po pierwszym nieudanym zapłodnieniu in vitro usłyszałam, że mam bardzo niską rezerwę jajnikową. Powiedziano, że mogę mieć problemy z zajściem w ciążę i że będę miała menopauzę krótko po czterdziestce.

Pięć nieudanych in vitro później świętowałam 40. urodziny z trójką moich ślicznych, adoptowanych dzieci i zaczęłam odczuwać klasyczne objawy: bóle głowy, wahania nastroju, uderzenia gorąca i nocne poty. Czułam, jakby moje ciało miało 140 lat.

Czułam się kompletnie sama, żadna z moich przyjaciółek nie miała takich objawów.

Po obejrzeniu programu Daviny o menopauzie zadzwoniłam do lekarza i od tygodnia jestem na HTZ.

Czuję się lepiej, ale wciąż staram się dojść do ładu z moim zmieniającym się ciałem. Naprawdę bardzo się zmieniło w ciągu ostatnich kilku lat, ale teraz mam więcej energii, bóle występują zdecydowanie rzadziej. Pomaga mi motywacja do regularnego zażywania ruchu.

Dobrze wiedzieć, że nie jestem sama.

Och Jo, jak dobrze jest wiedzieć, że nie jesteś sama, prawda? I naprawdę, naprawdę nie jesteś. Myślę, że problemem jest to, że kobiety przed czterdziestką zgłaszające się do lekarza z objawami perimenopauzy często są ignorowane: „Ty jesteś po prostu za młoda".

Mam jednak wrażenie, że coraz młodsze kobiety wchodzą w czas zmian, zwykle już niedługo po czterdziestce – ja miałam 44 lata. Jo, dziękuję ci za twoją historię.

· · · · · · ·

„O objawy perimenopauzy obwiniano moją niepełnosprawność" – Jayne

Mam wrodzoną, uwarunkowaną genetycznie dystrofię. Wpływa ona na moje mięśnie, przez co łatwo się męczę.

Krótko po 40. urodzinach stwierdziłam, że spadki energii stają się coraz większe.

Miałam dni, kiedy czułam się całkowicie wyczerpana i niezdolna do funkcjonowania – bardziej niż zazwyczaj.

W tamtym czasie przypisywałam to wyczerpaniu spowodowanemu wychowywaniem małego dziecka i niepełnosprawnością. Odbyłam wiele wizyt u lekarzy, mówiłam im o objawach, takich jak nieregularne miesiączki lub ich brak, wahania nastroju, szybkie męczenie się, zawroty głowy, mgła mózgowa, uderzenia gorąca, zaburzenia snu. Pytałam nawet, czy to może być menopauza, ale mówiono mi, że jestem za młoda i za wszystkie objawy obwiniano moją niepełnosprawność.

Teraz mam 46 lat i potwierdzoną perimenopauzę. Prosiłam o pomoc w związku z moimi objawami, ale do chwili otrzymania diagnozy byłam już emocjonalnym wrakiem, więc lekarz zasugerował, że najlepszym rozwiązaniem na ten czas będą antydepresanty.

Czułam się tym skrzywdzona, ponieważ zdiagnozowano mnie już wcześniej i powinnam otrzymać HTZ albo coś innego. Nie musiałabym tak długo znosić uciążliwych objawów, starając się jednocześnie utrzymać życie w ryzach. Nie skończyłabym w stanie, do jakiego doszłam. No tak, kiedy jesteś niepełnosprawna, prawidłowe zdiagnozowanie objawów, jakie miałaś już wcześniej, może być trudniejsze. Ale zachęca to także medyków do zrzucenia całej winy na twoją niepełnosprawność, zamiast dokładniejszego przyjrzenia się przyczynom dolegliwości.

Lekarze niechętnie proponują terapię hormonalną także dlatego, że nie zawsze wiedzą, jakie efekty uboczne mogą wystąpić w połączeniu z wcześniej zdiagnozowanymi zaburzeniami takimi jak moje. Gdy masz niesprawność neurologiczną, twoje życie może już być wystarczająco ciężkie. Ale kiedy pojawią się zmiany hormonalne, objawy mogą się nasilić i będzie ci jeszcze trudniej.

Pytałam o to, ale nie ma żadnych badań naukowych na temat wzajemnego wpływu dystrofii mięśniowej i menopauzy.

Menopauza może być jak pole minowe, jednak pomoc zaczyna być coraz bardziej dostępna. Bycie niepełnosprawną kobietą przechodzącą menopauzę może być samotnym i przerażającym doświadczeniem z powodu braku badań i wiedzy o twoim schorzeniu i jego interakcji z menopauzą oraz niechęci lekarzy do przepisywania terapii hormonalnej ze względu na nieznane ryzyko.

Zamierzam wrócić do lekarzy teraz, gdy czuję się silniejsza emocjonalnie, i naciskać, aby otrzymać więcej pomocy. Mam tylko nadzieję, że inne kobiety w podobnej sytuacji we właściwym czasie otrzymają wsparcie, którego potrzebują, i nie będą musiały cierpieć w milczeniu.

Och Jayne, to bardzo ważne, bo gdy masz jakąś niesprawność, otrzymanie HTZ jest jeszcze TRUDNIEJSZE NIŻ ZWYKLE.

Jeżeli twój lekarz naprawdę ma wątpliwości, poproś o skierowanie do kolejnych specjalistów.

Jayne, proszę, informuj mnie o postępach. Buziaki.

„Kolejne nietrafione diagnozy, kryzys kariery i niemal zrujnowana relacja" – Louise

Historia mojej menopauzy rozpoczęła się cztery lata temu, gdy zaczęłam doświadczać bólów głowy, suchości pochwy ze strasznym swędzeniem i podrażnieniami, bolesnych skurczów miesiączkowych, zmian nastroju, ataków niekontrolowanego smutku i nagłego zapominania.

Mój menedżer (mężczyzna) był pierwszym, który zwrócił moją uwagę na to, co się dzieje. Nasze spotkania w cztery oczy stały się dla mnie terapią. Aczkolwiek cierpliwość szefa (oczywiście) zaczęła się kończyć, wygooglowałam więc objawy – i proszę! Znalazłam odpowiedź: menopauza. Żaden z lekarzy, u których byłam, nie zebrał objawów w jedną całość, by dać właściwą odpowiedź. Płakałam cały dzień – ulga była przytłaczająca, to wszystko miało sens!

Umówiłam się do lekarza. W mojej przychodni nie było specjalisty od menopauzy, ale przecież wszystko jest w porządku, znam przyczynę, terapia to z pewnością HTZ, prawda? Doktor powiedział, że to nie może być menopauza, bo mam „dopiero" 43 lata (o rok więcej, niż miała moja mama, przechodząc menopauzę) i powinnam spróbować CBT (psychoterapii poznawczo-behawioralnej), bo wygląda na to, że mam depresję.

Przyjęłam poradę, ale było coraz gorzej. Dom i praca cierpiały, wszystko, co mogłam powiedzieć, to: „Ja teraz nie jestem sobą". Więc wróciłam do przychodni, ale poszłam do innego lekarza, a mój mąż poszedł ze mną. Świeżo upieczony lekarz odesłał mnie z niczym i powiedział, bym sprawdziła, jak będę się czuła przez kolejne kilka tygodni. No więc spróbowałam u jeszcze innego i tym razem – sukces!! Dostałam plastry z HTZ i następnego dnia nastąpiła kompletna transformacja! Byłam niesamowicie odmieniona: miałam energię, mgła mózgowa się ulotniła, seks znowu zaczął być pociągający (zadowolony mąż!) i znów byłam sobą. Zorientowałam się, że minęło dużo czasu, odkąd ostatnio tak się czułam.

Nie chciałabym, by ktokolwiek inny tego doświadczył. Chcę pomóc położyć kres tej ignorancji i ułatwić życie innym.

Louise, twoja historia jest doskonała, ponieważ mówisz o menedżerze – mężczyźnie – który zwrócił twoją uwagę na te sprawy. Myślę, że to bardzo ważne, byśmy edukowali kadrę kierowniczą w miejscu pracy, by przełożeni przyglądali się ludziom, którzy u nich pracują – powinni znać objawy perimenopauzy.

Czasami po prostu potrzebujemy kogoś, kto da nam szturchańca albo nas wysłucha, albo spotka się z nami, albo ceni nas wystarczająco, by powiedzieć: „Słuchaj, nie jesteś sobą, zrób coś, by stanąć na nogi".

Naprawdę dobrze było wysłuchać twojej historii, Louise, bo myślę,

że przechodzenie menopauzy w miejscu pracy jest bardzo trudne i trochę zrozumienia ze strony współpracowników, zwłaszcza mężczyzn, jest szczególnie pożądane. Zadbaj o egzemplarz tej książki dla każdego menedżera i menedżerki w twoim biurze.

. . . .

„Nie pozwoliłam, by przedwczesna niewydolność jajników zatrzymała mnie w biegu, choć czasami była to straszna walka" – Marie

Mam 42 lata. 15 lat temu zdiagnozowano u mnie przedwczesną niewydolność jajników (POI – ang. premature ovarian insufficiency), czyli menopauzę przed czterdziestką.

Byłam w tym czasie w wojsku. Tę nowinę obwieszczono mi mniej więcej tak:

Doktor: Masz przedwczesną niewydolność jajników.
Ja: Czy to znaczy, że nie będę mogła mieć dzieci?
Doktor: Tak (bez kontaktu wzrokowego).

No zdumiewające! Stwierdziłam też ostatnio, że jestem na jednej trzeciej dawki estrogenów w porównaniu z tym, co powinnam przyjmować przez ostatnie

15 lat. I przez te 15 lat ani razu nie sprawdzałam poziomu hormonów. Nic dziwnego, że wyglądałam jak śmierć na chorągwi.

A jeżeli chodzi o libido... ech! Piszę o tym nie po to, by biadolić, ale by wspomóc twoją misję – musimy edukować lekarzy pierwszego kontaktu, szefów i społeczeństwo.

Nie pozwoliłam, by POI mnie zatrzymało, choć czasami była to straszna walka – by pozostać osobą, którą byłam. Przez 20 lat byłam farmaceutką, ale porzuciłam to, by skupić się na pracy społecznej. Jestem wolontariuszką w organizacji zajmującej się pomocą ofiarom wypadków na morzu i rzeczniczką młodych kobiet z dysfunkcjami fizycznymi lub psychicznymi.

Dziękuję za wysłuchanie. Marie

O mój Boże, Marie, twoja historia złamała mi serce. Myśl, że spędziłaś 15 lat życia z niedostatkiem estrogenów, doprowadza mnie do pasji! Jestem wściekła w twoim imieniu! Jesteś cudowną kobietą.

Po pierwsze dziękuję ci za służbę w armii na rzecz naszego kraju, naprawdę to doceniam. I naprawdę mi przykro z powodu tego, przez co musiałaś przechodzić. Marie – usłyszeliśmy cię. Jeszcze raz dziękuję.

„Czuję się jak cień dawnej siebie" – Nadine

Miałam częściową histerektomię w wieku 37 lat z powodu endometriozy. Pozostawiono mi jajniki. Wszystko było w porządku aż do pięćdziesiątki. Wtedy mój świat się rozpadł. Zaczęły mi dokuczać koszmarne lęki, ataki paniki, palpitacje, nerwowość, zawroty głowy, dreszcze, powtarzające się infekcje dróg moczowych, suchość pochwy, a potem pojawiły się aury i migreny. Walczyłam z lekarzem rodzinnym o HTZ, którą wreszcie po dwóch latach otrzymałam. Znacznie pomogła, jeżeli chodzi o uderzenia gorąca i problemy ze snem, ale migreny i lęki wciąż mnie nawiedzały, choć nie były już tak częste.

Mówiono mi, że to przejdzie, ale w niektóre dni było nie do zniesienia. Czasami ból głowy trwał przez kilka dni i musiałam brać zwolnienie z pracy. Miałam tomografię serca, tomografię pęcherza, badania neurologiczne i tomografię mózgu, a ja tylko chciałam, by ktoś mnie wysłuchał. Znam swoje ciało i wiem, że to

menopauza, ale to taka walka! Chciałam tylko z powrotem czuć się sobą – pewną siebie i szczęśliwą. W tej chwili czuję się jak cień dawnej siebie. Zwykle regularnie ćwiczyłam, ale teraz brak mi energii i motywacji do zrobienia czegokolwiek. Nienawidzę tego, jak zmieniło się moje ciało, i trudno mi zaakceptować, że to ja. Czasami zauważam przebłyski dawnej siebie, ale zaraz łup! – menopauza włącza się z powrotem.

Zbliżam się do 58 lat i czuję, jakby życie przepływało obok mnie, a tak chciałabym móc żyć, a nie tylko egzystować.

Nadine, ta historia naprawdę łamie mi serce, bo nie mogę zrozumieć, dlaczego musiałaś walczyć z lekarzem o terapię, gdy twoje objawy jednoznacznie o nią wołają. Tak mi przykro. Lęki są absolutnie jednym z najgorszych objawów. Bardzo wiele z nas się z nimi boryka. Mam nadzieję, że w dalszej części tej książki znajdziesz potrzebne ci informacje.

„Rozważałam samobójstwo – ale teraz jestem jeszcze silniejsza niż kiedyś" – Sally

W 2013 roku, w wieku 49 lat, zatrzymały mi się miesiączki – pstryk i już! Wpadłam w najczarniejszy dołek, połączony z najokropniejszą bezsennością.

Po prostu nie radziłam sobie i – co jeszcze pogarszało sprawę – szukałam odpowiedzi na pytanie DLACZEGO.

Lekarz zdiagnozował depresję, odeszłam z pracy i zaczęłam brać antydepresanty. Całymi nocami siedziałam na łóżku w towarzystwie psa, podczas gdy mój mąż spał. Jesteśmy producentami mleka, mąż ciężko pracował, nasz biznes musiał prosperować bez względu na mnie. Rankiem było najgorzej. Regularnie dzwoniłam do Samarytan, nie chciałam dalej żyć, nie miałam siły, byłam przekonana, że wszystkim byłoby lepiej beze mnie. Rozważałam samobójstwo. Nienawidziłam osoby, którą się stałam. Bardzo utyłam, co nie pomagało – patrząc na siebie, widziałam tłustą, bezużyteczną bryłę.

Miałam jednak dobrych przyjaciół i jeden z nich poradził, bym poszła na siłownię. Było mi ciężko, ale się zmusiłam. Lubiłam bieżnię, co doprowadziło mnie do truchtania dokoła domu, gdzie zobaczył mnie szef miejscowego klubu biegaczy. Powiedział: „Dołącz do naszego zespołu na 5K (bieg na 5 km), wiesz – to pomoże".

No i dołączyłam, choć nigdy przedtem nie biegałam i byłam wykończona brakiem snu. Po prostu parłam do przodu. Nie miałam wyboru, szybko wyczerpały mi się inne możliwości. W tym czasie rozglądałam się za psychiatrą, co ponownie pogorszyło sprawę, bo znowu szukałam odpowiedzi. Przeszłam przez dwa gabinety, zanim wreszcie trafiłam na kobietę, która mówiła z sensem. Dziś postrzegam ją jako przyjaciółkę, a jej terapia spacerowa jest jak powiew świeżego powietrza.

To, w połączeniu z bieganiem, pomogło. Wkrótce przebiegłam 5K i zaczęłam wierzyć w siebie. To były drobne kroczki. Do 2018 roku zgubiłam 12 kg i przebiegłam pierwszy półmaraton – i to wszystko kobieta „która nie biegała". Mąż, córki i wnuk kibicowali mi na mecie. Nadal biegam trzy razy w tygodniu i chodzę na siłownię zorganizowaną w garażu miejscowej farmy. Trenujemy też w ogrodzie. Grupka kobiet, które wspierają się nawzajem. Ciężko pracujemy i dużo się śmiejemy. Teraz rzadko chodzę do lekarza rodzinnego i jeszcze rzadziej do psychiatry.

Jestem dumna, że to zrobiłam. Antydepresanty biorę w dawce mniejszej niż pół tabletki.

A Sally? Wróciła – silniejsza i jeszcze lepsza.

Sally, BARDZO dziękuję. Naprawdę mi przykro, że masz tak mroczne doświadczenia życiowe, ale jestem niezmiernie wdzięczna, że opowiedziałaś nam o tym, jak można sobie poradzić dzięki aktywności fizycznej. Dla kobiet, które nie chcą albo nie mogą stosować terapii hormonalnej, jest to bardzo, bardzo ważna lekcja. W dalszej części książki będziemy dużo mówić o ćwiczeniach i o tym, że są one kluczowe dla zdrowia psychicznego, siły fizycznej i wytrzymałości kości – a twoja historia jest wspaniałym tego przykładem. Powinnaś być z siebie dumna. Jesteś twardzielką.

„Ratunku! Menopauza to pole minowe!" – Lou

Byłam pewna, że to mnie ominęło.

Gdybyś zapytała mnie o to dwa lata temu, gdy miałam 55 lat, powiedziałabym: „Nie wiem, o co to całe zamieszanie" albo „Myślę, że po prostu miałam szczęście, ale naprawdę nic z tego nigdy mnie nie dotyczyło".

A potem wstanie rano z łóżka zaczęło wymagać wielkiego wysiłku. Jakbym była starą kobietą ze sztywnymi, ciężkimi nogami. Aż do lanczu nie czułam się dobudzona, a o godzinie 15 myślałam, że już teraz chciałabym się położyć do łóżka i zasnąć.

Z moich piersi zrobiły się balony, a biodra stały się grubsze. Brzuch, który zawsze miałam całkiem płaski, był ustawicznie wzdęty. Przez dwa lata próbowałam różnych ćwiczeń i diet, ale bez większego efektu, a teraz cierpię na straszne bóle nóg, które czasem nie dają mi zasnąć przez całą noc.

Byłam u lekarzy, chodziłam na fizjoterapię, ale to nic nie zmieniło. Wreszcie po przeczytaniu mnóstwa tekstów i dogłębnych poszukiwaniach doszłam do wniosku, że moje dolegliwości – teraz lista się wydłuża – mogą z dużym prawdopodobieństwem oznaczać menopauzę.

Ta konkluzja w niczym nie przybliża mnie do rozwiązania, bo to jest pole minowe, którego najwyraźniej nikt nie rozumie.

Lou, prawda, że to zabawne? Czasami potrafisz być pewna siebie i myśleć coś w rodzaju – nie jest tak źle, czuję się zupełnie w porządku, przechodzę tę perimenopauzę, nie ma problemu... I nagle uderza cię to niczym pociąg towarowy. Nie rezygnuj z chodzenia do lekarzy, pytaj o radę, może poproś lekarza rodzinnego o skierowanie do specjalisty od menopauzy. Przesyłam ci bardzo serdeczne pozdrowienia i dziękuję za podzielenie się swoją historią.

ROZDZIAŁ 2

WIEDZA TO POTĘGA. CZYM SĄ PERIMENOPAUZA I MENOPAUZA

„Czy mogę rozpocząć
HTZ, jeżeli wciąż
MIESIĄCZKUJĘ?"

„Czy konieczne
są TESTY?"

„To nie jest menopauza
– nie mam żadnych
UDERZEŃ GORĄCA"

„Co się ze mną dzieje?"

Gdy dorastałam, menopauza nie bywała tematem rozmów przy rodzinnym stole – podejrzewam, że nie tylko w moim domu. Nikt o tym nie mówił. Starsi po prostu pomijali ten temat. Moja babcia nazywała ją „zmianą", ale nigdy w rozmowie ze mną – mogłam to usłyszeć, gdy rozmawiała z przyjaciółkami albo w jakiejś podobnej sytuacji. Nie mówiła mi o tym, bo w czasie, gdy u niej mieszkałam, byłam małą dziewczynką.

No i perimenopauza podkradła się do mnie niczym jakiś zły gremlin, a ja nie miałam wiedzy, CO U DIABŁA z tym zrobić.

Szukałam pomocy. Skontaktowałam się z krewnymi i porozmawiałam z kilkoma koleżankami. W sumie nie miałam w pracy wielu znajomych kobiet, z którymi byłabym wystarczająco blisko i które byłyby starsze od mnie, więc właściwie nie miałam z kim rozmawiać. Naprawdę pomocne okazało się spotkanie z osobami publicznymi – Lorraine Kelly[1] i Liz Earle[2]. Dzięki nim poczułam się pewniej i łatwiej było mi się otworzyć w kwestii mojej menopauzy.

I oczywiście ostatnio Michelle Obama – kobieta legenda, uwielbiam ją! Opowiedziała, jak uderzenia gorąca dopadły ją podczas lotu prezydenckim helikopterem. To naprawdę, naprawdę jest coś! Michelle Obama – ona właśnie TO MA i jeżeli tak jest, to jest dla mnie

nadzieja. Jeżeli można być pierwszą damą, wyglądać seksownie, pisać książki, prowadzić działalność charytatywną i co wieczór siadać obok dygnitarzy, to ja też sobie z tym poradzę!

Teraz właśnie pojawiła się nowa fala kobiet, które wręcz walą w bęben menopauzy i które naprawdę są gotowe otwarcie i szczerze mówić o swoich odczuciach. A jeżeli one mogą, TO MY TEŻ!

Mówienie o tym jest bardzo ważne, ponieważ tabu towarzyszące tej kwestii utrzymuje się od stuleci. Głęboko wniknęło w psychikę kobiet. Chcę, by nasi mężowie, bracia, ojcowie i partnerzy potrafili mówić o menopauzie bez chichotów. TO, PSIAKREW, NIE JEST ŚMIESZNE.

Pora odrzucić ten stygmat, który jest częścią naszej rzeczywistości. Niektóre z nas czasami potrzebują odrobiny wsparcia. Mamy potrzebę mówienia o tym. Naprawdę powinnyśmy dzielić się tą wiedzą z innymi kobietami, z młodymi dziewczynami. A także z chłopcami. Każdy powinien zdawać sobie z tego sprawę, ponieważ jest to coś, co z pewnością nadejdzie, co zdarzy się osobie, którą znasz – o ile właśnie nie przytrafia się tobie.

Naprawdę powinnyśmy demonstrować poparcie w imieniu wszystkich kobiet. Chcę ci pokazać, że będzie dobrze, ale

---

[1] Szkocka dziennikarka i prezenterka telewizyjna [przyp. red.].
[2] Brytyjska pisarka, prezenterka telewizyjna i bizneswoman [przyp. red.].

wszystkie musimy nauczyć się podstaw, by wiedzieć i – to szczególnie ważne – móc informować innych. Hormony. Estrogeny. Progesteron. Okres. Brak okresu. Czy potrzebuję badania krwi? Czy mam menopauzę? Co to jest menopauza? Czy jestem po drugiej stronie?

Gdy zajrzysz do internetu, znajdziesz tam absolutne trzęsawisko pomyłek i dezinformacji. Największy problem z korzystaniem z internetu polega na tym, że przy informacjach medycznych, które tam znajdujesz, często nie ma dat. Możesz więc trafić na fragment o konkretnym problemie, z którym się mierzysz w okresie perimenopauzy lub menopauzy, ale informacja może pochodzić sprzed pięciu czy sześciu lat.

Musisz wiedzieć, że wobec najnowszych osiągnięć lekarzy i naukowców dotyczących perimenopauzy i menopauzy informacje starsze niż sprzed dwóch lub trzech lat mogą być nieaktualne.

Tak wiele się zmienia. Wciąż pojawiają się wytyczne (jedyne, co się, cholera, nie zmienia, to dezinformacja na ulotkach znajdujących się wewnątrz opakowań z HTZ, ale mam nadzieję, że to też zdąży się zmienić do czasu, gdy ukaże się książka).

No więc potrzebujemy odpowiedzi. Możesz trochę się domyślać, że pociąg z twoją menopauzą już ruszył. Możesz też po prostu chcieć się przygotować

na to, co nastąpi na trasie. Cokolwiek myślisz, nadszedł czas na pierwszy etap naszej misji.

Teraz wiem, że gdybym w odpowiednim czasie była lepiej poinformowana, zapewne czułabym się swobodniej, opowiadając o swoich doświadczeniach, i szybciej uzyskałabym pomoc. Gdybym tylko wiedziała, że nie ma w tym nic krępującego i że tak łatwo można to naprawić. Kłamię, prawdę powiedziawszy, to wcale nie jest takie proste... Ale części z tych problemów można zaradzić i miejmy nadzieję, że ta książka to ułatwi. Gdybym to wiedziała, szybciej otrzymałabym pomoc i nie przechodziłabym przez te trzy czy cztery mroczne lata.

Jak powiedziało wiele osób w historiach przytoczonych na początku książki, te stracone lata nigdy nie wrócą. I to jest straszne. Powinnyśmy pomóc innym kobietom, by nie traciły najlepszego czasu swojego życia!

W moim domu dużo mówimy o menopauzie, wyobraź to sobie, przy rodzinnym stole. I to nie tylko z Holly i Tilly, moimi córkami, ale także z moim synem Chesterem. Wszyscy oni wiedzą, co to jest perimenopauza, menopauza, znają objawy, wiedzą o hormonach i – co najważniejsze – mają świadomość, że to nie jest nic wstydliwego.

Z pomocą kochanej dr Naomi stworzyłam mały kurs mistrzowski, który przebije się przez dezinformację i poprowadzi cię ku temu, co najważniejsze. Kto, co i dlaczego w perimenopauzie i menopauzie. Jestem więc twoją znacznie dowcipniejszą wersją Google'a.

Właśnie teraz potrzebujesz odpowiedzi na pytania dotyczące:

1. Hormonów

2. Perimenopauzy

3. Menopauzy

4. Otrzymania diagnozy

5. Długoterminowego ryzyka zdrowotnego, którego musisz być świadoma

WKŁADAJ FARTUCH LABORATORYJNY, CZAS NA LEKCJĘ BIOLOGII

PUNKT WIDZENIA DR NAOMI

Po wielu latach opieki nad pacjentami jedno wiem na pewno: nie ma czegoś takiego jak podręcznikowa menopauza. U jednych pacjentek objawy mogą uderzyć pozornie w ciągu jednej nocy, podczas gdy u innych jest to stopniowe zdawanie sobie sprawy, że „coś jest nie tak".

Jednym z podstawowych pytań, jakie słyszę od pacjentek podczas pierwszej wizyty, jest: dlaczego? Dlaczego ja się tak czuję, dlaczego to mnie dotyka?

By zająć się pytaniem „dlaczego?", trzeba zacząć od hormonów – czym są, jak działają i dlaczego są takie ważne.

CZYM SĄ HORMONY I DLACZEGO JESTEŚMY OD NICH ZALEŻNE?

Hormony są chemicznymi posłańcami działającymi w naszym ciele, podążającymi w krwiobiegu do tkanek i narządów.

Są niezbędne, pełnią wiele funkcji – od regulowania nastroju poprzez wzrost i przemianę materii po zdrowie seksualne i rozmnażanie. Chodzi o równowagę: zbyt niski albo zbyt wysoki poziom jakiegoś hormonu może wywoływać różnorodne objawy i problemy.

Najważniejsze hormony, o których powiemy, to estrogeny i progesteron.

Estrogeny są produkowane głównie w jajnikach. Są to parzyste narządy, z których jeden co miesiąc uwalnia komórkę jajową. W komórkach całego ciała znajdują się receptory estrogenów. Te hormony utrzymują ciało w idealnej kondycji – od udziału w regulowaniu cyklu miesięcznego po poprawianie nastroju i pamięci, wzmacnianie kości i ochronę serca.

Progesteron reguluje cykl menstruacyjny, przygotowując ciało do poczęcia i utrzymując je w szczęściu i zdrowiu podczas ciąży.

Innym hormonem, o którym będziemy dużo mówić, jest testosteron. Może się on okazać brakującym elementem układanki podczas przyjmowania HTZ. Nie jest to hormon wyłącznie dla mężczyzn – ułatwia utrzymanie nastroju, reguluje popęd płciowy, siłę, wytrzymałość i moc. Jego poziom

może w nieprzewidywalny sposób spadać u kobiet w okresie menopauzy.

CO WSPÓLNEGO MAJĄ TE HORMONY Z PERIMENOPAUZĄ I MENOPAUZĄ?

Zgodnie z definicją menopauza to ostatnia miesiączka, po której w ciągu 12 miesięcy nie wystąpi samoistny okres. To może być wyboista droga: fluktuacje poziomu hormonów mogą się utrzymywać przez kilka lat, zanim nastąpi menopauza, przez fazę przejściową, okołomenopauzalną, zwaną perimenopauzą. To właśnie te fluktuacje i następujący po nich spadek poziomu hormonów odpowiadają za objawy okresu perimenopauzy i menopauzy.

CO TO JEST PERIMENOPAUZA

Jesteś zdezorientowana i nie wiesz, których objawów wyglądać? Poszłaś do lekarza tylko po to, by się dowiedzieć, że twoje badania krwi wyszły „normalnie"? A może powiedziano ci, że jesteś po prostu za młoda na perimenopauzę?

Przez długi czas utrzymywała się błędna koncepcja, że objawy pojawiają się wraz z menopauzą. Ale najczęściej tak nie jest. Objawy mogą się pojawić wiele lat przed całkowitym zatrzymaniem okresu i mogą być bardzo wyniszczające. Wokół perimenopauzy jest tyle zamieszania i dezinformacji, że bardzo chciałabym podzielić się z tobą jednym z moich wspaniałych zestawień, w którym zebrałam informacje o tym, czego i kiedy możesz oczekiwać, tak żebyś mogła odhaczać na nim objawy niczym na liście rzeczy do zrobienia.

Niestety to tak nie działa – perimenopauza jest okresem przejściowym. Jest to czas fluktuacji hormonalnych i turbulencji. Jajniki zaczynają zmniejszać produkcje hormonów, których poziom może się zachowywać niczym jo-jo. To oznacza, że możesz przez wiele miesięcy doświadczać jakichś objawów, ale później, kiedy znikną, znowu czuć się „dobrze". Chociaż nie jestem w stanie dać ci kompletnej listy, mogę przedstawić fakty, które pomogą ci wsłuchać się w swoje ciało i działać, kiedy trzeba.

KIEDY POJAWIA SIĘ PERIMENOPAUZA?

U wielu kobiet, które się ze mną kontaktowały, pierwsze objawy perimenopauzy, podobnie jak u mnie, pojawiły się w wieku czterdziestu kilku lat. Jednak proszę - nigdy nie myśl, że jesteś na to „za młoda". Każda z nas jest inna i nie ma tu czegoś takiego jak średnia. Różne osoby mogą to różnie odczuwać – niektóre bardzo wcześnie wejdą w okres perimenopauzy,

u innych z różnych powodów zdrowotnych albo leczenia w ciągu jednej nocy rozpocznie się menopauza. Jeżeli właśnie jesteś w trakcie wczesnej menopauzy, przejdź do rozdziału 4, gdzie znajdziesz coś akurat dla siebie.

JAK ROZPOZNAĆ PERIMENOPAUZĘ (WSKAZÓWKA: TO NIE TYLKO KWESTIA OKRESU)

Dr Naomi jest nieprawdopodobną krynicą wiedzy w dziedzinie menopauzy. Robi fantastyczne programy na żywo na Instagramie. W bardzo prostych słowach tłumaczy, czym są perimenopauza i menopauza.

Podczas jednej z naszych pierwszych rozmów dr Naomi określiła perimenopauzę jako „mistrza kamuflażu". To niezwykle błyskotliwe spostrzeżenie, ponieważ rzeczywiście może się ona manifestować w praktycznie dowolny sposób i powodować wiele różnych objawów.

Wiele kobiet, z którymi rozmawiałam, powie, że wszystko zaczęło się od przeczucia, wrażenia lub powolnego dochodzenia do wniosku, że coś się zmienia. Być może zauważasz objawy, których jeszcze kilka tygodni lub miesięcy temu nie było, ale zwykle nie potrafisz wytłumaczyć, o co chodzi.

Ponieważ menopauza skupia się na zakończeniu miesiączkowania, wiele kobiet zwraca szczególną uwagę właśnie na nie. W rzeczywistości jednak jest to jeden z objawów pojawiających się jako ostatni. W czasie perimenopauzy możesz miesiączkować całymi latami. Z moimi okresami było zupełnie inaczej, ale prawdę mówiąc, niespecjalnie zwracałam na to uwagę. Spoglądając wstecz, uważam, że to dlatego, iż właściwie nie wiedziałam, co to jest perimenopauza, a menopauzę wykluczyłam, bo uważałam, że jestem za młoda. Minął chyba rok, zanim zaczęłam łączyć ze sobą fakty i zrozumiałam, że to wszystko ma jedną przyczynę.

To zupełnie normalne, że miesiączki zmieniają się w czasie perimenopauzy. Stają się częstsze, rzadsze, dłuższe, krótsze, lżejsze lub intensywniejsze. Jeżeli stają się przewlekle cięższe, zwłaszcza jeśli masz ponad 45 lat, trzeba zrobić dodatkowe badania, by sprawdzić stan błony śluzowej macicy, czyli endometrium.

Skupianie się na miesiączce może oznaczać, że inne objawy – takie jak swędzenie skóry, suchość pochwy, utrata włosów, obniżenie libido i wiele innych – mogły się pojawić całe lata wcześniej, ale zostały przeoczone.

„Wszystko, co lubiłam robić, przestało mieć znaczenie" – Fiona

Fiona, przechodząca perimenopauzę, opisuje: „Patrząc na pięćdziesięcioletnią siebie w łazienkowym lustrze, widziałam przemijającą młodość". Naprawdę się z tym utożsamiam.

Stwierdzenie, że dwa ostatnie lata to był prawdziwy rollercoaster emocji i zmian nastrojów, byłoby sporym niedomówieniem. Trudno wytłumaczyć innym, przez co przechodzisz, gdy sama nie w pełni to rozumiesz. To nie jest tak, że nagle się budzisz i czujesz się inna – początkowo zmiany są tak subtelne, że łatwo je przeoczyć. W moim przypadku

była to stopniowa utrata radości, entuzjazmu, energii i zamiłowania do życia. Czułam, że tracę nie tylko siebie, ale i mój umysł. Choć zawsze miałam lęki, teraz przebijały one sufit. Wszystko, co lubiłam robić, przestało mieć znaczenie, ponieważ szczęśliwe odczucia, które były wyzwalaczami aktywności, zniknęły. Było to tak, jakby wypłukano z mojego życia wszystkie kolory, a ja nie wiedziałam, jak je przywrócić – jak połączyć się na powrót z prawdziwą sobą. Gdzie byłam? Dostrzegałam tylko oszustkę – złą, wystraszoną i drażliwą kobietę, która nie mogła sobie przypomnieć, czy myła rano zęby albo czy użyła dezodorantu.

Często pierwszymi objawami są lęki i lekko obniżony nastrój. Te lęki mogą być bardzo subtelne, ale naprawdę wyniszczające. Ktoś, kto był pewny siebie i towarzyski, może nagle zacząć odczuwać zdenerwowanie prowadzeniem samochodu nocą albo jakąś sytuacją społeczną, co przedtem się nie zdarzało. To wszystko może bardzo podkopać twoją pewność siebie, a to z kolei wywołać smutek, który hormony jeszcze spotęgują.

Szybko powstaje bardzo złe błędne koło, ciągnąca cię w dół spirala – to wszystko hormony. Wydaje mi się, że ludzie często przypisują to wiekowi, starzeniu się, bo sądzą, że jest to jedyna przyczyna zmian – a tak naprawdę to twoje hormony.

CZY SĄ WIĘC JAKIEŚ WCZESNE OZNAKI TEGO, ŻE MOŻESZ ZBLIŻAĆ SIĘ DO PERIMENOPAUZY?

Gdy wciąż jeszcze miałam miesiączki, były regularne jak w zegarku. Miałam szczęście – 28 dni. Co za bzdury! Byłam na pigułkach antykoncepcyjnych, ale, o mój Boże, zespół napięcia przedmiesiączkowego był straszny. Przez mniej więcej tydzień byłam trochę drażliwa, trochę markotna, trochę płaczliwa. Piersi bolały, czułam się wzdęta i odrażająca. I potem, pierwszego dnia okresu: o niebo lepiej.

Mnóstwo osób, które podzieliły się swoimi historiami, przeżywało to samo. Znam wiele takich opowieści. Około trzy czwarte kobiet cierpi z powodu zespołu napięcia przedmiesiączkowego. Jeżeli doświadczasz zaostrzenia objawów – gdy stają się naprawdę dotkliwe – to może być sygnał perimenopauzy.

„Nikt nigdy nie mówi o tej stronie życia" – Johanna

Johanna dowiedziała się, że ma perimenopauzę, krótko po czterdziestce, po latach borykania się z zespołem napięcia przedmiesiączkowego.

Przez całe lata w pewnych dniach w miesiącu nienawidziłam wszystkich, miałam paskudne nocne poty (chociaż ustały one po jakichś dwóch latach) i bóle piersi, ale okres był jak w zegarku.

Potem przez mniej więcej rok moje miesiączki były niezwykle obfite, ale wciąż całkiem regularne, tylko jedna wypadła. Następnie, gdy miałam 47 lat, okresy ustały. Całkowicie. Zastąpiły je pojawiające się co jakiś czas uderzenia gorąca, wieczorem, około godziny 21. Nie codziennie i nie każdego tygodnia, ale raz na kilka tygodni. Niemal cyklicznie. Nagle po około 18 miesiącach

*ustały. Ale pojawiły się bóle stawów
i zaczęłam tyć.*

*Zakładam, że jestem już teraz
w zaawansowanej menopauzie. Mam 51
lat i nadal nie jestem pewna, co to jest.
Nikt nigdy nie mówi o tej stronie życia.
To dezorientujące. Poza tym wydaje mi się,
że każda z nas przechodzi przez to inaczej.*

Tak, napisałam tę książkę dla ciebie,
Johanna. Tutaj znajdziesz odpowiedzi.

Jeżeli cierpisz na zespół napięcia
przedmiesiączkowego, twoje ciało
jest wrażliwe na zmiany poziomu
hormonów zachodzące podczas
cyklu menstruacyjnego. Poziom
estrogenów jest najwyższy
w połowie cyklu, a najniższy w czasie
miesiączki. Poziom progesteronu
– który ma przygotować organizm
do potencjalnej ciąży – jest
najwyższy w drugiej połowie cyklu,
pomiędzy owulacją a początkiem
nowej miesiączki. Zespół napięcia
przedmiesiączkowego może się
nasilać w okresie perimenopauzy
i może to być jednym z jej
zwiastunów.

JAK DŁUGO BĘDZIE
TRWAŁA PERIMENOPAUZA?

Może być różnie – może to być kilka
miesięcy, a może się ciągnąć kilka lat.
Średnio jednak trwa od czterech do
pięciu lat.

CZY POWINNAM ZACZEKAĆ
DO USTANIA MIESIĄCZEK,
ZANIM ROZPOCZNĘ
TERAPIĘ?

Zdecydowanie nie trzeba. Możesz
rozpocząć stosowanie HTZ w okresie
perimenopauzy i w ten sposób
znacznie złagodzić jej objawy. Jeżeli
wciąż miesiączkujesz, potrzebna
będzie sekwencyjna HTZ, co
omówimy w dalszej części książki.

Naprawdę mnie irytuje, kiedy kobiety
słyszą, że nie mogą rozpocząć stosowania
HTZ, dopóki miesiączkują. To są
dyrdymały! **NIE, NIE, NIE, NIE!** Mówię ci,
absolutnie nie ma powodu, by czekać,
kiedy możesz znacznie wcześniej odnieść
korzyści z terapii.

Rozpoczęłam HTZ w czasie perimenopauzy i to ocaliło mi skórę. Szczerze,
nie jestem pewna, czy wciąż miałabym
pracę, gdybym tego nie zrobiła.
I zdecydowanie nie byłabym zdolna
do uporządkowania – nawet ogólnego –
moich spraw, gdybym nie uzupełniała
hormonów.

Jestem wielką zwolenniczką wolnego
wyboru. Musisz rozważyć, co będzie dla
ciebie najlepsze. I o tym jest ta książka.
Zamierzamy powiedzieć ci wszystko,
co powinnaś wiedzieć, by podjąć świadomą
decyzję w kwestii swojego ciała.

Perimenopauza może trwać kilka lat.
W tym czasie możesz być w szczytowej

formie albo potrzebować energii, by poradzić sobie z rosnącymi dziećmi i, niestety, być może, by opiekować się starzejącymi się rodzicami. A na to wszystko może w znacznym stopniu wpływać huśtawka hormonalna. Rozpoczęcie terapii w czasie tego koszmaru może więc pomóc w kontynuowaniu życia na pełnych obrotach.

Kobiety często piszą do mnie w mediach społecznościowych, że były u lekarza, zrobiły badanie krwi i usłyszały, że ich hormony są absolutnie w porządku. Poniżej dr Naomi wyjaśnia, dlaczego to niekoniecznie jest prawda.

DR NAOMI WYJAŚNIA

Określenie, kiedy rozpoczęła się menopauza i kiedy perimenopauza przeszła w menopauzę, może być trudne, ale o menopauzie mówimy wtedy, jeśli w ciągu 12 kolejnych miesięcy nie było miesiączki. Objawy mogą jednak pojawić się wcześniej. Średni wiek menopauzy w Wielkiej Brytanii wynosi 51 lat.

KIEDY POWINNAM PÓJŚĆ DO LEKARZA?

To zależy od ciebie, ale jeżeli się zmagasz z objawami, masz prawo szukać pomocy. Nie jesteś pewna, czy powinnaś się umówić na wizytę? Zadaj sobie następujące pytania:

→ Czy objawy wpływają na twoje życie, relacje albo pracę?

→ Czy objawy cię niepokoją?

→ Czy potrzebujesz porady, co robić?

→ Czy potrzebujesz drugiej opinii? To może nie być twoja pierwsza wizyta. Jeżeli coś jest nie tak, idź do innego lekarza.

→ Próbowałaś HTZ, ale okazała się nieskuteczna albo pojawiły się negatywne skutki uboczne?

Jeżeli odpowiedź na którekolwiek z tych pytań brzmi „tak", warto pójść do lekarza.

DIAGNOZA

Jeżeli nie przyjmujesz żadnych hormonów, stwierdzenie, czy masz perimenopauzę, czy nie, na podstawie samego badania krwi może być trudne, ponieważ poziom twoich hormonów naprawdę może być różny. Jednego dnia waha się z góry na dół, następnego może być na samym dole, a kolejnego będzie zupełnie prawidłowy.

Często zakłada się, że badanie krwi jest rozstrzygającym sposobem diagnozowania perimenopauzy, jednak w większości przypadków diagnoza może – i powinna – zostać postawiona po rozmowie z lekarzem, który weźmie pod uwagę twój wiek i objawy. W Wielkiej Brytanii wytyczne Narodowego Instytutu Zdrowia (NICE – National Institute for Health and Care Excellence) dotyczące menopauzy mówią, że jeżeli kobieta w wieku powyżej 45 lat wykazuje typowe objawy menopauzy, pierwszą linią leczenia powinna być hormonalna terapia zastępcza.

Jeżeli masz ponad 45 lat i typowe objawy perimenopauzy albo menopauzy, nie musisz wykonywać badań krwi, chyba że lekarz podejrzewa, że objawy mogą mieć jakąś inną przyczynę. Jeżeli masz mniej niż 45 lat, lekarz prawdopodobnie zleci badania, by poszukać przyczyn i potwierdzić perimenopauzę, jeżeli ją podejrzewa.

Powinno się zbadać:

→ Hormon folikulotropowy (FSH) – generalnie stymuluje on jajniki. Jego podwyższony poziom wskazuje, że jesteś w okresie perimenopauzy albo menopauzy, ponieważ twój mózg musi dokonać większego wysiłku, by zmusić jajniki do reakcji. Aczkolwiek wynik tego badania może być niewiarygodny, ponieważ poziom hormonów się zmienia – trzeba ten test powtarzać. Na wiarygodność wyniku może również wpływać przyjmowanie złożonych tabletek antykoncepcyjnych.

→ Estradiol – to rodzaj estrogenu produkowany przez jajniki. Niski poziom tego hormonu może wskazywać na perimenopauzę albo menopauzę, ale jako że poziom hormonu jest zmienny, wyniki mogą być niewiarygodne.

Są też badania, które można wykonać w celu wykluczenia innych przyczyn twoich objawów. Należą do nich:

→ Morfologia krwi – to bardzo często wykonywane badanie, które określa rodzaje i liczbę krwinek. Może dać dobry obraz ogólnego stanu zdrowia i wychwycić potencjalne problemy, takie jak infekcja, stan zapalny albo anemia.

→ Badanie funkcjonowania wątroby.

→ Badanie funkcjonowania tarczycy – znajdującego się w szyi gruczołu, który produkuje hormony biorące udział w regulacji takich funkcji organizmu jak częstotliwość skurczów serca i temperatura ciała. Gdy twoja tarczyca wytwarza za dużo albo za mało hormonów, może to prowadzić do takich objawów jak modyfikacja cyklu miesięcznego, zmiany nastroju, zmiany masy ciała, zmęczenie i zaburzenia regulacji temperatury.

→ Określenie poziomu witaminy D – jej niedobór może powodować objawy podobne do menopauzy.

→ Analiza moczu na obecność bakterii, by sprawdzić, czy nie masz infekcji.

BADANIA KRWI

Badania krwi mogą być pomocne, gdy już jesteś na HTZ, by ocenić jej wchłanianie, jednak na etapie diagnozowania nie ma powodu ich wykonywa, jeżeli masz ponad 45 lat. Kosztowne, skomplikowane badania zwykle też nie są potrzebne. Należą do nich badania śliny, chromato-grafia moczu, badania DUTCH Test, próbek włosów i DNA. Nie znajdują się one jednak w wytycznych British Menopause Society i nie są wykonywane przez specjalistów akredytowanych przez tę organizację[3].

A więc, dla absolutnej jasności:

Poniżej 45 lat?

Robimy badania krwi.

Ponad 45 lat?

Badania krwi zwykle nie są potrzebne do diagnozy.

[3] Wymienione badania nie są w Polsce wykonywane, gdyż nie mają uzasadnienia merytorycznego i żadnej wartości diagnostycznej [przyp. kons.].

„Bez ogródek opowiadam o każdym etapie mojej drogi... dzięki temu czuję się silniejsza" – Kirsty

Gdy pierwszy raz czytałam historię Kirsty, tekst po prostu wyskakiwał z kartki. Podoba mi się początek:

Perimenopauza gotowała się na wolnym ogniu przez mniej więcej cztery lata, zanim chlasnęła mnie mokrą jak ryba nocą.

Od czterech lat jestem całkowicie otwarta, jeśli chodzi o moje doświadczenia. Wykrzykuję o nich ze szczytu dachu każdemu, kto zechce słuchać, i jestem zdeterminowana, by pomagać innym.

Bez ogródek opowiadam o każdym etapie mojej drogi... dzięki temu czuję się silniejsza. Nie dam się zdołować. Śmieję się z tego i jeżeli akurat mam chwilę zaćmienia umysłu, wszyscy o tym wiedzą, bo otwarcie im o tym mówię.

O mój Boże, tak bardzo utożsamiam się z historią Kirsty. Opisała wszystkie „klasyczne" objawy: jej pewność siebie padła, miała mgłę mózgową,

co spowodowało przejście od „wspaniałej pamięci" przed menopauzą do dni, kiedy ledwo mogła sobie przypomnieć, jak się nazywa.

Była tak przerażona, że poprosiła lekarza o tomografię mózgu i była gotowa zrobić ją prywatnie. Stres i niepokój spowodowały, że skończyło się powodzią łez. Odesłano ją do domu.

Cztery lata później była już na HTZ i po kilku korektach wróciła na szczyt swoich możliwości.

Pomijając porównanie do mokrej ryby, w historii Kirsty najbardziej uderzyła mnie jej determinacja do dzielenia się swoimi przeżyciami, by pomóc innym. Wszyscy powinniśmy być jak Kirsty. To się dzieje, moje drogie, powinnyśmy się dzielić, powinnyśmy się uczyć i powinnyśmy słuchać, by pomagać sobie nawzajem.

DŁUGOFALOWE NASTĘPSTWA ZDROWOTNE, Z KTÓRYMI TRZEBA SIĘ LICZYĆ

Objawy perimenopauzy i menopauzy mogą być bardzo ciężkie, ale obniżający się poziom hormonów może mieć także długofalowe skutki zdrowotne.

Hormonalna terapia zastępcza może złagodzić wspomniane wyżej objawy. Jej stosowanie zmniejsza także ryzyko osteoporozy i częstość infekcji układu moczowego oraz ryzyko chorób sercowo-naczyniowych. Pojawiają się też dowody na to, że może chronić przed demencją, chorobą Alzheimera i innymi schorzeniami neurologicznymi[4].

OSTEOPOROZA

Osteoporoza powoduje, że nasze kości stają się bardziej podatne na złamania. Uważa się, że w Wielkiej Brytanii cierpi na nią około 3 milionów osób, przy czym jest ona znacznie częstsza u kobiet[5].

Nasze kości są najmocniejsze w początkach dorosłości, ale od około 35. roku życia u wszystkich gęstość kości zaczyna maleć. Estrogeny pozwalają utrzymać ich strukturę i wytrzymałość. Spadek ich poziomu po menopauzie może przyspieszyć utratę gęstości kości i sprowadzić ryzyko osteoporozy. Ta choroba nie boli, a to oznacza, że diagnoza często zostaje postawiona dopiero po złamaniu spowodowanym czymś tak drobnym jak uderzenie albo upadek. HTZ może poprawić gęstość kości.

CHOROBY SERCOWO-NACZYNIOWE

Choroby serca to przyczyna numer jeden śmierci kobiet w Wielkiej Brytanii. W rzeczywistości choroba wieńcowa zabija ponad dwukrotnie więcej kobiet niż rak piersi[6].

---

[4] Yu Jin Kim, Mara Soto, *Association between menopausal hormone therapy and risk of the neurodegenerative diseases*, Center for Innovation in Brain Science, University of Arizona, Tucson 2022.

[5] C.E. Bowring, R.M Francis, *Royal Osteoporosis Society's Position Statement on hormone replacement therapy in the prevention and treatment of osteoporosis*, „Menopause International" 2011, 17: 63–65.

[6] „UK Factsheet", British Heart Foundation, 2022, http://www.bhf.org.uk/-/media/files/research/heart-statistics/bhf. cvd.statistics---uk-factsheet.pdf

Do chorób sercowo-naczyniowych należą choroby serca, dusznica bolesna, zawał serca, wysokie ciśnienie krwi, udar i otępienie naczyniopochodne.

Na choroby sercowo-naczyniowe cierpi w Wielkiej Brytanii około 7 milionów osób, przy czym cukrzyca, choroby serca w rodzinie i palenie papierosów zwiększają ryzyko ich wystąpienia.

Spadek poziomu estrogenów w czasie menopauzy i później zwiększa ryzyko wystąpienia chorób sercowo-naczyniowych. Hormony te zapewniają gładkość i elastyczność naczyń krwionośnych, które przewodzą krew z serca do innych partii ciała. Gdy ich ilość spada, naczynia krwionośne są bardziej podatne na tworzenie się wyściełającej je płytki tłuszczowej, która zwęża ich światło, co zwiększa ryzyko zawału i udaru. Estrogeny biorą też udział w regulacji poziomu cholesterolu

i rozmieszczenia tłuszczu w organizmie – zbyt dużo tłuszczu na wysokości pasa również zwiększa ryzyko wystąpienia tych chorób.

DEMENCJA

Na całym świecie demencja jest dwukrotnie częstsza u kobiet niż u mężczyzn[7]. Prawdziwa przyczyna tego stanu rzeczy nie jest jeszcze znana.

Wiemy, że estrogeny chronią przed chorobami sercowo-naczyniowymi, a jedną z przyczyn demencji jest otępienie naczyniopochodne. Logiczne jest więc założenie, że chroni przed nim również HTZ.

Istnieje wiele różnych rodzajów demencji. Pojawiają się dowody, że HTZ może chronić także przed nimi, ale wymaga to dalszych badań.

Te statystyki kompletnie mną wstrząsnęły. Mój tato miał alzheimera i wprost nie mogę sobie wyobrazić, że moglibyśmy nie zbierać pieniędzy na dalsze badania.

[7] *Why is dementia different in women?*, Alzheimer's Society, 2018, www.alzheimer's.org.uk/blog/why-dementia-different-women

ROZDZIAŁ 3

OD SUCHOŚCI PO PRYSZCZE. SYMPTOMY, KTÓRE MOGĄ OZNACZAĆ PERIMENOPAUZĘ LUB MENOPAUZĘ

Uderzenia GORĄCA

Uderzenia ZIMNA

Lęk

WŚCIEKŁOŚĆ

Krwawienie dziąseł

Zapominanie

Spięcia w mózgu
(tak, tak, wiem – COO?)

Gdy spada poziom estrogenów, zaczyna się twarda walka. Dosłownie, to wprost atakuje każdą część twojego ciała i umysłu. Miałam własną listę naprawdę okropnych objawów, ale wydaje mi się, że mgła mózgowa i zapominanie były wśród nich najbardziej przerażające – i wyniszczające. Myślę, że to z powodu przypadków choroby Alzheimera w mojej rodzinie i strachu, że to może być to.

To ciekawe – byłam bardzo, bardzo podobna do taty. Zawsze byłam prawdziwą córeczką tatusia. Gdy byłam mała, odwiedzał mnie w każdy weekend (mieszkałam z babcią) i bardzo to lubiłam. Był taki wesoły, taki męski, taki pozbierany i inteligentny, i uczony. Tak zabawny może być tylko ktoś, kto jest odpowiednio inteligentny. Naprawdę byłam w niego wpatrzona i podziwiałam go.

Pierwszy raz zauważyłam, że coś jest z nim nie tak, gdy zadzwonił do mnie i powiedział: „Właśnie wsiadam do podlądowej kolejki". Chciał powiedzieć „podziemnej". Czekałam, aż się poprawi, ale tego nie zrobił. Użył zupełnie niewłaściwego słowa, a ja pomyślałam: „O, to nawet zabawne". Ale zrobił to powtórnie i to podczas tej samej rozmowy. Użył niewłaściwego słowa. Powiedział: „Zadzwoń do mnie, gdy twoja praca będzie mniej wybuchowa". Chciał powiedzieć: „Zadzwoń, gdy będziesz mniej zajęta pracą", ale nie mógł znaleźć odpowiedniego sformułowania. Zadzwoniłam do mamy i powiedziałam: „Chyba coś się dzieje z tatą". Odbyłyśmy długą rozmowę i zaczęłyśmy zwracać

uwagę na jego potknięcia językowe. Zdałyśmy sobie sprawę, że to jest problem.

Teraz przypominam sobie, że gdy byliśmy na The Million Pound Drop (to była impreza charytatywna, na której byliśmy razem), pomyślałam, że mój tato jest jakiś inny i, co ciekawe, w ten sam sposób mogłabym opisać to, jak się czułam, gdy pojawiły się u mnie pierwsze objawy perimenopauzy. Po prostu wydawało mi się, że nie jest sobą. Sprawiał wrażenie trochę zdenerwowanego, trochę nie w sosie, niezbyt pewnego siebie. Zawsze był pewny siebie, a teraz czuł się trochę zagubiony. To nie był mój tato. Prawdę mówiąc, nigdy – do czasu pisania tej książki – nie pomyślałam o podobieństwach między tym, jak on się czuł, gdy zaczynał się u niego alzheimer, i jak ja się czułam, gdy rozpoczynała się u mnie perimenopauza. Nie byłam sobą. Coś było nie w porządku.

No więc takie były dostrzeżone przez nas sygnały ostrzegawcze. Zmiany postępowały i alzheimer wpłynął na jego wysławianie się. W końcu mógł powiedzieć tylko kilka słów i nie potrafił formułować zdań. Ten erudyta, który zawsze miał niezwykły dar wymowy, wciąż chciał mówić – to było widać – ale nie mógł znaleźć żadnych słów.

Gdy dzwoniłam do lekarza, byłam przerażona, bo moje odczucia były podobne do tego, co czuł mój ojciec na The Million Pound Drop. Tak jak pisałam wcześniej, próbowałam znaleźć słowa na pustej kartce. Moja lekarka wysłuchała mnie i okazała się naprawdę miła. Dzięki niej poczułam się o wiele lepiej.

Perimenopauza to jednak nie tylko zapominanie. Mogą to być też wahania nastrojów albo wściekłość... Taka wściekłość u kobiety jest czymś skandalicznym. Wściekłość bez przyczyny jest przerażająca i niepokojąca – nie tylko dla otoczenia, ale i dla niej samej.

Miałam palpitacje serca, na cały tydzień przyklejono mnie więc do urządzenia monitorującego jego pracę. Bardzo się tego obawiałam. Spędziłam mnóstwo czasu z palcem na pulsie, przekonana, że dzieje się coś poważnego.

Istnieje wiele innych objawów, z którymi borykają się inne osoby, a które mnie dotknęły w niewielkim stopniu. Należą do nich: swędzenie skóry, lęki, depresja, bóle kończyn, krwawienie dziąseł i wszelkiego rodzaju problemy z dziąsłami, zębami i ogólnie jamą ustną. Nie mówimy o wielu z nich, ponieważ w naszym wieku, jeżeli coś boli albo przeszkadza, myślimy sobie: „To na pewno kwestia wieku. Widać tak musi być". Albo przyglądamy się swoim

objawom i myślimy: „No tak, moja mama miała artretyzm. To na pewno artretyzm". Oczywiście najgorszą rzeczą, jaką można zrobić, jest googlowanie i szukanie informacji na ślepo. Znalazłam coś o palpitacjach serca – niedobrze! Po 20 minutach byłam pewna: „Ewidentnie będę miała zawał!".

Mam więc nadzieję, że jeżeli czytasz tę książkę i jesteś kobietą w okresie perimenopauzy albo menopauzy, wszystko jedno, ile masz lat, może poskładasz wszystko do kupy i trochę mniej będziesz się przejmować niektórymi objawami. Tak czy inaczej, z palpitacjami warto się udać do lekarza. Ja jednak chciałabym przede wszystkim, żebyś obejrzała i przeczytała tę książkę, by zrozumieć, co się z tobą dzieje. A jeżeli jeszcze się nie dzieje, to abyś była przygotowana na to, co czai się za rogiem, zanim cię to uderzy. Takie mam marzenie.

Wiedza to potęga. Zamierzam to powtarzać. Pragnę, byś miała wszelkie informacje, jakich potrzebujesz, bo gdy coś wiesz, to możesz sobie z tym poradzić. Już to przerobiłyśmy.

OBJAWY MENOPAUZY, KTÓRE ZNASZ...
I TE, O KTÓRYCH NIKT CI NIE POWIEDZIAŁ

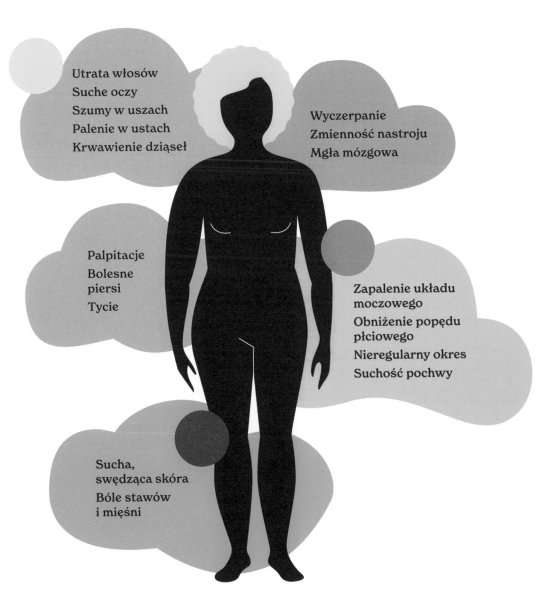

Utrata włosów
Suche oczy
Szumy w uszach
Palenie w ustach
Krwawienie dziąseł

Wyczerpanie
Zmienność nastroju
Mgła mózgowa

Palpitacje
Bolesne
piersi
Tycie

Zapalenie układu
moczowego
Obniżenie popędu
płciowego
Nieregularny okres
Suchość pochwy

Sucha,
swędząca skóra
Bóle stawów
i mięśni

GORĄCO, GORĄCO, GORĄCO
(W ZDECYDOWANIE NIEMIŁY SPOSÓB)

To uczucie ognia. Jakby jakaś kometa z wielką prędkością przelatywała przez twoje ciało, paląc je. To może przyjść nagle. Wyobrażam sobie, że to jest tak jak z erekcją u mężczyzn – nigdy nie wiesz, kiedy się zdarzy, nie ma wyraźnej przyczyny, aż tu nagle jesteś w ogniu.

Najbardziej krępujące jest: numer jeden – kolor, jakiego nabierasz; numer dwa – to, że zaczynasz się pocić. Można się pocić pod nosem, można na piersiach, a – muszę to powiedzieć – można nawet w kroczu. Pocenie się w kroczu jest straszne. Dlaczego pocimy się w takich miejscach? Tak czy inaczej, powstrzymuje to kobiety przed zakładaniem ciuchów, jakie by chciały – obawiają się mokrych plam.

Uważam, że najpaskudniejszą sprawą dotyczącą uderzeń gorąca jest to, że gdy ci się przytrafią (a to naprawdę nie jest śmieszne), czasami próbujemy się usprawiedliwiać i bagatelizować – „Ooo, właśnie mam uderzenie gorąca!" – i towarzystwo zaczyna sobie żartować.

Wydaje im się, że żartują razem z tobą, ale przecież to nie jest zabawne i gdy się zdarzy, możesz myśleć jedynie o tym, co się dzieje w twoim ciele. Nie myślisz o spotkaniu, nie myślisz o tym, co właśnie powiedziałaś (możesz nawet nie pamiętać, co powiedziałaś, bo twoja twarz płonie), nie myślisz o randce, na której właśnie jesteś – nie myślisz o niczym z wyjątkiem tego, by przetrwać ten wyjątkowo nieprzyjemny moment.

Muszę tu nadmienić, że rozpoczęcie terapii hormonalnej spowodowało u mnie całkowity przełom, jeśli chodzi o nocne poty. Uważam też, że większość kobiet przyjmujących HTZ może utrzymać w ryzach uderzenia gorąca.

Okazało się, że jest jedno nowe lekarstwo, które może zdecydowanie pomóc na uderzenia gorąca. To ważny zwrot w przypadku wielu kobiet, zwłaszcza tych, które nie mogą stosować HTZ. A ten objaw jest szczególnie wyniszczający.

„To było tak, jakby ktoś rozpalił mi ogień w brzuchu" – Nicola

Ocenia się, że osiem na dziesięć kobiet doświadczy uderzeń gorąca albo nocnych potów[1]. Wiele osób podzieliło się ze mną historiami o tym, gdzie i kiedy ich dopadły – jak Nicola, która pierwszego uderzenia gorąca doświadczyła na wysokości 12 kilometrów.

Pamiętam moje pierwsze uderzenie gorąca. Było to cztery lata temu podczas lotu samolotem. Czułam rosnące palenie w brzuchu, jakby ktoś rozpalił mi tam ogień. Poprosiłam męża, by stanął w przejściu i zasłonił mnie na chwilę, gdy będę zdejmowała spodnie.

Boże, byłam taka zażenowana!

„To było straszne i krępujące" – Katie

I wreszcie Katie, której powiedziano, że ma menopauzę, gdy miała zaledwie 27 lat. Uderzenia gorąca były pierwszym objawem.

Kiedy to się zaczęło? Miałam 26 lat, gdy zaczęłam się budzić w środku nocy, mokra od potu. Było to straszne i krępujące. Musiałam leżeć na ręczniku i zmieniać piżamy.

Myślałam, że to dlatego, iż ostatnio przeprowadziłam się do lepiej ocieplonego, a więc bardziej zacisznego domu.

Zaczęłam mieć poty w pracy przy biurku. Rozglądałam się zdziwiona, czy inni też się pocą. Byłam naprawdę zdezorientowana. Ginekolog sprzedał mi newsa, gdy miałam 27 lat – powiedział, że właśnie przechodzę menopauzę.

Usłyszeć to w tak młodym wieku... to musiała być okropna niespodzianka. Uściski, Katie, i dzięki za podzielenie się swoją historią.

---

[1] R. Bansal, N. Aggarwal, *Menopausal hot flashes, a concise review*, „Journal of Mid-Life Health" 2019, 10(1): 6–13, doi. org/10.4103/jmhJMH_7_19

TROCHĘ NAUKI:
CO JEST PRZYCZYNĄ
UDERZEŃ GORĄCA?

Uważa się, że brak estrogenów wpływa na podwzgórze, część mózgu, która bierze udział w regulacji temperatury ciała. Gdy zostaje ono podrażnione, mózg może sądzić, że ciało się przegrzewa, co prowadzi do rozszerzenia naczyń krwionośnych w skórze w celu jego ochłodzenia. Odczuwamy wówczas uderzenie gorąca.

Dodatkowo ciało usiłuje się ochłodzić poprzez pocenie. Jedzenie, napoje i używki także mogą spowodować uderzenie gorąca albo je zaostrzyć – alkohol, pikantne potrawy czy nawet palenie.

UDERZENIA ZIMNA

Nie, uwierz mi, nie zostawiłaś otwartych drzwi od lodówki.

Przeciwieństwo uderzeń gorąca też jest możliwe. Uderzenie zimna to nagłe pojawienie się dreszczy i poczucie lodowatego chłodu na całym ciele. Może następować tuż po uderzeniu gorąca albo niezależnie od niego.

WŚCIEKŁOŚĆ.
TO STRASZNE, ALE PRZYTRAFIA SIĘ
WIĘKSZOŚCI KOBIET

Naprawdę nie jestem osobą, która wrzeszczy, ale jak już wcześniej napisałam, w okresie perimenopauzy były momenty, kiedy moje zachowanie poważnie mnie martwiło – a także moje dzieci. Myślę, że dla wielu z nas – jeżeli zwykle jesteśmy raczej pasywne i nie krzyczymy – jest przerażające, gdy nagle PUSZCZĄ NAM HAMULCE.

W moim przypadku te wybuchy wściekłości często pojawiały się znikąd. Po prostu nagle rozpędzałam się do setki. Złość powodowało coś, co zwykle w ogóle by mnie nie obeszło.

Musiałam nauczyć się wycofywać. To było przerażające.

Ten stan nie trwał cały czas – to przychodziło i odchodziło. Czasami jednak wybuchałam, zwłaszcza gdy usiłowałam zapakować dzieci do samochodu, by je zawieźć do szkoły.

Czułam się z tym bardzo źle. Patrzyłam na ich małe twarze i wiedziałam, że myślały: „Kto to jest?". Nienawidziłam siebie i nie mogłam zrozumieć, co się ze mną dzieje.

„Czułam się, jakbym zupełnie zagubiła samą siebie" – Jac

Jedną z kobiet, które podzieliły się swoją historią, jest Jac, u której leczenie raka piersi wywołało menopauzę.

Opisywała, że „została wrzucona w menopauzę" przez chemioterapię i że zdecydowanie najgorszymi objawami były u niej zmiany nastroju.

Miałam kilka uderzeń gorąca jeszcze przed terapią, ale po jej zakończeniu objawy przyszły szybko i były ciężkie. Teraz, po czterech latach, wciąż jeszcze się z nimi zmagam.

Zdecydowanie najgorsze są zmiany nastrojów. I to poczucie, że jestem martwa w środku i że całkowicie zagubiłam samą siebie.

Kilka razy poskarżyłam się na swój nastrój lekarzowi rodzinnemu, ale on chciał przepisać mi antydepresanty. Odmówiłam, bo to menopauza mordowała moją psychikę.

Antydepresanty nie były tym, czego chciałam. Byłam pewna, że nie pomogą.

To było tak, jakby całe moje życie przed rakiem piersi było jednym wielkim pijanym hurra, a teraz po raku/menopauzie – nadeszło wytrzeźwienie.

Czuję, jakby całe moje szczęście i radość zostały ze mnie wyssane. Bywają dni, kiedy odczuwam jakąś przyjemność, ale ogólnie rzecz biorąc, wszystko jest zupełnie bezbarwne. Nienawidzę tego uczucia i chciałabym odzyskać dawną siebie.

Czuję się skazana na bycie zrzędliwym, drażliwym starym kaloszem, a mam tylko 49 lat :-(

Ta opowieść złamała mi serce. Tak mi przykro, że się w ten sposób czujesz, Jac. Przytulam cię mocno. Doświadczenia Jac brzmią znajomo – wiele, wiele osób przez to przechodzi i TO NIE ZNACZY, że zaczynają wariować, przysięgam.

Życie jest takie szalone i tak przepełnione pracą – sama widzisz, ile jest powodów do stresu.

Nastroje nie są jednak odbiciem jedynie twojej pracy czy trudnych relacji albo próby dostarczenia dzieci do szkoły czy czegokolwiek, co bierzesz na tapet. Czasami przyczyną jest chemia.

Estrogeny regulują pracę neurotransmiterów w mózgu. Zaburzenia ich poziomu mogą wpływać na nastrój i samopoczucie.

CO SIĘ DZIEJE
Z MOIM OKRESEM?

Miałam dokładnie dwudziesto-ośmiodniowe cykle, regularne jak w zegarku. Potem pojawiła się mała zmiana, okres trwał tak z dzień dłużej. Normalnie byłoby to trzy, może cztery dni, a zrobiło się cztery dni i krwawienie było jakby intensywniejsze. Zastanawiałam się, co się stało, bo zawsze było absolutnie tak samo, miesiąc w miesiąc.

W ogóle nie wiedziałam, dlaczego tak się dzieje, ale oczywiście takie zmiany są zupełnie normalne w okresie perimenopauzy, ponieważ poziomy wszystkich hormonów zaczynają się zmieniać.

Jeżeli masz zespół napięcia przedmiesiączkowego, zgodnie z sugestią dr Naomi zwracaj uwagę na objawy. Jeśli robi się gorzej, może to być pierwszy sygnał perimenopauzy.

Zupełnie normalne jest, że w czasie perimenopauzy okres się zmienia i zatrzymuje w momencie menopauzy. Miesiączki mogą pojawiać się częściej lub rzadziej, być lżejsze albo intensywniejsze. Jeżeli stają się intensywniejsze albo krwawienie pojawia się pomiędzy nimi lub po stosunku, zasięgnij porady lekarza.

SUCHOŚĆ I INNE OBJAWY
ZWIĄZANE Z POCHWĄ

To bardzo ważna rzecz, a rzadko się o tym mówi. Rozmawianie na ten temat jest absolutnie kluczowe, ponieważ jest to bardzo częsty objaw perimenopauzy i menopauzy. Należy on przy tym do zjawisk wstydliwych, o których się myśli: „Och, czy to aby nie z tego powodu?" albo „Prawdopodobnie nic nie da się z tym zrobić", albo „Prawdopodobnie już nie mogę mieć dzieci, moja wagina zamknęła się na zawsze". Ale to nie tak. Nie ma powodu, dla którego przez resztę życia nie miałybyśmy mieć przyjemnie elastycznych warg sromowych i pochwy. Musimy tylko porozmawiać o tym problemie, ponieważ naprawdę łatwo go pokonać.

Nie miałam rujnujących organizm problemów, które dotyczą wielu kobiet z suchością pochwy – zapaleń układu moczowego, nietrzymania moczu i podobnych rzeczy – ale zdecydowanie odczuwałam dyskomfort przy podcieraniu się podczas wizyty w toalecie. Po prostu nie miałam wystarczającego nawilżenia, po którym ślizgałby się papier toaletowy. Zaczęło się to robić naprawdę bolesne za każdym razem, gdy chodziłam na siusiu. Oczywiście tak samo było we wszelkich obszarach doznawania przyjemności – czy to podczas samozaspokajania, czy pieszczot z partnerem – „te sprawy"

także stały się bolesne. U mnie terapia hormonalna całkowicie rozwiązała problem, ale nie wykluczam, że gdyby coś się zmieniło, będę potrzebować trochę dodatkowej pomocy. Jednak wiem, że sobie poradzę.

Pod wpływem estrogenów tkanki warg sromowych i pochwy są przyjemnie elastyczne. Obniżenie ich poziomu może spowodować osłabienie, utratę nawilżenia i większą wrażliwość tych narządów. A zatem, jak już powiedziałam, skutki niedoboru tych hormonów – w toalecie, podczas seksu czy siadania – mogą być naprawdę BOLESNE. Brak estrogenów wpływa także na układ moczowy, prowadząc do wysiłkowego nietrzymania moczu, a to już zdecydowanie mnie nie ominęło – mocz wypływa, gdy się śmiejesz albo podnosisz coś ciężkiego. Inny problem to silna potrzeba chodzenia do toalety w środku nocy. To budziło mnie najczęściej. Miałam więc przez całe lata zaburzony sen, co powodowało niebywałe osłabienie. Nieprzespane noce źle wpływają także na funkcjonowanie mózgu. Niski poziom estrogenów może również spowodować znaczne zwiększenie podatności na infekcje układu moczowego – sama wiesz, co to za koszmar.

Jeżeli brzmi to dla ciebie znajomo i jeżeli potrzebujesz pomocy i porady natychmiast, opuść ten fragment i przejdź od razu do rozdziału 8: „Monologi suchej waginy". Tam znajdziesz wszelkie informacje o tym, jak rozpoznać, leczyć i pokonać suchość waginy oraz infekcje układu moczowego.

Nie martw się, naprawdę wszystko będzie dobrze.

POCIĄG PŁCIOWY –
ZAGINIONY W AKCJI?

Estrogeny i testosteron są szczególnie ważne, jeżeli chodzi o funkcje płciowe. W czasie perimenopauzy, gdy ich poziom się waha, możesz stwierdzić, że twoje libido pikuje w dół. Możesz się okazać mniej wrażliwa na dotyk albo po prostu „nie być w nastroju". Tak może się dziać zwłaszcza wtedy, gdy menopauza jest u ciebie wywołana działaniami chirurgicznymi albo ogólnie medycznymi, z powodu gwałtownego spadku poziomu hormonów.

Nawet gdy twój umysł mówi: „Tak, zrób to!", ciało mówi „NIE". Suchość pochwy, o czym już była mowa wcześniej, i objawy infekcji dróg moczowych mogą stanowić potężną barierę uniemożliwiającą szczęśliwy seks. Inne dolegliwości, takie jak uderzenia gorące i oponka, która pojawia się wokół naszej talii, bardzo negatywnie wpływają na poczucie własnej wartości, a to z kolei fatalnie wpływa na nasze libido.

Nie zapominajmy o tym, jak bardzo jesteśmy wykończone tym, że musimy się pocić i wstawać po pięć razy każdej nocy na siusiu. I potem zasuwamy cały dzień, mając na głowie nastolatki albo małe dzieci albo zwariowaną pracę – albo wszystko naraz.

Często, gdy masz małe dzieci, zwłaszcza niemowlęta, libido nagle zostaje osłabione. Gdy jednak przechodzisz perimenopauzę, libido stopniowo zanika i możesz nawet tego nie zauważyć – następuje to bowiem dość wolno.

Przed rozpoczęciem terapii hormonalnej czułam, że fizycznie bardzo się zmieniłam, i byłam ogromnie zmęczona brakiem snu. Ogromne wyczerpanie tymi nocnymi pobudkami miało wielki wpływ na zmianę postrzegania własnego ciała, a to z kolei zmieniło moje spojrzenie na seks.

Ostatnio rozmawiałam z koleżanką przechodzącą menopauzę. Była ze swoim mężem od lat. Ich życie płciowe od zawsze było idealne i stanowiło znaczną część ich relacji. Bardzo ją przygnębiało poczucie, że jej libido jakby się ulotniło, podczas gdy mąż miał taki sam popęd płciowy jak zawsze i nie mógł zrozumieć, dlaczego ona już go nie chce. Czuł się sfrustrowany i odrzucony, niekochany i zdezorientowany. A ona miała poczucie winy, ponieważ była wykończona i nie czuła się jak dawniej. Skutkiem było potężne napięcie w ich związku.

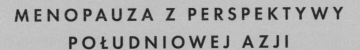

MENOPAUZA Z PERSPEKTYWY POŁUDNIOWEJ AZJI

– DR NIGHAT ARIF, LEKARKA PIERWSZEGO KONTAKTU SZCZEGÓLNIE ZAINTERESOWANA ZDROWIEM KOBIETY

W przeciwieństwie do tego, co możesz przeczytać w czasopismach i gazetach, menopauza nie jest przypadłością dotyczącą jedynie białych kobiet z klasy średniej zachodnich społeczeństw.

W Anglii i Walii 14 procent populacji pochodzi z mniejszości etnicznych. Mimo to widać brak świadomości, zrozumienia i badań na temat doświadczania menopauzy wśród tych mniejszości.

Jako lekarz pierwszego kontaktu, brytyjska muzułmanka i kobieta mam pełną świadomość tego, że istnieje wiele przyczyn, dla których okołomenopauzalna opieka medyczna nad kobietami z mniejszości nie jest wystarczająca.

Po pierwsze, menopauza to czarna dziura w wiedzy licznych spośród moich kolegów – medyków. Wielu z nich po prostu nie miało szkolenia, które pozwoliłoby im w pełni zrozumieć menopauzę i jej wpływ na życie osoby, której ona dotyczy.

Po drugie, jeżeli spojrzymy na doświadczenia kobiet z mniejszości etnicznych, zobaczymy wstyd, piętno i tabu otaczające ich zdrowie. W niektórych społeczeństwach otwarta rozmowa o miesiączce czy nawet głośne wymówienie słowa „wagina" są czymś nie do pomyślenia.

Wielką rolę w poszukiwaniu (lub nie) pomocy może odgrywać również religia.

Niektóre osoby postrzegają problemy zdrowotne jako próby, na które wystawia je Allah, albo coś, co trzeba przejść jako świadectwo oddania wierze.

Istnieje wreszcie bariera językowa. Kobiety, dla których angielski nie jest pierwszym językiem, mogą mieć trudności z opisaniem objawów swoich dolegliwości. W niektórych kulturach menopauza nie przekracza bariery językowej. Wyrażenie swoich odczuć w terminologii zrozumiałej dla zachodnich lekarzy może być trudne. W moim rodzimym języku – pendżabskim/urdu – nie ma bezpośredniego tłumaczenia słowa „menopauza". Najbliższym terminem jest *banjee*, co oznacza jałowość, bezpłodność. Poleganie na krewnych (mężczyznach) w roli tłumacza jeszcze zwiększa zakłopotanie pacjentek.

Psychologiczne objawy menopauzy, takie jak niskie poczucie własnej wartości albo utrata pewności siebie, nie zawsze dają się przetłumaczyć. Natomiast o objawach fizycznych, takich jak bóle, suchość oczu i szumy uszne, od kobiet z mniejszości etnicznych słyszałam wiele razy. Jednak ze względu na niezwracanie uwagi na menopauzę i brak zrozumienia, że towarzyszące jej problemy zdrowotne mają związek z hormonami, kobiety mogą tego nie skojarzyć, a wtedy zachodni lekarze mogą uznać zgłaszany ból za

objaw czegoś w rodzaju fibromialgii i leczyć go jako problem mięśniowo-szkieletowy, a nie menopauzę. Na Zachodzie większość menopauzalnej retoryki obraca się wokół uderzeń gorąca – ale jak rozmawiać o nich z pacjentką z Pakistanu, gdzie temperatury sięgają 50°C?

Jak zmienić sposób prowadzenia rozmowy, by mogła ona objąć więcej zjawisk?

Według mnie TikTok okazał się nadzwyczaj ważnym narzędziem, pomagającym w upowszechnianiu informacji na temat menopauzy. W okresie lockdownu zaczęłam nagrywać filmy wideo, ponieważ kobiety, które przychodziły do mnie w sprawie menopauzy, nagle przestały się pojawiać ze względu na COVID-19. Chciałam znaleźć sposób, by do nich dotrzeć.

Cudowność tiktokowych filmików polega na tym, że są krótkie i można się nimi dzielić. Robiłam króciutkie filmiki z myślą o tym, że będą je mogły obejrzeć nie tylko same kobiety, lecz także ich córki i synowie będą je mogli pokazać swoim matkom, ciotkom oraz babkom i sprowokować rozmowę.

Czasami moja społeczność próbowała mnie zawstydzać w mediach społecznościowych. Pisano, że to, co robię, jest w jakiś sposób przeciwne islamowi albo że tematy, które poruszam, powinny być zachowane w sekrecie.

Jednak zmiany powinny pochodzić z wewnątrz. Jeżeli, tak jak ja, jesteś muzułmanką albo pochodzisz ze społeczności, w której temat menopauzy jest pomijany w głównym nurcie konwersacji, zawsze możesz coś zrobić, byś nie tylko sama wypowiadała się w tej sprawie, lecz także zachęciła do tego inne kobiety z twojego otoczenia. Nasze głosy powinny wybrzmiewać w głównym nurcie dyskursu i nie powinnyśmy być postrzegane jako „inne".

Sprawdź to i wykorzystaj do udzielania pomocy innym. Jestem klinicystką i wykorzystuję swoją wiedzę do pomagania osobom mówiącym w języku pendżabskim i urdu. Jeżeli znasz jakieś języki mniejszości, wykorzystaj je do edukowania osób w swoim otoczeniu.

Spraw, by w twoich kręgach rozmowa o menopauzie stała się czymś zwyczajnym, by raz na zawsze ukrócić argumenty typu „moja matka sobie poradziła, to i ja dam radę".

Mówienie o kwestiach zdrowotnych nie powinno wiązać się z poczuciem wstydu. Nie powinno tu być żadnych tabu.

Spójrz na mnie: mam 38 lat jestem kobietą, która uwielbia TikToka. Nie czuję wstydu i – niech mnie szlag trafi – nie dopuszczę do tego, by nasze córki miały przechodzić przez to, co musiały przeżywać nasze babki, matki, rówieśniczki i my same.

I ostatnia sprawa. Wykorzystaj media społecznościowe: nie bój się ich! Mogą się stać prawdziwymi siłami dobra i przenosić informacje o menopauzie między pokoleniami.

MGŁA MÓZGOWA, CZYLI „CZY JA TO JUŻ MÓWIŁAM?"

Trudno wytłumaczyć, czym jest mgła mózgowa komuś, kto nie przechodzi perimenopauzy. Dobiegamy czterdziestki albo już jesteśmy po i trochę życia mamy za sobą. Czasami mamy małe dzieci, czasami skupiamy się na robieniu kariery albo organizujemy członków swojej społeczności w akcjach charytatywnych. Wszystko jedno. Jednak gdy dochodzimy do tego wieku, ogólnie mówiąc, „mamy wszystko pod kontrolą". Jesteśmy znaczącym, wiarygodnym członkiem społeczności i gdy trzeba, zjawiamy się na czas.

Mgła mózgowa to dla mnie absolutny HORROR, bo jestem kobietą działającą zgodnie z harmonogramem. Jestem superzorganizowana. Jestem Panią Wielozadaniową. I nagle po prostu nie pojawiam się na kolacji u koleżanki. Nie tylko zapomniałam przyjść. Zapomniałam zapisać to w notesie. Nie przyszłam na kolację. Wszyscy dzwonią do mnie i pytają: „No, gdzie jesteś?". Mogli zaprosić mnie tego samego dnia rano, a ja mogłam odpowiedzieć: „Dobrze, zobaczymy się wieczorem". I zaraz po odłożeniu słuchawki zapomniałam. To jest właśnie mgła mózgowa.

Jeżeli jesteś krewnym albo po prostu kimś bliskim osoby, która na to cierpi, wiedz jedno – **to nie jest jej wina.** To hormony. Być może spojrzysz na nią i powiesz: „Naprawdę? Zapomniałaś?" albo „Naprawdę? Nie pamiętasz, co ci powiedziałam dziś rano?". Wierz mi. Nie. Pamiętamy. Tego.

Moja metoda polega na zaprowadzeniu idealnego porządku. Po tym, jak zapomniałam o wielu wydarzeniach, mój notatnik stał się bardzo zapełniony, zapisuję w nim dosłownie wszystko.

Robię mnóstwo notatek w telefonie, by pamiętać o rzeczach, o których potencjalnie mogłabym zapomnieć. Ustawiam przypominanie na kilka dni przed czyimiś urodzinami, nawet jeżeli są to urodziny, o których normalnie co roku pamiętałam.

Staram się wszystko ustawiać we względnie określonej kolejności. Czyli: wstaję, ścielę łóżko, sprzątam dom, ponieważ uważam, że „czysty dom to czysty umysł". Te drobiazgi mi pomagają.

Pewnego dnia siedziałam na podjeździe, patrzyłam na trawę i zastanawiałam się, jak się nazywa wielka połać zieleni, taka jak ta. Nie chodzi o trawy... Pamiętałam słowo trawa, ale zastanawiałam się: a co, gdy tej trawy jest dużo w jednym miejscu? Pomyślałam: „O rany, w mojej głowie nic nie ma". Pustka. I dalej: „Och, to jest przerażające, po prostu nie wiem, co to jest". I jakieś sześć godzin później: „Trawnik! To jest to słowo!".

Czytelniczko, jeżeli też to przechodziłaś, nie martw się – to się zdarza każdej z nas. I jest wiele sposobów, by sobie pomóc.

Mgła mózgowa to zbiorczy termin określający wszystkie objawy związane z pamięcią – zapominanie, szukanie właściwych zwrotów, tracenie wątku przy próbie znalezienia odpowiedniego słowa albo po prostu wrażenie, że twój mózg zablokował się na pierwszym biegu.

„Mam wykształcenie językowe... ale miałam problemy ze znalezieniem właściwych słów" – Joanne

Wiele osób dzieli się swoimi historiami o tym, jak wielkim problemem stały się objawy menopauzy – w domu, w relacjach i w pracy. Joanne była uprzejma skontaktować się z nami i opowiedzieć nam swoją historię.

Samotna matka dwóch synów mówi, że zawsze była dumna z tego, iż jest „zawzięcie niezależna i samowystarczalna", jednak mgła mózgowa zmusiła ją do walki:

W wieku 45 lat zauważyłam, że brakuje mi energii i tracę zdolności poznawcze: nie jestem już tak bystra jak zwykle. Mam wykształcenie z literatury i języka angielskiego, a tu nagle muszę walczyć o znalezienie odpowiednich słów.

Jako że jestem bardzo niezależna i zawsze czułam się pewna swojej wiedzy akademickiej i zdolności do konwersacji, bardzo mnie to deprymowało. Przeszłam od językowej pewności do potykania się o słowa – to było przerażające.

Na pewno, Joanne. Jestem pewna, że było przerażające, bo tak nietypowe dla ciebie. Sądzę też, że zatrważająca była również myśl: „To nie ja. Co się ze mną stało?".

Co się wydarzyło? No tak, na sprawność pamięci, zdolności poznawcze i umiejętność rozumowania werbalnego wpływa obecność estrogenów, nic więc dziwnego, że mogłaś wejść do pokoju i nie mieć pojęcia, po co przyszłaś. Jedno z badań wspomina nawet o tym, że menopauza może oddziaływać na takie umiejętności jak zapamiętywanie krótkich notek albo sekwencji cyfr[2].

ZMĘCZENIE I BRAK SNU – KIEDY LICZENIE OWIEC NIE POMAGA

Kolejny objaw menopauzy naprawdę sprowadził mnie do parteru. Jest okropny. Brak snu bardzo szkodzi dobremu samopoczuciu. Wpływał nie tylko na mój nastrój. Potęgował mgłę mózgową, co sprawiało, że byłam wykończona, zapominalska, poirytowana i zła. No wiesz, potrzebowałam siedmiu, ośmiu godzin snu i wręcz irytująco znana byłam z tego, że potrafiłam przyłożyć głowę do poduszki, zamknąć oczy i już mnie nie było. Ale budziłam się siedem, osiem razy w ciągu nocy, często podczas koszmarnych nocnych potów, i musiałam wstawać, by zmienić pościel. Potem

---

[2] A.S. Karlamangla et al., *Evidence for cognitive aging in midlife women: study of women's health across the nation*, „PLoS One" 2017, 12(1). Doi.org/10.1371/journal.pone.0169008 PMCID: PMC5207430.

kładłam się spać, by wkrótce obudzić się na sikanie i z poczucia dyskomfortu, prześcieradło znowu było mokre i ponownie musiałam je zmienić.

Następnego ranka przypominałam szczeniaka rasy shar pei. Nie wyglądałam normalnie nawet z daleka, dopóki dosłownie nie oblałam się czymś nawilżającym. I to w takiej ilości, że gdybyś ktoś chciał mnie przytulić, dosłownie wyślizgnęłabym mu się z ramion!

Uderzenia gorąca i nocne parcie na pęcherz wytrąciły z równowagi najtęższego śpiocha, takiego jak ja. Problemy ze snem można także wiązać z niepokojem, który prowadzi do wczesnego budzenia się, rzucania się i przewracania na łóżku, bardzo płytkiego snu i budzenia się po kilka razy w ciągu nocy. Jeżeli parę nocy z rzędu miałam z problemami ze snem, kolejnego dnia byłam nie do życia. Rozumiesz, co mam na myśli?

KOŁO ZAPASOWE?

O MÓJ BOŻE, CO U LICHA dzieje się z tobą w czasie menopauzy, że ciągle się budzisz, a przy tym wygląda na to, że w ciągu jednej nocy przybyło ci trochę w pasie? Dlaczego? Dlaczego w tym miejscu? O co chodzi?

W TYM rzecz. A słoninka? Ta wyłażąca spod ramiączka stanika? A co z tymi małymi bułeczkami z tłuszczu pod pachami nad paskiem stanika?

W młodości byłam jedną z tych osób, które, nawet gdy trochę utyły i pomyślały „Ojej, nie mieszczę się w dżinsy", wiedziały, co robić. Wystarczyło, że trochę poćwiczyłam albo przez parę dni jadłam trochę uważniej – i miałam to z głowy.

Po urodzeniu dzieci oficjalnie zmieniłam się w kobietę ćwiczącą. Spotkałam Jackie i Marka, którzy zrewolucjonizowali mój wygląd i sposób uprawiania sportu. Zaczęłam ćwiczyć trzy razy w tygodniu. I wszystko się zmieniło. Mając trzydzieści kilka lat, byłam osobą, która, gdy nabrała trochę kilogramów (zawsze mi się to zdarzało, byłam osobą typu jo-jo), po prostu zwiększała intensywność ćwiczeń i wracała do poprzedniej wagi.

Urodziłam ogromne dzieci – Chester ważył 4,6 kg! – i mimo że w ciąży brzuch miałam olbrzymi, później szybko udało mi się go pozbyć. Jednak, o mój Boże, w ciągu ostatnich lat nie wiem, co się stało, ale zaczęłam mieć z tym duże trudności! Myślę, że to kwestia metabolizmu – zmienia się sposób odkładania tłuszczu i z wiekiem zaczynamy gromadzić go więcej w pasie. Ładne biodra i talia, dobre do noszenia dzieci, znikły, a pojawiło się koło zapasowe! Ten tłuszcz jest też strasznie uparty. Uparty jak osioł. Wiem, że wiele kobiet w tym czasie walczy z tyciem i to jest przygnębiające. Często ludzie pytają: „A terapia hormonalna nie spowodowała utraty wagi?". Jestem absolutnie szczera – u mnie nie. Ale przywróciła mi energię, rozpęd i pozytywne nastawienie, które jest konieczne do podjęcia aktywności fizycznej. To skomplikowane, bo utrata wagi będzie możliwa wtedy, gdy stwierdzisz, że zmienił się także charakter twojego życia (a to może zadziałać nawet bez ćwiczeń).

Wiem, że to trudne i gdy wpadamy w menopauzę, jeszcze wzmaga poczucie bycia niewidzialną. Zaakceptowanie oponki niesie długofalowe zagrożenie dla zdrowia. Nagromadzenie tłuszczu w pasie zwiększa ryzyko cukrzycy, chorób serca i raka.

W dalszej części książki będziemy więc mówić o aktywności fizycznej i o tym, jak znaleźć energię i entuzjazm do powrotu do ćwiczeń, które pozwolą utrzymać w ryzach gromadzenie tłuszczu wokół pasa. Nie mówię o bieganiu maratonów. Mówię o działaniach, które każdy może podjąć – a potem je kontynuować.

ŁOKCIE, RAMIONA, KOLANA, PIĘTY

„Łokcie, ramiona, kolana, pięty, kolana, pięty…" to nie tylko fragment dziecięcej piosenki, lecz także najlepszy sposób opisania tego, o czym zamierzam teraz mówić. Te wszystkie bóle i kłucia, które nagle zaczynają się pojawiać, gdy wpadamy w perimenopauzę…

Jak wspomniałam wcześniej, urodziłam dzieci, zaczęłam ćwiczyć i stałam się superwysportowana. Byłam znana z uprawiania fitnessu. Aktywność ruchowa naprawdę sprawiała mi

przyjemność. Aż tu niespodziewanie coś sobie nadwerężyłam, naciągnęłam mięsień łydki. Kilka razy naciągnęłam ścięgna na wierzchu obydwu dłoni i odzyskanie sprawności zajęło mi 12 tygodni.

Będzie nas bolało, będziemy skrzypieć, stękać, pochylając się w celu zawiązania butów, ale musimy mieć na uwadze, że te wszystkie objawy to niekoniecznie **jedynie** wiek. To może być menopauza.

Estrogeny są trochę
jak WD40 dla naszych
stawów i mięśni.
Dzięki nim są giętkie
i sprężyste.

Około połowa kobiet
doświadcza bólów
stawów w okresie
menopauzy[3].

„Znam swoje ciało, coś było nie tak" – Lorraine

Dla Lorraine, trenerki osobistej, która zdecydowała się podzielić swoją historią, bóle były pierwszym sygnałem, że coś się zmieniło:

Wiedziałam, że coś złego dzieje się z moim ciałem, gdy pojawiły się bóle ścięgien Achillesa, kolan i barków. Jako trenerka osobista i entuzjastka wytrzymałości znałam swoje ciało. Coś było nie tak.

Potem pojawiły się złość i lęk, niczym czarna chmura nad moją zwykle pozytywną osobowością. Szczęśliwie zrobiłam własne rozpoznanie, przycisnęłam lekarza i po dwóch latach oferowania antydepresantów, rezonansów magnetycznych i zastrzyków z kortyzonu wreszcie dostałam terapię hormonalną. Gdybym sama nie drążyła tematu, nigdy nie dowiedziałabym się, co zaszło.

Zawsze będę mówiła otwarcie, pomagała edukować i wspierała innych, aby nikt nie musiał przechodzić takiej walki jak ja... nie powinnyśmy przeżywać tych okropieństw w samotności.

Lorraine, bardzo dziękuję za twoją deklarację – że będziesz zawsze opowiadać o tych sprawach i edukować innych. Jesteś cudowna, zdecydowanie powinnyśmy się wspierać, zamiast cierpieć w samotności. Masz całkowitą rację.

PULSUJĄCE BÓLE GŁOWY

Mam wielkie szczęście, bo naprawdę nigdy nie cierpiałam z tego powodu, ale znam mnóstwo kobiet, którym się to przytrafia. Jeżeli wszystkie te objawy przyprawiają cię o lekki ból głowy, przygotuj się – wahania poziomu hormonów mogą wywoływać częstsze i bardziej bolesne migreny. Ani perimenopauza, ani menopauza nie są tu wyjątkami.

---

[3] M. Magliano, *Menopausal arthralgia. Fact or fiction*, „Maturitas" 2010, 67(1): 29–33. doi.org/10.1016/j.maturitas. 2010.04.009.

Jeżeli już wcześniej cierpiałaś na migreny, to teraz mogą się one stać częstsze i bardziej intensywne. Ale możesz też stwierdzić, że doświadczasz ich pierwszy raz. Jeżeli pojawiały się przy zmianach hormonalnych w przeszłości,

na przykład w okresie dojrzewania, gdy brałaś pigułki antykoncepcyjne albo podczas ciąży, może się okazać, że jesteś na nie bardziej podatna. Odpowiednio dobrana HTZ zasadniczo nie zaostrza migren, a nawet może je złagodzić.

„Myślałam, że mam guza mózgu" – Victoria

Kiedy Victoria w wieku 39 lat zaczęła mieć nieregularne okresy, sądziła, że może być w ciąży. Ale potem pojawiły się nocne poty wraz z bólami głowy, których nie mogła się pozbyć.

Bóle głowy były zwykle silniejsze po jednej stronie – i to tak bardzo, że myślałam, że mam guza mózgu. Słowa zaczęły mi uciekać w połowie zdania, więc świadomie starałam się nie rozpoczynać rozmowy, bojąc się, że wyjdę na głupią.

Poszłam do lekarza i poprosiłam o sprawdzenie, czy poziom moich hormonów jest w normie. On jednak stwierdził, że jestem za młoda na perimenopauzę. Powiedziałam także o bólach głowy, ale to wciąż nie zostało potraktowane jako jej objaw. Mimo to, na podstawie rozmów z innymi i lektury, nabierałam pewności, że mam perimenopauzę. Nie mogłam się porównać z matką, ponieważ ona nie

miała objawów. Czułam się zupełnie osamotniona z tym problemem. Miałam też wysoki poziom lęku, nie wierzyłam własnym ocenom i wszystko zapisywałam, bo łatwo zdarzało mi się zapominać. Byłam bliska poproszenia o antydepresanty, ponieważ nie wiedziałam już, co ze sobą zrobić.

Jednak w głębi duszy byłam pewna, że ich nie potrzebuję. W końcu zdobyłam się na odwagę i drugi raz poszłam do lekarza, pięć lat po wystąpieniu pierwszych objawów, i teraz jestem już na HTZ. Mam nadzieję, że wkrótce odczuję jej korzystny wpływ – gdy to piszę, jestem na niej dopiero od 12 dni.

Victoria mówi o nieregularnych miesiączkach w wieku 39 lat. To bardzo, bardzo wcześnie, ale nie jest to niemożliwe. Coraz więcej kobiet, z którymi rozmawiam, wykazuje objawy perimenopauzy przed czterdziestką. Nie należy ignorować tych sygnałów.

Dziękuję, Victorio, za podzielenie się swoją historią. Naprawdę chciałabym, żebyś zaczęła odczuwać korzyści z przyjmowania terapii, bo strata pięciu lat z powodu twoich objawów – to trudne doświadczenie. Mam nadzieję, że estrogeny zaczną działać.

Jeżeli po rozpoczęciu HTZ nie odczujesz żadnej poprawy (lekarze często zaczynają od bardzo niskich dawek), wróć do doktora, aby porozmawiać o dawce, jaką przyjmujesz, i zapytać, czy nie można jej zwiększyć.

POROZMAWIAJMY O BIUŚCIE

Gdy byłam w ciąży, moje piersi strasznie rosły. Krótko mówiąc, nagle przechodziłam z B na D – jakby je ktoś napompował. To samo zdarzyło się na początku perimenopauzy. Nie miałam pojęcia, o co chodzi, ale to oczywiście znowu hormony.

W piersiach nabrzmiałych z powodu hormonów było coś, co sprawiło, że czułam się naprawdę **stara.** To nie było wezbranie mające dostarczyć mleka dla niemowlęcia. Naprawdę wielkie, napęczniałe, bolące, menopauzalne piersi powodowały, że czułam się stara. Nie potrafię wytłumaczyć dlaczego, ale jestem pewna, że wiele kobiet ma podobnie. Moje hormony osiągały wtedy przeróżne poziomy, zdarzało się więc zatrzymanie wody w organizmie, które powodowało nadymanie i odpuszczanie, nadymanie i odpuszczanie. Czasami w trakcie menopauzy piersi bolały mnie jak diabli. I jeszcze kwestia rozmiarów stanika! Piersi rosły mi o jeden lub dwa rozmiary. Kto ma w szufladzie trzy rozmiary staników? To się robi kosztowne.

To jest tak, że gdy zbliżasz się do menopauzy, poziom estrogenów gwałtownie spada i piersi wchodzą w kolejną fazę – przestając być producentami mleka. Nie bądź tym zdołowana. Mogą być równie fajne jak przedtem, nawet jak przestaną móc wytwarzać mleko.

Tkanka twoich piersi zaczyna się kurczyć i staje się mniej elastyczna. Możesz zauważyć, że są coraz mniej jędrne i coraz bardziej obwisłe. Prawdę mówiąc, utrata jędrności następuje po urodzeniu dzieci, ale jest to także oznaka perimenopauzy i menopauzy. Gdy już jesteśmy przy temacie – jeżeli jeszcze tego nie robisz, proszę, regularnie badaj piersi. Ostrożności nigdy za wiele. Rób to codziennie. Za każdym razem pod prysznicem – po prostu rób to.

Mam obsesję na punkcie mojej łazienki. Jest dla mnie miejscem ciszy i spokoju. Relaksuję się i uspokajam, biorąc długą kąpiel z mnóstwem żelu do kąpieli

Badedas (jestem dzieckiem lat 70.
i bardzo przypomina mi to dzieciństwo;
nie wiem, co do tego dodają – na pewno
limonkę – ale ten zapach przywodzi
mi na myśl, no nie wiem... szczęśliwe
lata). Lubię się kąpać wieczorem,
a czasami, gdy idę do pracy, rano biorę
prysznic. Ale piersi sprawdzam zawsze
i wszędzie – pod prysznicem, w kąpieli,
wszędzie. Gdzie jest woda, tam
sprawdzam piersi.

Zajrzyj na stronę nbcf.org.au albo na
stronę brytyjskiej publicznej ochrony
zdrowia[4], tam są naprawdę dobre
poradniki, jak to robić[5].

NAUCZ SIĘ, co jest normalne w przypadku twoich piersi.

PRZYGLĄDAJ się swoim piersiom i CZUJ je.

WIEDZ, jakich zmian szukać – to między innymi zmarszczenia i dołki, wysypka i zaczerwienienia.

Jeżeli coś zauważysz – niezwłocznie poinformuj lekarza.

Jeżeli masz od 50 do 70 lat, rutynowo wykonuj mammografię.

[4] Po polsku np. na stronie: pacjent.gov.pl/aktualnosc/jak-prawidlowo-wykonac-samobadanie-piersi [przyp. red.].
[5] *How should I check my breasts?*, NHS.uk 2021, www.nhs.uk/common-health-questions/womens-health/how-should-i-check-my-breasts/

WRAŻENIE PORAŻENIA PRĄDEM

Nigdy tego nie miałam, ale rozmawiałam z przyjaciółkami, które mówiły, że jest to naprawdę dziwaczne uczucie, w dodatku żadne z tych, które kiedykolwiek utożsamiały z perimenopauzą albo menopauzą. To trochę jakby elastyczne taśmy wiły ci się pod skórą. Może to być związane z zespołem niespokojnych nóg, ale może też objawiać się pod skórą na głowie, w ramionach, w nogach. Może pojawiać się samotnie albo być do pewnego stopnia zapowiedzią uderzenia gorąca. Jest bardzo irytujące. Często pojawia się w łóżku i jest związane ze zdarzającym się czasami błędnym przepływem sygnałów pomiędzy obwodowym układem nerwowym a mózgiem.

PALPITACJE

Wspominałam o nich już wcześniej. Jest to uczucie, które naprawdę mnie niepokoiło, ponieważ czułam, jakby moje serce uderzało bardzo szybko, czasami jakby gubiło jedno uderzenie, jak w arytmii czy czymś takim.

Palpitacje mogą się pojawiać na skutek najróżniejszych przyczyn – podekscytowania, stresu, użycia kofeiny, palenia – ale te moje przychodziły, gdy siadałam bez kawy czy herbaty, po prostu by obejrzeć coś w telewizji. Skończyło się tym, że poszłam do doktora i założono mi na kilka dni monitor pracy serca (holter EKG). W tym czasie wiedziałam już o większości objawów związanych z perimenopauzą i od niedawna byłam na HTZ – ale nie byłam świadoma, że zmieniający się poziom hormonów może zwiększać częstotliwość pracy serca i że palpitacje mogą być z tym związane. A czasami też z uderzeniami gorąca.

Oczywiście, jeżeli masz palpitacje, bądź ostrożna. Kontroluj je. Mów o tym lekarzowi. Moje z pewnością były związane z menopauzą, bo wszystko sprawdziłam. Zostałam gruntownie przebadana. Nie było to nic poważnego, nic, czego należałoby się obawiać i, co ciekawe, w tej chwili zupełnie znikły, co potwierdza przypuszczenie, że miały podłoże hormonalne.

Jeżeli coś cię niepokoi, idź do lekarza.

KRWAWIĄCE DZIĄSŁA
LUB PALENIE W USTACH

Problemy z jamą ustną, dziąsłami i zębami są bardziej powszechne, niż się wydaje. Spadający poziom estrogenów może spowodować wytwarzanie mniejszej ilości śliny, co prowadzi do spieczonych, suchych ust. Niektóre kobiety opisują to jako palenie w ustach. Opowiadały mi, że czasem czują, jakby cały język albo usta były w ogniu.

Niekiedy objawy są subtelniejsze. Może to być po prostu uczucie niewystarczającej ilości śliny, co powoduje chęć wypłukania ust wodą albo herbatą lub wlania w siebie jakiegokolwiek płynu.

Ale najważniejsze jest to, że z powodu niedostatku śliny tworzy się tam idealne środowisko dla życia i rozwoju różnych paskudztw. Bakterie, które normalnie byłyby wywalone na zewnątrz, dłużej siedzą na dziąsłach, co może prowadzić do cuchnącego oddechu, a nawet utraty zębów.

Wiele kobiet w okresie menopauzy cierpi z powodu problemów z zębami i jamą ustną. Nie wiedzą, że to też jest jej objaw – a jest. Stres, zmęczenie, lęk i depresja mogą dodatkowo pogarszać sytuację.

„Palący język i afty w jamie ustnej odbiły się na moim codziennym życiu" – Jan

Oto Jan – która postanowiła podzielić się z nami swoją historią. Miewała w ustach do 40 aft jednocześnie i straciła smak oraz węch.

Nie doświadczałam zwyczajnych objawów uderzeń gorąca jak moje koleżanki. Zamiast tego miałam palący język i afty w jamie istnej. Lekarz stwierdził, że nie

mam menopauzy, więc nie mogłam dostać HTZ czy innej terapii.

Teraz jestem po menopauzie i już nie mam palącego języka, ale wciąż cierpię na afty lub nadżerki w jamie ustnej. Straciłam też smak oraz węch. To dla mnie trudne, ponieważ nikt nie udzielił mi wsparcia ani pomocy.

Gdy rozmawiałam z przyjaciółkami, powiedziały, że „mam szczęście". Ale moje objawy były bolesne i odbiły się na życiu codziennym. Menopauza dotyka nas w różny sposób. Chciałabym, by inne kobiety wiedziały, że może się ona wiązać ze stresem, nawet jeżeli nie ma się „zwyczajnych" objawów.

Jan, dziękuję za napisanie o tym. Bardzo ważne jest mówienie o tych nietypowych objawach, ponieważ nie jesteś jedyna. Wiele kobiet przez to przechodzi i mogą one nie mieć innych symptomów, ale to jest z całą pewnością objaw menopauzy i terapia hormonalna może im pomóc. To nie jest tylko kwestia nawilżenia pochwy, ale także jamy ustnej.

SUCHE OCZY

Ciekawe, że gdy pewnego dnia poszłam do okulistki, by skontrolować wzrok, ona powiedziała: „O, masz suche oczy". Wcześniej nigdy tego nie miałam, ten objaw rozwinął się u mnie w ciągu kilku ostatnich lat. Nie czułam piasku w oczach czy innego podrażnienia, ale ona powiedziała, że utrzymywanie odpowiedniego nawilżenia oczu jest bardzo ważne.

Przy każdym mrugnięciu pozostawiamy na oku cienką warstwę wilgoci zwaną filmem łzowym, dzięki czemu oczy pozostają gładkie, nawilżone i niepodrażnione, a widzenie czyste. Zespół suchego oka **może** stworzyć uczucie piasku w oczach i podrażnienia, ale zdarza się nie zwrócić na to uwagi. Dlatego naprawdę przydatne jest regularne chodzenie do okulisty,

zwłaszcza w okresie perimenopauzy lub menopauzy. Zespół suchego oka objawia się uczuciem zmęczenia oczu, swędzenia albo – co wydaje się dziwne – nadmiernym łzawieniem, zwłaszcza podczas zimnej lub wietrznej pogody, co wygląda, jakbyś płakała – właśnie tak było u mnie.

Ryzyko wystąpienia objawu suchego oka rośnie z wiekiem, ale perimenopauza i menopauza jeszcze je zwiększają, ponieważ estrogeny biorą udział w wytwarzaniu filmu łzowego. Gdy ich poziom spada, oczy mogą stać się suche.

Ale da się tego uniknąć, w szczególności dbając o to, by powieki i oczy pod powiekami były czyste. Możesz też stosować nawilżające krople do oczu. Z tym objawem można sobie poradzić.

SUCHA, PODRAŻNIONA
I SWĘDZĄCA SKÓRA

O dobry Boże. Miałam to, i to naprawdę było okropne.

Wiecie co – kolagen to coś wspaniałego – jest jak klocki do budowy naszego ciała. Zwiększa wytrzymałość kości, mięśni, skóry oraz włosów i nadaje im odpowiednią strukturę. A wiesz, co jest kluczowym czynnikiem w produkcji kolagenu? No, zgadnij... TAK! Masz rację. ESTROGENY. To niesamowite, jak ważne są te hormony.

Patrz, moje ciało nie jest takie jędrne, jak było, gdy miałam 20 lat. Mam zmarszczki mimiczne, kurze łapki, twarz mi zeszczuplała. Jeżeli zauważysz, że twoja skóra wydaje się nieco obwisła, bardziej pomarszczona i nie tak gładka jak kiedyś – nie rób tragedii. Ona po prostu odczuwa skutki spadku ilości kolagenu.

Badania pokazują, że w ciągu pierwszych pięciu lat menopauzy skóra traci około jednej trzeciej kolagenu[6]. I nie tylko z kolagenem się żegnamy, tracimy także warstwę lipidową, która pełni funkcje ochronne. Z powodu jej naruszenia tracimy więcej wody przez skórę, co powoduje, że staje się ona sucha, matowa, łuszcząca się i bardziej wrażliwa.

Nie bój się, jeżeli coś się dzieje z twoją skórą. FANTASTYCZNA specjalistka od pielęgnacji skóry Caroline Hirons ma trochę niezawodnych, sprytnych sposobów, o których powiemy trochę dalej (patrz s. 274).

...A PRYSZCZE?

Jakby pomarszczonej i obwisłej skóry było za mało, mogą ci się jeszcze robić pryszcze (ech!). Gdy słabną estrogeny, centrum sceny zaczynają zajmować androgeny – to ogólna nazwa hormonów męskich, takich jak testosteron. Stymulują one gruczoły łojowe w skórze do wytwarzania większej ilości tłuszczu, czyli sebum. Pory zostają zablokowane i voilà – mamy pryszczatą, tłustą skórę.

---

[6] *Caring for your skin in menopause, American Academy of Dermatology Association*, 2021, www.aad.org/public/everyday-care/skin-care-secrets/anti-aging/skin-care-duryng-menopause

WPUŚCIŁAŚ MRÓWKI?

Możesz doświadczyć takiego mrowienia, jakby po skórze pełzały ci tabuny owadów. Najbardziej narażone są łydki i skóra pod włosami na głowie. Ma to związek z estrogenami i osłabieniem warstwy lipidowej naskórka.

„Wszystko swędzi i boli" – Angeline

Angeline opowiada o tym, jak w wieku około 35 lat przestała miesiączkować. Zmagała się z ciągłymi uderzeniami gorąca, które atakowały ją w zupełnie niespodziewanych momentach, a także ze swędzeniem skóry.

Miałam ochotę zedrzeć sobie skórę. Jak można tak bardzo płonąć od środka co 30 albo 40 minut? To było nie do zniesienia.

Wszystko mnie swędziało i bolało.

Libido całkiem zginęło. Moje małżeństwo się chwiało. Pojawiła się bezsenność. Udawało mi się wyrwać cztery, pięć godzin przerywanego snu dziennie.

Angeline, dziękuję za podzielenie się swoją historią. To naprawdę straszne, jak jedna rzecz – jedna zmiana w naszym ciele – może zrujnować życie. Mam nadzieję, że znalazłaś sposób na poradzenie sobie w tej sytuacji. Jeśli nie, czytaj dalej, bo być może znajdziesz pomoc w dalszej części książki.

GORZEJ NIŻ ZŁY DZIEŃ

Kruche włosy, które się łamią, gdy przejeżdżasz po nich szczotką lub nawet dłonią? Wydaje się, że w ogóle nie rosną, a nawet wypadają?

Niedostatek estrogenów może wpływać na strukturę włosów, prowadząc do ich łamliwości i powstawania zakoli, zwłaszcza na skroniach. Jako skutek uboczny może się pojawić nadmierne owłosienie twarzy – to znowu androgeny (męskie hormony płciowe).

Jeżeli stwierdzisz specyficzny schemat gubienia włosów albo wyłysiałe strefy, musisz się pokazać lekarzowi.

DZWONIENIE W USZACH

Wrażenie dzwonienia, brzęczenia albo szumów w jednym albo obydwu uszach. W najlepszym przypadku to niedogodność, która pojawia się i odchodzi. W najgorszym dolegliwość jest wyniszczająca i rozbija całe twoje życie. W Wielkiej Brytanii cierpi na nią mniej więcej jedna na osiem osób i wiesz co? Częściej niż kiedy indziej zdarza się w okresie perimenopauzy i menopauzy.

Niestety dokładna przyczyna wciąż nie jest znana. U mnie ten problem pojawił się, kiedy miałam COVID-19. Od tego czasu zdarza mi się delikatne, ale bardzo frustrujące dzwonienie w uszach. Nie wiem, czy w moim przypadku przyczyną jest perimenopauza, czy COVID-19, ale jeżeli też masz ten objaw, rozumiem cię i bardzo ci współczuję. Jeżeli coś cię niepokoi, zawsze idź do lekarza.

NIETOLERANCJA HISTAMINY

Nie miałam pojęcia o istnieniu tego objawu, dopóki nie spotkałam dr Naomi. Wydaje mi się jednak, że na przestrzeni ostatnich kilku lat słyszymy o tym coraz częściej. Zależność pomiędzy poziomami histaminy i estrogenów jest dziś rozrastającym się polem badań. Histamina to związek chemiczny wytwarzany przez nasz organizm, gdy sądzi on, że pojawiło się jakieś zagrożenie z zewnątrz. Znajduje się ona także w pożywieniu, na przykład w pomidorach, awokado, roślinach strączkowych, produktach mlecznych, alkoholu i kawie.

Już słyszę twoje pytanie: „Ale co to ma wspólnego z perimenopauzą albo menopauzą?". Naukowcy sądzą, że wahania poziomu hormonów mogą wpływać na sposób pozbywania się histaminy z organizmu albo prowadzić do jej nadprodukcji. Istnieje mnóstwo symptomów łączonych z nietolerancją histaminy i wiele z nich nakłada się na objawy perimenopauzy i menopauzy. Są to na przykład: pokrzywka, swędzenie skóry, bóle głowy i stawów, zmęczenie i objawy ze strony układu moczowego, np. zapalenie pęcherza (które powoduje okropne piekące uczucie podczas oddawania moczu). Nietolerancja histaminy może także powodować skrócenie oddechu, podrażnienie gardła, zatkanie nosa i kaszel.

Wrażliwość na histaminę jest tematem, na który zwrócono uwagę stosunkowo niedawno i dopiero zaczyna się o niej szerzej mówić. Paradoks polega na tym, że w okresie perimenopauzy obniżenie poziomu estrogenów zdaje się wyzwalać wrażliwość na histaminę, jednak jego leczenie może wywołać nietolerancję histaminy.

W przypadku kobiet z tymi objawami znalezienie odpowiedniego leczenia stanowi wyzwanie. Zasadniczo obejmuje ono ostrożne stosowanie HTZ i ograniczenie czynników wyzwalających wydzielanie histaminy, co może wymagać zmian diety.

JAK STAĆ SIĘ BARDZIEJ ZAUWAŻALNĄ

Problem polega na tym, że gdy wchodzimy w perimenopauzę albo menopauzę, czujemy się tak, jakbyśmy zniknęły w ciągu jednej nocy. Jakbyśmy się stawały nieistotne, niewidzialne, nieciekawe, nieatrakcyjne dla społeczeństwa. Wydaje mi się, że Francuzki sobie z tym radzą – w ogóle francuskie kobiety uważam za kompletne twardzielki. Widziałam dumnie kroczące panie w wieku siedemdziesięciu kilku lat, świadome tego, że naprawdę są *the best*. I to nie dlatego, że mają jędrną skórę albo wiele operacji plastycznych za sobą i wyglądają naprawdę młodo, albo że ubierają się na pokaz, ale dlatego, że wręcz kipią pewnością siebie.

Gdy masz ten rodzaj pewności, ludzie po prostu cię zauważają. Problem polega na tym, że gdy wpadniesz w perimenopauzę albo menopauzę, czujesz, jakby ktoś wysuszył twoje zasoby pewności siebie –

zabrał i wyrzucił. A ty zostajesz z niczym. Dam ci kilka wskazówek, jak ją zbudować, jak poprawić podejście do samej siebie. To drobne szczegóły, ale obiecuję, że pomogą.

Po pierwsze **zacznij od bielizny.** Kobieto, mówię ci – noszenie szarej bielizny, która pięć lat temu była biała, jest lekko postrzępiona na brzegach i niedopasowana, nie jest w porządku. Bierzesz niedopasowany stanik oraz majtki i wydają ci się bardzo wygodne. Zakładasz je, bo myślisz: „Eee tam, nikt nie będzie mnie w tym oglądał, w czym problem?". Że... co? Przecież TY oglądasz. To nie jest w porządku! Zasługujesz na noszenie dopasowanej bielizny, fajnej bielizny, czystej bielizny. Słuchaj, są różne fantastyczne firmy, które produkują naprawdę ładną bieliznę, która nie kosztuje majątek. Dwa razy do roku po prostu zrezygnuj z zakupu pary nowych

dżinsów. Bieliznę nosi się każdego dnia.
To są rzeczy podstawowe. Stanik i majtki
będziesz nosić każdego, każdego dnia.

No więc mam dla ciebie kilka wskazówek.
Gdy kupujesz stanik, kup od razu trzy pary
pasujących do niego majtek. Dzięki temu
będziesz mieć dopasowaną bieliznę na
trzy dni (bo stanik zakładasz trzy razy,
a potem możesz uprać wszystko razem).
I NIGDY, PRZENIGDY nie pierz białej
bielizny z czymkolwiek, co nie jest białe!
I nie dopuść do tego, by zszarzała. Przykro
mi, ale gdy zszarzeje, trzeba ją wyrzucić.
Pozbądź się myśli, że bielizna jest dla
faceta, partnera czy partnerki – bo NIE
JEST. Powinnaś nosić fajną bieliznę
dla SIEBIE, bo Ty jesteś tego warta.
Mam bieliznę typu „jestem w pracy". Mam
i bieliznę typu „czuję się rozbrykana" i ona
nie jest dla faceta – jest dla MNIE. Wstaję
rano i myślę sobie „Ooo, dzisiaj czuję się
rozbrykana" i zakładam ten rodzaj bielizny.
Tu chodzi o CIEBIE. Ma zadowolić CIEBIE.

Powrót do bycia dostrzegalną zaczyna
się od poczucia, że chcesz na siebie
patrzeć. Załóż bieliznę, przejrzyj się
rankiem w lustrze i pomyśl: „Wyglądam
całkiem fajnie". Tak właśnie powinnaś
zaczynać dzień.

Sugeruję również, byś codziennie
zakładała coś, co jest dla ciebie
troszeczkę nietypowe. Jesteś osobą,
która zawsze nosi rzeczy granatowe,
białe, szare lub czarne? Jeśli tak –
załóż czerwoną bluzkę. Jedwabna
czerwona obcisła bluzka to takie małe
„tadam!". Albo kup okulary do czytania,

które nie są czarne ani szare, tylko na
przykład w panterkę. Podpowiem ci,
że warto zajrzeć na Instagram.
Karen Arthur prowadzi tam konto
@menopausewhilstblack. Jest też inne
konto, @luinluland. Te dwa miejsca mogą
pomóc ci wyjść ze strefy komfortu
w kwestii ubrań. Luinluland przenosi to
na wyższy poziom. Albo kup okulary
przeciwsłoneczne, które krzyczą PATRZ
NA MNIE! Kup okulary, w których
będziesz wyglądała jak gwiazda rocka.

Nie daj się swojemu umysłowi, który mówi
ci, że masz być niewidoczna, bo tak się
czujesz. Bo kiedy założysz te okulary albo
tę czerwoną bluzkę, albo szalone buty
z zestawem ciuchów, którego normalnie
nigdy byś nie włożyła, to robisz to nie dla
kogokolwiek innego, tylko po to, by się
odpowiednio poczuć, by się uśmiechnąć
do samej siebie. Ten wewnętrzny, krzywy
uśmieszek, gdy myślisz „Ooo ja cię...
co ja robię?". Pewnie, dojście do takiej
pewności siebie, jaką mają Karen albo Lu,
może ci zająć trochę czasu, ale zrobisz to.
To nie znaczy, że masz cały czas nosić
rzeczy, które są kompletnie szokujące,
ale zacznij naprawdę cieszyć się z – jak
pisze Karen – ubierania się radośnie. Gdy
odejdziesz o krok od swojej normy, ludzie
powiedzą: „Ojej, masz fajne okulary!"
albo „O, fajny sweterek!".

Staraj się nie mówić: „Ooo, nigdy bym
tego nie włożyła" albo „Jestem na to za
stara". **Nigdy** nie jesteś za stara na to,
by coś nosić! Bądź odważna. To jest
ekscytujące i naprawdę wprawi cię
w dobry nastrój.

Następna sprawa: chodź tak, by było widać, że **wiesz, dokąd idziesz.** Gdy czujesz się niewidzialna, masz pokusę, by chodzić jak niewidzialna. Chcę, byś pamiętała o postawie. Pamiętaj o ramionach, o głowie. Trzymaj głowę do góry, patrz wprost przed siebie i zwiększaj tempo, dokądkolwiek byś szła.

Po pierwsze dlatego, że ćwiczenia są dla ciebie naprawdę korzystne – kiedy przyspieszasz kroku i nie szurasz nogami, ma to pozytywny wpływ na kości, serce i w ogóle na wszystko. Ale także dlatego, że jest to sposób na powiedzenie: „Spójrz na mnie". Podejrzewam, że będziesz zażenowana, mówiąc: „Spójrz na mnie", ale nie bądź! Jesteś wspaniała. Chcę cię zobaczyć. Ramiona do tyłu, głowa do góry. W nowych okularach, nowych butach albo czymkolwiek, co zobaczyłaś w magazynie modowym i o czym pomyślałaś, że jesteś za stara, by to nosić, ale i tak to założyłaś... Bądź tego pewna, ramiona do tyłu, głowa do góry i krok **zmierzający do celu.**

Kolejna rzecz: **bądź na bieżąco.** Gdy stajesz się starsza, pojawia się pokusa, by uznać, że istnieje pewien rodzaj muzyki tylko dla młodych. Muzyka jest moją pasją, ale wciąż słucham Radio 1[7], ponieważ lubię wiedzieć, co nadchodzi i co jest nowe. Mam szczęście, że moje dzieci także lubią muzykę. Wciąż mnie uświadamiają w tym względzie, wysyłają mi utwory, które, jak sądzą, będą mi się podobać. Lubię słuchać o nowych didżejach i rodzajach muzyki, o których inaczej bym się w ogóle nie dowiedziała.

Chcę być na bieżąco. Nie dlatego, że próbuję być młoda, ale dlatego, że gdy moje dzieci mówią mi o czymś, mogę poczuć, że „tak, wiem, o czym mówisz". A gdy dzieci mówią o utworze albo piosenkarzu, o którym nie słyszałam, lubię słuchać. I staram się zapamiętać – na wypadek, gdyby ktoś inny o tym mówił albo, na przykład, by puścić komuś ten kawałek i przedstawić kolejnym osobom nowego wielkiego artystę. Lubię to wszystko. Podkasty też są kapitalne. Mogę zapragnąć dowiedzieć się czegoś o kolejnych celebrytach, aktualnościach, biznesie, wysłuchać wywiadów z ekspertami. To znakomity sposób samoedukacji. Bycie na bieżąco oznacza, że nigdy nie powiemy sobie: „Och, nie mam o tym pojęcia. Jestem za stara, by coś o tym wiedzieć".

Wiek to tylko liczba. WSZYSCY możemy uczyć się nowych rzeczy, a ja czasami zaskakuję samą siebie. Dowiaduję się o czymś nowym i pojawia się prawdziwe zainteresowanie albo nawet pasja związana z czymś, o czym przedtem w ogóle nie wiedziałam. W tej chwili mam obsesję na punkcie metawersum. Codziennie dowiaduję się czegoś nowego. Nigdy nie przestawaj się uczyć.

---

7 BBC Radio 1 – brytyjska stacja radiowa przeznaczona dla młodzieży, oferująca wiadomości i muzykę [przyp. red.].

ROZDZIAŁ 4

WCZESNA MENOPAUZA I PRZEDWCZESNA[1] NIEWYDOLNOŚĆ JAJNIKÓW

**Wczesna menopauza.
Jest powszechniejsza, niż
można by przypuszczać.**

**Jedna na 100 kobiet
wchodzi w menopauzę
przed 40. rokiem życia.**

**Jedna na 1000 kobiet
wchodzi w menopauzę
przed 30. rokiem życia.**

**Jedna na 20 000 kobiet
wchodzi w menopauzę
przed 20. rokiem życia[2].**

Nazbyt często spoglądamy na menopauzę z perspektywy wieku średniego – spójrz na mnie: gdy miałam 44 lata, uważałam, że jestem za młoda na perimenopauzę.

Teraz wiem, że to jedynie połowa prawdy. U dziesiątków tysięcy kobiet menopauza pojawia się znacznie wcześniej niż w wieku 51 lat (średnia). I gdy przyjdzie lata czy nawet dziesięciolecia wcześniej, niż się spodziewasz, możesz ją odebrać jak szczególnie okrutny podwójny cios. Życie właśnie zaczyna być ekscytujące, znalazłaś swoją ścieżkę kariery, zabawiasz się z przyjaciółmi, wchodzisz w nowe związki... i nagle się okazuje, że masz menopauzę.

„Otrzymanie diagnozy to ulga" – Sue

Ten rozdział napisałam dla Sue i tysięcy innych kobiet przechodzących wczesną menopauzę. Sue ma 33 lata i podzieliła się swoją historią zaraz po otrzymaniu diagnozy.

Dla mnie wszystko zaczęło się w sierpniu 2020 roku – od popołudni z chwilami tropikalnego gorąca, permanentnie tłustych i wypadających włosów, przerywanego snu, wahań nastroju i utraty pamięci. Zdecydowałam się na pójście do lekarza, gdy mój okres zaczął się zmieniać: raz był późniejszy, raz wcześniejszy, raz krótszy, raz dłuższy. Od lat byłam na pigułkach, wiedziałam więc, że to nie powinno tak wyglądać.

Rozmawiałam z sympatycznym lekarzem. Powiedziałam mu: „Czuję się, jakbym *wpadała w szaleństwo, proszę mi pomóc!". W odpowiedzi usłyszałam: „Nie oszalałaś, pomożemy ci".*

Postawienie diagnozy zajęło siedem miesięcy – nastąpiło po tomografiach, rezonansach i badaniach krwi. Mogę jednak powiedzieć uczciwie, że po otrzymaniu diagnozy i uświadomieniu sobie, że nie jestem wariatką, naprawdę mi ulżyło.

Dziękuję Sue za podzielenie się z nami swoją historią. Wczesna menopauza to bardzo samotny czas, bo masz wokół siebie niewiele osób, z którymi możesz o tym porozmawiać. Ale nie martw się, jesteśmy tu, by ci pomóc.

---

[1] Zgodnie z obowiązującą nomenklaturą jest to przedwczesna (nie wczesna) menopauza, patrz s. 102 [przyp. kons.].

[2] *What is POI?*, The Daisy Network, 2021, www.daisynetwork.org/about-poi/what-is-poi

„Nie powiedziałam nikomu, bo się wstydziłam" – Natasha

Wiele osób opowiedziało mi, podobnie jak Sue, jak to jest przechodzić wczesną menopauzę. U Natashy rozpoczęła się ona w wieku zaledwie 13 lat.

Natasha przyznała, że za bardzo się wstydziła, by powiedzieć komuś, że nigdy nie miała miesiączki. Nie sięgnęła po pomoc aż do chwili, gdy w wieku 25 lat poznała swojego obecnego męża.

Nikomu o tym nie powiedziałam, bo się wstydziłam i sądziłam, że jestem dziwadłem. Pojawił się u mnie liszaj płaski (rzadka choroba skóry z bolesnymi owrzodzeniami na genitaliach), przez co mam całkowicie usuniętą macicę i pochwę.

Wydaje mi się, że miałam wszystkie znane ludzkości objawy menopauzy. Wciąż się z tym zmagam. Co roku muszę mieć operacyjnie rozdzielaną skórę zrastających się warg sromowych.

Mam teraz 45 lat i właśnie przepisano mi testosteron. To była droga przez piekło. Jestem na HTZ (plastry i żel) i suplementacji witaminą D, ponieważ mam osteoporozę.

Trzeba mówić o przedwczesnym wygasaniu czynności jajników. To konieczne, by młode dziewczyny nie cierpiały w milczeniu jak ja.

Natasha, boli mnie serce na myśl, przez co musiałaś przechodzić. Nie potrafię sobie wyobrazić tej traumy. Rozmawiałam z kobietami w internecie o liszaju płaskim. To jest nieprawdopodobnie bolesne, wyniszczające i trudne schorzenie. Dlatego dziękuję ci za podzielenie się swoją historią. Pomogłaś bardzo wielu kobietom.

Musiałaś zmagać się z wczesną menopauzą w wieku 13 lat i nie miałaś nikogo, z kim mogłabyś szczerze o tym porozmawiać – dopóki w wieku 25 lat nie spotkałaś swojego partnera. Z przykrością myślę o kobietach, które czują się samotne albo którym się wydaje, że nikt inny nie przeżywa tego samego, co one. Naprawdę mam nadzieję, że przykłady przytoczone w tej książce mogą pomóc i że każdy – czy to kobieta, transmężczyzna, czy osoba niebinarna – może się z nimi identyfikować i każdy jest tu reprezentowany.

Ponieważ wiele osób, które się z nami kontaktowały, mówiło z pasją o konieczności częstszego rozmawiania o wczesnej menopauzie, w tym rozdziale zajmiemy się następującymi zagadnieniami:

→ Dlaczego wczesna menopauza zdarza się częściej, niż można by się spodziewać.

→ Jak ją rozpoznać, co z nią zrobić – i dlaczego jej leczenie jest TAK niezwykle ważne dla twojego zdrowia w przyszłości.

→ Przykłady wczesnej menopauzy: jak zostały zdiagnozowane i jak wyglądał czas diagnozy.

Słowa skierowane do ciebie:

Widzimy cię.

Jesteś ważna.

Słuchamy cię.

CO TO JEST WCZESNA[3] MENOPAUZA I DLACZEGO SIĘ ZDARZA?

Jak już wiemy, menopauza pojawia się średnio u kobiet w wieku 51 lat. „Wczesna menopauza" to termin oznaczający menopauzę, która wystąpiła w wieku poniżej 45 lat. Taka sytuacja jest określana jako przedwczesna niewydolność jajników. Jak pokazują statystyki przedstawione na początku tego rozdziału, wczesna menopauza i POI są częstsze, niż można by było przypuszczać – jedna na sto kobiet przechodzi menopauzę przed czterdziestką.

Dlaczego tak się dzieje? Nie zawsze wiadomo, co dokładnie spowodowało przedwczesną niewydolność jajników, ale w większości przypadków jest to jedna z przyczyn opisanych poniżej.

W większości przypadków nie wiemy, dlaczego kobieta wchodzi we wczesną menopauzę, ale istnieje kilka możliwych przyczyn:

Choroby autoimmunologiczne – gdy twój system odpornościowy omyłkowo bierze część twojego ciała za intruza z zewnątrz i przypuszcza atak, zamiast je chronić. Jest wiele chorób autoimmunologicznych, które dotykają różnych narządów, takich jak tarczyca, skóra, włosy czy stawy. Istnieje korelacja między wystąpieniem przedwczesnej niewydolności jajników a chorobami tego rodzaju.

Nieprawidłowości genetyczne – najczęstszą jest zespół Turnera. Czynniki genetyczne, takie jak ten, są bardziej prawdopodobnymi przyczynami przedwczesnej niewydolności jajników, jeżeli diagnoza nastąpiła w bardzo młodym wieku.

Leczenie raka – chemioterapia albo radioterapia w obrębie miednicy mniejszej powodują czasowe albo permanentne uszkodzenie jajników.

Operacja, podczas której usunięto jajniki – może być podyktowana różnymi

---

[3] Zaprzestanie czynności jajników u kobiet w wieku 40–45 lat określa się mianem **wczesnej menopauzy**. U ok. 1% kobiet menopauza przychodzi za wcześnie i dotyka młodszych kobiet. O **przedwczesnej menopauzie**, a właściwie **przedwczesnej niewydolności jajników** (POI – *premature ovarian insufficiency*) mówimy, gdy utrata czynności jajników następuje przed 40. rokiem życia [przyp. kons.].

przyczynami, na przykład bolesnym zaburzeniem, w którym tkanka wyściełająca macicę (endometrium) zaczyna rosnąć również w innych miejscach, na przykład na jajnikach. Menopauza o podłożu chirurgicznym może dawać ostrzejsze objawy, jako że usunięcie źródła hormonów następuje nagle.

Infekcje powodujące wczesną menopauzę są rzadkie, ale znane są przypadki, gdy jako jej przyczyna zostały zidentyfikowane świnka, malaria, HIV albo gruźlica.

Około 20 lat temu zdiagnozowano u mnie niedoczynność tarczycy. Poszłam do lekarza, by zrobić badania krwi, ponieważ miałam zacząć starania o dziecko. Powiedziano mi, że mam niedoczynność tarczycy i jeżeli nic z tym nie zrobię, potencjalnie może to wpłynąć na moją zdolność do zajścia w ciążę. Przepisano mi dawkę lewotyroksyny, którą miałam brać codziennie. I tak robię od 20 lat.

Gdy zaszłam w ciążę, dawkę hormonu zwiększono, ponieważ w tym stanie potrzeba go nieco więcej. Normalnie biorę jednak 100 mikrogramów lewotyroksyny dziennie i to zastępuje brakującą tyroksynę z tarczycy. U mnie działało to bardzo dobrze. Zaczęłam wchodzić w perimenopauzę. Właściwie to zauważyłam ją, kiedy w wieku 44 lat zaczęły mi dokuczać poty. Wydaje mi się jednak, że z moimi hormonami coś się stało już parę lat wcześniej – gdy miałam 42 lata. Z medycznego punktu widzenia to trochę za wcześnie na menopauzę.

Co ciekawe niedoczynność tarczycy zdecydowanie trzeba brać pod uwagę, rozważając, czy kobieta weszła już w perimenopauzę, czy nie.

* * * * * * *

„Moi przyjaciele rozmawiali o antykoncepcji i seksie... Ja wyruszałam w podróż, której nikt tak naprawdę nie rozumiał" – Aoife

Aoife miała 21 lat, gdy zdiagnozowano u niej przedwczesną niewydolność jajników.

Nie było jasności, dlaczego tak się stało. Lekarz sądził, że przyczyną była jakaś choroba autoimmunologiczna.

Mówi, że zdała sobie sprawę ze znaczenia diagnozy, gdy usłyszała, że nie będzie mogła w naturalny sposób począć dziecka. Później, gdy była w związku, mówiono o dawcy komórki jajowej, ale ona powiedziała, że nie czuje się gotowa, by to rozważać. Rozpoczęła hormonalną terapię zastępczą, gdy miała 24 lata.

To chyba nie był wiek, w którym mogłam w pełni zrozumieć, jak bardzo wpłynie to na moje życie. Kochałam dzieci i chciałam mieć co najmniej czwórkę! Gdy wracam myślą do czasów, kiedy pojawiły się pierwsze objawy, przypominam sobie, że byłam wtedy w szkole średniej – miałam uderzenia gorąca. Było mi bardzo ciężko, zwłaszcza że niewielu lekarzy w Irlandii, skąd pochodzę, spotkało osobę tak młodą jak ja, która by przez to przechodziła... Nikt nie mógł mi pomóc, a moje objawy stopniowo stawały się coraz gorsze.

Czułam się bardzo samotna. W czasie, gdy moi przyjaciele rozprawiali o antykoncepcji i seksie, ja wyruszałam w podróż, której, jak mi się wydaje, nikt nie rozumiał. A jednak dałam radę i stopniowo zaczęłam czuć się lepiej. Jakimś cudem, gdy miałam 26 lat, zaszłam w ciążę. Byłam w siódmym niebie i bardzo o siebie

dbałam, wiedząc, jak cenna jest ta ciąża. Odstawiłam HTZ i urodziłam córeczkę.

Starałam się uniknąć powrotu do HTZ w nadziei, że już nie mam menopauzy. Gdy jednak symptomy – takie jak skrajne zmęczenie, lęki i bóle stawów – gwałtownie wróciły, rozpoczęłam terapię od nowa.

Obecnie jestem na terapii hormonalnej od 13 lat. To zupełnie zmienia życie. Jeżeli przepisana dawka hormonów jest odpowiednia, właściwie można znowu poczuć się sobą. Te plastry mnie uratowały! Uwielbiam ćwiczyć i żyć pełnią życia. HTZ jest mi do tego potrzebna.

Dla wielu kobiet menopauza może być okresem strasznej samotności – a przedwczesna menopauza jeszcze bardziej. Znajdź lekarza, który będzie to rozumiał. Dla tych, które być może cierpią: wiedzcie, że nie jesteście same i że wokół macie mnóstwo wsparcia.

Aoife, bardzo ci dziękuję za podzielenie się twoją historią i jej inspirującym zakończeniem. Dla wielu kobiet menopauza to niesamowicie trudny czas, a ta wczesna – masz rację – jest jeszcze gorsza, bo dotyczy niewielu osób. Wokół rzeczywiście jest mnóstwo wsparcia – trzeba tylko wejść do sieci i wyszukać inne osoby w tej samej sytuacji. Na s. 300 znajdziesz listę kont na Instagramie i stron, które możesz śledzić, jeżeli dotyczy cię przedwczesna niewydolność jajników.

DR NAOMI: DIAGNOZA WCZESNEJ MENOPAUZY LUB PRZEDWCZESNEJ NIEWYDOLNOŚCI JAJNIKÓW

Diagnoza wczesnej menopauzy albo przedwczesnego wygasania czynności jajników może być niespodziewana i przykra. Co więcej, brak leczenia może mieć reperkusje zdrowotne, lepiej więc nie zwlekać z wizytą u lekarza.

Jeżeli jesteś w wieku pomiędzy 40 a 45 lat, lekarz powinien omówić z tobą objawy, a także historię medyczną twoją i twojej rodziny (wczesna menopauza może czasami – choć nie zawsze – dotyczyć wielu kobiet w danej rodzinie) oraz wykluczyć inne potencjalne przyczyny twoich symptomów. Powinien zaproponować badanie krwi w celu określenia poziomu FSH i estradiolu. Być może zleci także inne badania, by wykluczyć pozostałe przyczyny – badanie tarczycy, oznaczenie witaminy D, pełną morfologię krwi itd.

Badanie poziomu hormonów we krwi to tak naprawdę migawka z danego dnia, w celu otrzymania dokładniejszego obrazu sytuacji trzeba je więc powtórzyć po około sześciu tygodniach. Pamiętaj, proszę, że nawet badania krwi, które okażą się „w normie", niekoniecznie wykluczają menopauzę. Jeżeli masz typowe objawy, ale wyniki badań krwi w normie, terapia wciąż może się okazać dobrym rozwiązaniem.

Jeżeli jesteś przed czterdziestką, możesz potrzebować rozszerzonych badań – byłoby idealnie, gdyby lekarz skierował cię do kliniki leczenia menopauzy, gdzie personel ma doświadczenie w terapii kobiet z POI. Możesz tam wykonać dodatkowe badania, które będą służyły wykluczeniu innych przyczyn twoich objawów i znalezieniu powodu POI. Zwykle należą do nich wykrywanie przeciwciał, których obecność może świadczyć o reakcji autoimmunologicznej, badanie funkcjonowania tarczycy, profile hormonów i badania genetyczne. Możesz mieć wykonane USG miednicy, które pozwoli przyjrzeć się jajnikom, macicy i pochwie. Możesz mieć także zlecone badanie gęstości kości, które służy do poszukiwania symptomów osteoporozy, ponieważ wczesna menopauza zwiększa ryzyko jej wystąpienia.

JAKIE MOGĄ BYĆ OBJAWY PRZEDWCZESNEJ NIEWYDOLNOŚCI JAJNIKÓW?

Możesz doświadczać dowolnych objawów typowych dla menopauzy, ale te wymienione poniżej mogą ułatwić ci zdiagnozowanie POI, jeżeli jesteś przed czterdziestką:

→ nieregularne okresy lub ich brak,

→ problemy z zajściem w ciążę,

→ niskie libido,

→ uderzenia gorąca i/lub nocne poty,

→ wahania nastroju/zaostrzenie objawów napięcia przedmiesiączkowego,

→ suchość pochwy lub jej bolesność,

→ powtarzające się infekcje dróg moczowych.

DLACZEGO WCZESNE WDROŻENIE TERAPII JEST TAKIE WAŻNE

Przedwczesna niewydolność jajników może nastąpić w dowolnym wieku, nawet wczesnonastoletnim. Ponieważ tej kwestii poświęca się tak mało uwagi, może pozostawać niezdiagnozowane przez lata, podczas gdy szybka diagnoza jest ważna dla ogólnego stanu zdrowia.

W kilku kolejnych rozdziałach przeczytasz o tym, że HTZ to podstawowa terapia stosowana w menopauzie. Pomaga zwalczać objawy, ale ma także ważne długofalowe działanie ochronne przeciw takim problemom jak osteoporoza i choroby sercowo-naczyniowe.

Zdiagnozowanie wczesnej menopauzy, a zwłaszcza POI, jest ważne, ponieważ obniżony poziom estrogenów w młodym wieku grozi konsekwencjami zdrowotnymi – m.in. osteoporozą i chorobami sercowo-naczyniowymi.

Obecne wytyczne specjalistów ochrony zdrowia z brytyjskiego Narodowego Instytutu Zdrowia mówią, że kobieta z POI albo wczesną menopauzą powinna otrzymywać HTZ co najmniej do 51. roku życia, czyli średniego wieku wystąpienia menopauzy.

Menopauza wywołana chirurgicznie (gdy podczas operacji zostaną usunięte jajniki) może być przyczyną szczególnie ciężkich i niepokojących objawów spowodowanych nagłym całkowitym brakiem estrogenów (i obniżeniem poziomu testosteronu).

W młodszym wieku zapotrzebowanie na estrogeny jest większe, możesz więc potrzebować większych dawek HTZ. Dodatkowo młode kobiety mogą być bardziej wrażliwe na spadek testosteronu, możesz więc potrzebować go wcześniej i w większych dawkach (więcej porad na temat HTZ znajdziesz w kolejnych rozdziałach).

Inną możliwością, która może odpowiadać młodym kobietom, jest złożona pigułka antykoncepcyjna, która zawiera zarówno estrogen, jak i progesteron. Tabletki jednych producentów lepiej nadają się do leczenia menopauzy, a innych gorzej, proszę więc, omów to z lekarzem.

CO Z PŁODNOŚCIĄ?

Prawdopodobieństwo zajścia w ciążę po zdiagnozowaniu POI wynosi mniej więcej 5–10 procent[4]. Z wiekiem jeszcze maleje. Pogarsza się także jakość komórek jajowych i rośnie ryzyko poronienia.

Jeżeli masz POI i chciałabyś teraz albo w przyszłości mieć dzieci, jak najszybciej postaraj się o skierowanie do specjalisty od płodności i porozmawiaj z nim o swoich możliwościach. Znakomitą instytucją charytatywną, która oferuje wsparcie kobietom z przedwczesną niewydolnością jajników, jest Daisy Network (www.daisynetwork.org).

CO Z ANTYKONCEPCJĄ? CZY JEJ POTRZEBUJĘ?

Tak, jeżeli wciąż masz jajniki i chcesz uniknąć zajścia w ciążę, ponieważ HTZ nie jest rodzajem antykoncepcji. Potrzebują jej nawet kobiety z długoletnią historią POI, jeżeli chcą mieć pewność, że nie zajdą w ciążę.

JAK DŁUGO?

Jeżeli jesteś przed pięćdziesiątką, zazwyczaj powinnaś stosować antykoncepcję jeszcze dwa lata po ostatniej miesiączce. U kobiet po pięćdziesiątce jest to jeden rok. W przypadku kobiet z POI jest trochę inaczej ze względu na niskie prawdopodobieństwo owulacji, trzeba to więc przedyskutować z lekarzem.

Dobrym rozwiązaniem są wkładki Mirena, które mogą działać jak składowa progestagenowa HTZ, oraz złożone tabletki antykoncepcyjne, które zawierają zarówno estrogen, jak i progestageny[5]. Uważa się, że po ukończeniu 55 lat kobieta nie jest już płodna i można wtedy zakończyć przyjmowanie antykoncepcji.

---

[4] L.M. Nelson, *Clinical practice primary ovarian insufficiency*, „New England Journal of Medicine" 2009, 360(6): 606–614, doi.org/10.1056/NE.
[5] Progestageny to pochodne progesteronu stosowane w antykoncepcji hormonalnej i terapii hormonalnej [przyp. kons.].

Wydaje mi się, że od kilku lat rozmawiam z coraz większą liczbą kobiet przechodzących wczesną menopauzę. Może to tylko efekt tego, że więcej osób o tym mówi, ale mam dziwne wrażenie, jakby to się zdarzało coraz częściej. Bywa, że kobieta zostaje wepchnięta we wczesną menopauzę przez leczenie albo operację. W niektórych przypadkach te kobiety otrzymują mnóstwo wsparcia, które jest im oferowane tak po prostu, jako coś oczywistego. Niestety zdarza się także, że same muszą szukać pomocy, a to jest ostatnia rzecz, jaką w swojej trudnej sytuacji chciałyby robić. I ostatnia, do której czują się zdolne.

„Radioterapia spowodowała menopauzę" – Sima

Sima doświadczyła menopauzy w wieku 34 lat po radioterapii w związku z trzecim stadium raka jelita grubego.

Otrzymałam wszelką możliwą pomoc medyczną w celu pozbycia się raka, ale radioterapia w obrębie miednicy wywołała menopauzę... która całkowicie mnie zdruzgotała. Radziłam sobie z nią gorzej niż z rakiem i trudniej mi było otrzymać związaną z nią terapię. Płacę za wizyty u specjalisty od 2019 roku. Dzięki HTZ nastąpiła znaczna poprawa.

Zastanówmy się. Sima twierdzi, że trudniej uzyskać terapię w przypadku menopauzy niż **raka.** Kiedy o tym myślę, po prostu się gotuję.

I choć wspaniale jest słyszeć, jak dobrze Sima sobie teraz radzi, to naprawdę oburzające, że musiała pójść do prywatnego lekarza, by otrzymać to, co jej się należy. To nie znaczy, że tobie też się to przytrafi, ale jeżeli spotkasz się z podobną sytuacją, powinnaś doinformować się tak bardzo, jak to możliwe. Nie bój się pytać, naciskaj na otrzymanie tego, co ci się należy – odpowiedzi, porad i terapii.

Zanim pójdziesz albo zadzwonisz po poradę, **zapisz, o czym chcesz** mówić, abyś nie potykała się o słowa i mogła możliwie jednoznacznie i zwięźle wyrazić, o co ci chodzi.

→ Czy może mi pan/pani wytłumaczyć, jakie rozwiązania są dla mnie dostępne?

→ Jaki rodzaj opieki/terapii jest mi potrzebny?

→ Czy powinnam dostać skierowanie do specjalisty?

Naciskaj, naciskaj i naciskaj na otrzymanie tego, czego potrzebujesz, by znowu poczuć się lepiej. Przyszłość jest tego warta.

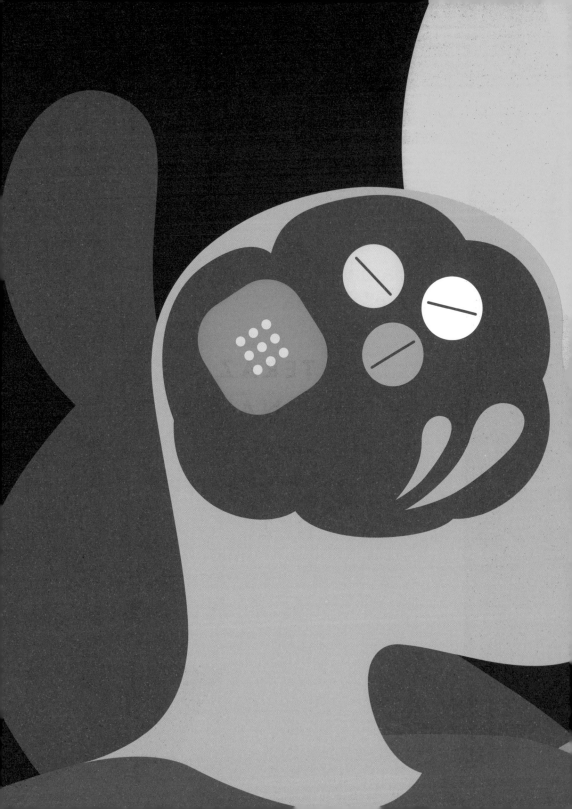

ROZDZIAŁ 5

A TERAZ TROCHĘ NAUKI – ODMITO- LOGIZOWANIE HTZ[1]

Dzięki HTZ odkryłam siebie na nowo.

Zniknęłam, a teraz jestem z powrotem.

Chcę odmitologizować i oddemonizować HTZ, by inne kobiety mogły odkryć siebie na nowo.

HTZ przyjmuje jedynie co dziesiąta z kobiet, które mogłyby na tym skorzystać[2].

HTZ. Trzy małe litery, jeden OLBRZYMI skok dla kobiet. Dla mężczyzn też. I, prawdę mówiąc, dla wszystkich – dla dzieci, dla każdego. Bo gdy u nas wszystko jest w porządku, u wszystkich innych też jest w porządku.

O mój Boże, nie potrafię opisać, jak wielką zmianę HTZ spowodowała w moim życiu i życiu innych ludzi wokół mnie – rodziny i przyjaciół. W pracy i w przyjemnościach – we wszystkim. Uratowała moją karierę. Uczyniła mnie zdrowszą – czuję to – i ogólnie bardziej zadowoloną z tego, co mnie otacza.

Zanim zaczęłam przyjmować HTZ, straciłam całe poczucie humoru. Straciłam istotę samej siebie. Marzę więc, by wszystkie kobiety, które chcą i mogą stosować tę terapię, przeżyły takie samo przebudzenie. Chciałabym, by doświadczyły tej drugiej wiosny, którą ja przeżywam, odkąd korzystam z HTZ. I, co potwierdziły przysłane po moim apelu historie, czasami jest to terapia ratująca życie. Dosłownie.

Mimo że HTZ jest dostępna od pół wieku, bardzo wiele kobiet ma o niej niewystarczającą wiedzę (włączam w tę liczbę siebie sprzed rozpoczęcia mojej menopauzalnej krucjaty). Czyli właściwie żadną. Stosuje ją 10 procent kobiet spośród tych, które mogłyby z niej korzystać.

To naprawdę niewiele. Uważam, że głównie dlatego, iż HTZ wciąż ma opinię „szkodliwej". Ze względu na tajemnicę, wstyd i dezinformację, które ją otaczają, można ci wybaczyć, że wierzysz w to, iż wytwarza się ją z końskich sików, że powoduje raka piersi i że jest taka nienaturalna...

ALE SIĘ MYLISZ!

Ta terapia jest całkowicie przeistaczająca. Nie tylko zatrzymuje menopauzę, lecz także przenosi cię z powrotem do miejsca, w którym byłaś. Hormonalna terapia zastępcza jest dokładnie tym, co oznacza jej nazwa. Nie dodaje ci się więcej hormonów, niż miałaś wcześniej, a jedynie zastępuje te, które utraciłaś.

Wiele spotkanych przeze mnie kobiet mówiło: „No wiesz, mam kilka objawów, nie sypiam już tak dobrze i mam trochę mgły mózgowej. Nocą często wychodzę do toalety, co przerywa mi sen i tak dalej... Jestem trochę zdenerwowana, ale sądzę, że poradzę sobie przez kilka następnych lat i jakoś to przeczekam. A jak już będzie naprawdę źle, zacznę brać hormony".

DLACZEGO??? Po co to robisz? Nie musisz czekać, aż menopauza powali cię na kolana, żeby poprosić lekarza o HTZ. Wiele wskazuje na to, że jeżeli

---

[1] Zgodnie z obowiązującą nomenklaturą medyczną terapię hormonalną w okresie okołomenopauzalnym określamy mianem HTM (hormonalna terapia menopauzalna), a nie HTZ (hormonalna terapia zastępcza) [przyp. kons.].

[2] G.P. Cumming et al., *The need to do better – Are we still letting our patients down and at what cost?*, „Post Reproductive Health" 2015, 21(2): 56–62, doi.org/10.1177/2053369115586122.

rozpoczniesz terapię wcześnie – gdy pojawią się pierwsze objawy – będzie to korzystne dla twojego zdrowia.

Jeżeli chodzi o skład i sposoby podawania HTZ, jest bardzo wiele różnych możliwości i kombinacji – w ostatnich latach zaszły w tej dziedzinie niebywale istotne zmiany.

Chciałabym, żebyś miała wszystkie fakty na wyciągnięcie ręki, dzięki czemu będziesz mogła maszerować do przodu. Właśnie tego od ciebie chcę: byś MASZEROWAŁA! – z głową do góry, ramionami do tyłu, wymachując kartką papieru z listą zawierającą wszystko, czego ci potrzeba. Idziesz do lekarza i mówisz mu, czego chcesz i czego potrzebujesz.

Zależy mi, by HTZ była tak łatwo dostępna jak pigułki antykoncepcyjne. Kobiety bez przeszkód sięgają po pigułki, choć są one mniej bezpieczne od HTZ! Wszystkie bierzemy je od lat, bez żadnych przeszkód.

Cały ten rozdział ma więc za zadanie „zajrzeć pod skórę" hormonalnej terapii zastępczej. Dowiesz się, z czego się ją produkuje, jak działa i dlaczego nie tylko opanowuje objawy, lecz także ma pozytywny długofalowy wpływ na zdrowie.

Możesz preferować plastry, możesz używać pigułek, patyczków, aerozoli albo wybrać sam estrogen (ale tylko wtedy, gdy masz usuniętą macicę). Możesz

zdecydować się na terapię kombinowaną, systemową, miejscową...! Lista możliwości jest nieskończona. Ale mamy dr Naomi, więc wszystko będzie dobrze. Ona poprowadzi dla nas klasę mistrzowską w dziedzinie różnych sposobów przyjmowania HTZ.

Dowiesz się też, jak sobie radzić z efektami ubocznymi, które mogą się pojawić w ciągu pierwszych kilku miesięcy. Są one powszechne i bywa, że to właśnie przez nie kobiety chcą rezygnować z terapii.

Pojawi się także szczegółowe omówienie testosteronu. Jest on uważany za coś złego i czasami kobiety czują się zażenowane, gdy mają go brać, bo to nie jest nasz hormon. Ależ właśnie jest! Nie bój się go, przywrócimy mu dobre imię tu i teraz!

Ta książka da ci coś w rodzaju mapy drogowej. Dzięki niej będziesz mogła dotrzeć do chwalebnego końca. Tak! Alleluja! Da się określić, kiedy zaczniesz na powrót czuć się sobą (na co oczywiście zasługujesz).

Przekażę ci też całą prawdę o moim schemacie stosowania HTZ oraz dam trochę wskazówek i podpowiedzi, które sprawdziły się na mojej drodze. Wiele kobiet informowało mnie, że usłyszały od lekarza, że powinny odstawić HTZ, że oczywiście nie będą brały jej już zawsze i że kiedyś będą musiały przestać. Wraz z dr Naomi ustosunkujemy się do tego problemu, a także wyjaśnimy, dlaczego twoja najlepsza przyjaciółka dostaje większe dawki niż ty. I jak sprawić, by plasterek, który masz na tyłku, nie odpadał za każdym razem, gdy siadasz (to niezwykle irytujące...!).

Uważne przesiewanie nadsyłanych historii, przekopywanie nocnych czatów na portalach społecznościowych,

wykorzystanie encyklopedycznej wiedzy dr Naomi zaowocowały stworzeniem solidnej listy najczęściej zadawanych pytań dotyczących HTZ, która naprawdę nie pomija niczego.

Znajdziesz tu historie wzlotów i upadków, historie sukcesów i porażek – wszystko o HTZ.

HTZ OBJAŚNIONA.
ALE NAJPIERW ODPRAWA

„Musiałam dać za wygraną".

Nie chcę słyszeć czegoś takiego w odniesieniu do leczenia menopauzy. Jeżeli się zmagasz, jeżeli jest ci bardzo ciężko... No nie! A nawet jeżeli to wszystko nie jest szczególnie trudne, jeżeli zmagasz się tylko trochę, wtedy również potrzebujesz pomocy i na nią zasługujesz. Jeżeli chodzi o HTZ, w żadnym wypadku nie możesz się poddawać.

Słuchaj, rozmawiałam z kobietami, którym życzliwe przyjaciółki albo kochane osoby powiedziały, że menopauza jest naturalnym procesem i że powinny (ktoś coś „powinien" – to sformułowanie skąpane we wstydzie) przejść przez to o własnych siłach.

„Przecież to potrwa tylko kilka lat".

„Dlaczego miałabyś się tym truć?".

„HTZ jest czymś nienaturalnym".

„Gdy kiedyś to odstawisz, objawy będą jeszcze gorsze".

„Tylko odwlekasz to, co nieuniknione".

Raz na zawsze wyjaśnijmy sobie pewne nieporozumienie – HTZ nie jest ostatnią deską ratunku na okoliczność, gdy już zupełnie sobie nie radzisz albo gdy objawy stają się zbyt ciężkie. Pomyśl o tym chwilę. Jeżeli masz niedoczynność tarczycy (jak ja), to czy możesz pozwolić sobie na to, by „sobie odpuścić" branie tyroksyny? Nie. Jeżeli masz cukrzycę, czy możesz „sobie odpuścić" branie insuliny? Nie. Jeżeli potrzebujesz estrogenów, czy możesz sobie darować HTZ? NIE. Jeżeli brak ci estrogenów, NIE MOŻESZ SOBIE

DAROWAĆ terapii. I nikt – NIKT – nie może sprawić, byś z racji optowania za HTZ czuła się zakłopotana, zawstydzona czy przestraszona.

Jeżeli chodzi o argument, że HTZ nie jest naturalna – podobnie nienaturalne jest dla człowieka podróżowanie samochodem albo samolotem. Antybiotyki nie są naturalne, tak samo jak transfuzje krwi czy leczenie raka. Nie jesteśmy przystosowani do dożywania osiemdziesiątki czy dziewięćdziesiątki. Na szczęście fakt, że te rzeczy nie są „naturalne", nie powstrzymuje nas przed ich robieniem.

Wiedza na temat HTZ – co to jest, jak działa, a czego nie robi – jest sprawą ZASADNICZĄ. Umożliwia ci dokonywanie wyborów, które są naprawdę twoje. Umocnij się. To twoje ciało, twoje życie, twoje szczęście.

. . . .

„Zaczynam z powrotem czuć się człowiekiem" – Allison

Allison zaczęła przyjmować HTZ, gdy miała 47 lat, ale, tak jak ja, nikomu o tym nie mówiła.

Myślała, że ludzie mogą ją oceniać – postrzegają HTZ jako rodzaj ucieczki, ponieważ uważają, że kobieta w okresie przejściowym po prostu musi cierpieć. Gdy skończyła 50 lat, lekarz odstawił jej terapię, ale nie zaproponował nic w zamian i – buum! – wylądowała tam, gdzie była na początku.

W 2018 roku zaczęłam się czuć nieco lepiej, więc pomyślałam, że przeszłam już na drugą stronę, ale w grudniu zmarła moja ukochana mama i objawy natychmiast powróciły.

W 2021 roku niestety wciąż się zmagała z objawami i tyła. Zobaczyła mój program

dokumentalny „Seks, mity i menopauza" i odważnie postanowiła, że zadzwoni do lekarza.

Umówiłam się na rozmowę telefoniczną i gdy czekałam na oddzwonienie, byłam pełna obaw, że na pewno usłyszę, iż jestem za stara na terapię albo mam za dużą nadwagę. Ale rzeczywistość była całkiem inna.

Po pierwsze lekarz okazał się kobietą. Po drugie ona mnie doskonale rozumiała. Zapytała też, czy oglądałam program Daviny i powiedziała, że bardzo go poleca.

Po długiej rozmowie zaordynowała mi plastry i dodała, iż jest zaskoczona tym, że nie zaoferowano mi ich od razu po odstawieniu tabletek.

Jestem na plastrach od nieco ponad miesiąca i objawy menopauzy powoli zanikają. Waga wciąż jest problemem, ale zaczynam z powrotem czuć się człowiekiem i mam motywację do stosowania diety i do ćwiczeń.

O mój Boże, czytając historię Allison, jestem jednocześnie szczęśliwa i cholernie wściekła. Szlag mnie trafia, że musiała ukrywać przyjmowanie HTZ, bo bała się, co inni o niej pomyślą.

Wściekam się, że odstawiono jej HTZ bez wyjaśnienia i zaproponowania alternatywy. I bardzo się cieszę, że obejrzała nasz program i że znalazła lekarkę, która ją przyjęła i udzieliła pomocy.

„Naprawdę myślałam, że oszalałam" – Dawn

Dawn musiała czekać trzy długie lata, zanim znalazła lekarza, który przepisałby jej HTZ. Wcześniej, gdy miała 43 lata, powiedziano jej, że jest za młoda na perimenopauzę.

Poszłam prywatnie do pani ginekolog, która wysłuchała wszystkiego i powiedziała, że może mi pomóc. Siedziałam w jej gabinecie i szlochałam jak dziecko. Przepisała mi HTZ i po prostu przywróciła mi moje życie.

Teraz mam 58 lat i nawet nie myślę o jej odstawieniu, a w każdym razie nie w momencie, kiedy nadal mi pomaga. Żadna kobieta nie powinna cierpieć z powodu wyniszczających objawów menopauzy... Lekarze państwowej ochrony zdrowia powinni być szkoleni w kwestii podejścia do tego tematu.

Stwierdzenie Dawn, że otrzymała swoje życie z powrotem, jest czymś, co często słyszę, i myślę, że to dlatego, że wiele osób nieraz przez całe lata funkcjonuje z objawami perimenopauzy, zanim je zauważą. Dlatego mówią: „Czuję się lepiej, niż czułam się przez ostatnie lata". Prawdopodobnie dlatego, że tak naprawdę od wielu lat nie czuły się sobą, ale był to proces powolny. I nagle mają więcej energii i ochoty do życia.

Chcę, byś miała możliwości i odpowiednią wiedzę, która pozwoli ci pójść od lekarza. Pragnę także, abyś czuła się pewna siebie i uprawniona do traktowania, na jakie zasługujesz.

No to czym naprawdę jest HTZ?

Czy naprawdę jest robiona z końskich sików?

Idea uzupełnienia hormonów w okresie menopauzy pojawiła się dużo wcześniej, niż mogłabyś przypuszczać. W latach 40. XX wieku amerykańska Agencja ds. Żywności i Leków (Food and Drug Administration) zaakceptowała Premarin, estrogenowy produkt przeznaczony do leczenia uderzeń gorąca. No tak, on był wyrabiany z końskiego moczu. Zresztą jego nazwa pochodzi od słów „PREgnant MARes urINe" (mocz ciężarnych klaczy). Estrogen używany dzisiaj jest jednak praktycznie identyczny z tym, który wytwarzają nasze ciała i Premarin jest już rzadko stosowany – więcej na ten temat trochę dalej...

W 1965 roku hormonalna terapia zastępcza pojawiła się w Wielkiej Brytanii. Kobiety stosują ją już od pół wieku. No więc co to jest HTZ? Najlepszą wskazówką jest nazwa terapii – HTZ uzupełnia hormony, których ilość spada w okresie perimenopauzy i menopauzy. To całkowity przełom: dzięki uzupełnieniu brakujących hormonów objawy zanikają i możesz wrócić do trybu życia, którego pragniesz.

HTZ jest dostępna na receptę i zawiera:

Prawie zawsze estrogen.
Często progesteron[3].
Czasami testosteron.

Jeżeli twoja terapia zawiera tylko estrogen, nazywa się **estrogenową HTZ.** Jeżeli zawiera estrogen i progesteron, zwana jest **HTZ złożoną, estrogenowo- -progesteronową.** Jeżeli bierzesz estrogen i progesteron codziennie, to jest to ciągła złożona HTZ, a jeżeli bierzesz estrogen codziennie, a progesteron tylko w określonych częściach cyklu miesięcznego, to jest to **złożona sekwencyjna HTZ** albo **cykliczna HTZ.**

DLACZEGO MIAŁABYM PRZYJMOWAĆ TAKĄ A NIE INNĄ HTZ?

To, czy będziesz przyjmować sam estrogen, czy z progesteronem, zależy od tego, czy masz macicę (inaczej mówiąc, czy miałaś wykonaną histerektomię).

Przyjmowanie samego estrogenu, bez progesteronu, może nadmiernie stymulować wyściółkę macicy zwaną endometrium. Długotrwałe stymulowanie endometrium może doprowadzić do powstania raka. Ryzyko można obniżyć, dodając progesteron.

---

[3] Złożona terapia hormonalna menopauzalna zwykle zawiera progestagen – pochodną progesteronu o podobnym, lecz nie identycznym działaniu, a tylko niektóre preparaty mają w składzie mikronizowany progesteron [przyp. kons.].

Pomyśl o endometrium jak o trawniku w swoim ogrodzie: jeżeli estrogen to słońce i woda, które stymulują wzrost trawy i innych roślin, to progesteron jest kosiarką, która utrzymuje trawnik w ryzach. Progesteron chroni endometrium, estrogen może więc kontynuować dostarczanie słońca i wody do innych części twojego organizmu.

Jeżeli masz usuniętą macicę, możesz otrzymać terapię estrogenową, ale terapia złożona powinna być przepisana, gdy:

→ Miałaś częściową lub całkowitą histerektomię, ponieważ wówczas jakaś część endometrium mogła pozostać.

→ Masz w historii endometriozę, która polega na tym, że wyściółka macicy (endometrium) rozrasta się poza macicą. W tym wypadku, nawet gdy macica zostanie usunięta podczas histerektomii, tkanka endometrium może pozostać na innych narządach i nadal być stymulowana przez dostarczany estrogen. Przyjmowanie progesteronu jest więc ważne, gdyż zapobiega dodatkowej stymulacji tych fragmentów tkanki. Bardziej szczegółowo omówimy to w dalszej części książki (s. 256).

PLASTRY, PIGUŁKI, ŻELE, AEROZOLE... W JAKIEJ POSTACI MOŻNA PRZYJMOWAĆ HTZ?

No dobrze, moja droga, teraz zagadka. Co brać?

Nawet, gdy już zdecydujesz, że HTZ to **jest** coś dla ciebie, masz do podjęcia jeszcze trudniejszą decyzję, bo istnieją tuziny tuzinów różnych kombinacji form jej przyjmowania.

Miałam szczęście, gdyż moje ciało od początku naprawdę dobrze radziło sobie z pierwszym rodzajem terapii estrogenowej, jaki dostałam: plastrami. Plastry estrogenowe to prawdziwa loteria. Używam estradot – są to małe prostokątne plasterki – przyklejam je na biodrze i tu znowu mam szczęście, bo przywierają jak dobry klej. Plasterek, co istotne, jest przezroczysty, nieważne więc, jaki masz kolor skóry – nie będzie się odróżniał. Bardzo je lubię, bo nie muszę o nich pamiętać. Działają za mnie.

Mogę brać prysznic i pływać, mogę się pocić, mogę ćwiczyć. Mogę robić wszystko i nigdy mi się nie zdarzyło, by plasterek się odkleił. Słyszałam, że większe plastry gorzej się kleją – ze względu na słaby klej, a nie cokolwiek innego – i z tego powodu kobiety często zamieniają je na żel. Miałam szczęście z plastrami, które otrzymałam w mojej części kraju – mieszkam na południowym wschodzie Wielkiej Brytanii. Estradot dobrze się przykleja.

Brałam utrogestan, pigułki z progesteronem. Kobiety, którym przepisano ten lek, często biorą go na noc, gdyż działa lekko uspokajająco. Okazało się jednak, że jego działanie koliduje z moimi krwawieniami. Moje okresy stały się bardzo nieregularne i czułam się nieco niedysponowana. Kiedyś miałam wkładkę Mirena, ale zawsze uważałam, że nie dogaduje się ona z moim organizmem. Dopiero później uzmysłowiłam sobie, że prawdopodobnie już wtedy miałam perimenopauzę i że nie był to po prostu dobry moment na jej stosowanie. Teraz wróciłam więc do wkładki Mirena, nie oglądając się za siebie.

Mój schemat HTZ obejmuje wkładkę Mirena, która powoli uwalnia progesteron (ponieważ wciąż mam macicę) i dwa razy w tygodniu 100-mikrogramowe plastry estradot. W ciągu ostatniego roku kilka razy zdarzyły mi się nocne poty, następnego dnia i kilka dni później wzięłam więc nadprogramową porcję estrogenu w żelu. Ale poza tym nie potrzebuję dodatkowego uzupełniania tego hormonu. Biorę także testosteron, ale omówimy to później. To wszystko może wyglądać na dość skomplikowane. Mam koleżankę, która od roku usiłuje znaleźć odpowiednią dla siebie kombinację, ale się nie poddaje. Możesz stwierdzić, że plastry są dla ciebie lepsze niż aerozol. Inna koleżanka czuje się świetnie na trzech dawkach żelu, a jeszcze inna bierze pięć i twierdzi: „O mój Boże, tak się kleję, chyba wolę plastry". Wiem, że to trudne, ale nie poddawaj się. Koncentruj się na znalezieniu tego, co będzie działać w twoim przypadku.

To trochę jak pole minowe, ale różnorodność i możliwość wyboru to naprawdę dobra rzecz. Oznacza, że ty i twój lekarz możecie utrafić w schemat właściwy dla ciebie, opierając się na twoich potrzebach, trybie życia i historii medycznej.

Jeżeli to nie działa tak dobrze, jak byś chciała, albo wciąż odczuwasz objawy, zmodyfikuj terapię. Jest wiele możliwości modyfikacji, gdy ją rozpoczynasz albo przechodzisz z perimenopauzy do menopauzy. Zmiana metody albo dostosowanie dawki są stosunkowo proste. Wierz mi, ostatnią rzeczą, jakiej byś tak naprawdę chciała, jest rezygnacja z HTZ bez wypróbowania WSZYSTKICH możliwości.

ESTROGENOWA CZĘŚĆ HTZ – PRZYWRÓCENIE TEGO, CO DOBRE

Estrogen stanowiący część HTZ można przyjmować na wiele różnych sposobów. Podjęcie decyzji, od czego zacząć, powinna poprzedzić rozmowa z lekarzem na temat twojego trybu życia, ogólnego zdrowia i osobistych preferencji. Przyjrzyjmy się bliżej rodzajom HTZ – jak się je stosuje i kiedy – oraz różnym za

i przeciw. Dzięki temu sama będziesz mogła rozstrzygnąć, co może być odpowiednie konkretnie dla ciebie.

Zostawiam cię w rękach ekspertki, dr Naomi, która opowie ci wszystko, co powinnaś wiedzieć o różnych rodzajach HTZ.

KLASA MISTRZOWSKA HTZ DR NAOMI CZĘŚĆ 1: ESTROGEN

Gdy uzupełniasz estrogen, niezależnie od tego, jaką metodę wybierzesz, będzie ona dostarczać hormon codziennie. Dzisiaj najczęściej używanym rodzajem estrogenu jest 17-beta-estradiol. To hormon o strukturze identycznej z tym wytwarzanym przez twój organizm. Może być podawany przez skórę albo doustnie. Która metoda będzie lepsza i na ile, zależy od tego, jak dobrze twoja skóra wchłania hormon. Niestety nie ma skutecznego sposobu na sprawdzenie tego wcześniej, kilka pierwszych miesięcy

będzie więc okresem prób i błędów. Bądź cierpliwa i zawierz procedurze. Na pewno dotrzesz do celu

PRZEZSKÓRNY ESTROGEN

To estrogen podawany przez skórę w formie plastrów, żelu albo aerozolu, który, w przeciwieństwie do przyjmowanego doustnie, pomija wątrobę. Nie ma przy nim zwiększonego ryzyka zatorów w układzie krwionośnym, udaru i chorób pęcherzyka żółciowego.

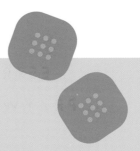

PLASTRY

Plastry zawierają estrogen, który jest wchłaniany przez skórę. Czasami mają w składzie również progesteron. Plastry z samym estrogenem występują w odmianach o różnej dawce hormonu. Są to małe plastikowe kwadraciki, które nakleja się na skórę.

Za

+ Plastry są przezroczyste, nadają się więc do każdego koloru skóry.

+ Jest to metoda dyskretna, gdyż można je ukryć nawet pod bikini albo kostiumem kąpielowym.

+ Ich aplikacja zajmuje mało czasu.

+ Występują w różnych wielkościach i dawkach – od 25 do 100 mikrogramów, mogą więc być dobrym wyborem, jeżeli potrzebujesz większych dawek.

Jak stosować?

Oderwij folię zabezpieczającą i naklej plasterek na pośladku, biodrze albo udzie. Uwalnia on stałą dawkę estrogenu i zwykle musi być wymieniany dwa razy na tydzień.

Przeciw

– Niektóre kobiety twierdzą, że plasterki słabo się trzymają, zwłaszcza w przypadku osób o tłustej cerze. Mogą się wtedy odlepiać pod prysznicem albo ich brzegi mogą się zawijać. Ich usuwanie może być nieprzyjemne.

– Jeżeli zdecydujesz się na plastry, będziesz przywiązana do jednej dawki i trudniej będzie ją modyfikować, gdyby zaszła taka potrzeba. W niektórych sytuacjach, chcąc otrzymać niższą dawkę, możesz uciąć część plasterka, ale możesz to zrobić tylko pod nadzorem lekarza.

– Niektórym kobietom przeszkadza, że plastry są jednak trochę widoczne.

ŻEL

W Wielkiej Brytanii dostępne są dwa rodzaje żelu: butelka z pompką albo saszetka o nazwie Sandrena. Butelka, znana jako Oestrogel, jest powszechnie dostępna w państwowym systemie ochrony zdrowia i bardzo ekonomiczna, nie ma więc powodu, by nie uwzględniać jej jako jednej z możliwości. Istnieją też inne wersje, dostępne w Australii, Kanadzie czy Stanach Zjednoczonych.

Za

+ Podobnie jak plastry, jest to metoda przezskórna, która omija wątrobę.

+ Żel dobrze się wchłania.

+ Jest to wygodne, gdyż można stosować bardzo małe dawki. Jeżeli jesteś nadwrażliwa na hormony, możesz zacząć od minimalnych dawek i powoli je zwiększać.

+ Niektóre kobiety uważają, że w podróży wygodniejsze są saszetki.

Jak stosować?

Używając Oestrogelu, naciśnij dozownik – jedno przyciśnięcie spowoduje wypłynięcie jednej kropli żelu. Rozsmaruj żel jak najcieniej na wewnętrznej i zewnętrznej powierzchni ręki od dłoni aż po ramię. Możesz także rozsmarować go na zewnętrznej i wewnętrznej stronie ud, górnej powierzchni nóg, pośladkach – pamiętaj tylko, by unikać okolicy piersi.

Przeciw

− Jeżeli potrzebujesz dużych dawek, konieczne będzie użycie większych ilości żelu – cztery przyciśnięcia to nie wydaje się dużo, ale wystarczy do pokrycia wszystkich czterech kończyn.

− Niektóre kobiety nie lubią uczucia lepkości i chłodu, które towarzyszą aplikacji, zwłaszcza zimą.

− Saszetki mogą być mniej estetyczne i mniej precyzyjne niż dawki z dozownika, generują też więcej odpadów.

− Musisz dać żelowi czas na wyschnięcie, by nie starło go ubranie, i pamiętać, żeby po nałożeniu dokładnie umyć ręce i nie przenieść hormonu na dzieci, partnera czy zwierzęta domowe.

AEROZOL

Aerozol o nazwie Lenzetto jest jednym z najnowszych produktów. Pojawił się w Wielkiej Brytanii w 2020 roku, ale zaczyna być coraz łatwiej dostępny. Obecnie można go kupić w krajach Europy, w Stanach Zjednoczonych i w Australii.

Jak stosować?

Zdejmij plastikową nakrywkę i trzymając butelkę pionowo, oprzyj plastikowy stożek płasko o skórę (większość kobiet stosuje aerozol na wewnętrznej powierzchni przedramienia albo uda). Naciśnij pompkę, by uwolnić jedną dawkę. Jeżeli masz przepisaną więcej niż jedną dawkę jednocześnie, za każdym uwolnieniem przesuwaj się w dół przedramienia albo uda.

Naniesiony roztwór musi schnąć na powietrzu około godziny, zanim nałożysz ubranie, a przed prysznicem lub pływaniem zaczekaj co najmniej kolejną godzinę.

Za

+ Podobnie jak żel i plastry, aerozol wchłania się przez skórę.

+ Szybko się aplikuje i szybko wysycha.

+ W porównaniu z żelem dawka jest mniej obfita i mniej pachnie alkoholem.

+ Dawkę łatwo zwiększyć lub zmniejszyć.

Przeciw

- W Wielkiej Brytanii może być trudniej otrzymać receptę w państwowym systemie ochrony zdrowia.

- Do wyeliminowania objawów może być potrzebne stosowanie kilku dawek jednocześnie.

- Musi wyschnąć, zanim założy się ubranie na miejsce podania.

ESTROGEN SYSTEMOWY:

TABLETKA DOUSTNA

Gdy kobiety rozpoczynają HTZ, przeważnie przepisuje się im estrogen w formie tabletek. Często też jest wtedy połączony z progesteronem. Istnieje nowy produkt o nazwie Bijuva – jest to estrogen identyczny z ludzkim i progesteron w jednej tabletce. Nadaje się dla kobiet po menopauzie.

Jak stosować?

Jedna tabletka dziennie.

Za

+ Tabletka może być wygodna w użyciu, jeżeli jesteś przyzwyczajona do codziennego przyjmowania leków, na przykład tabletek antykoncepcyjnych, i odpowiada ci taki rodzaj przyjaznej rutyny.

+ Jeżeli masz nadwrażliwą skórę, tabletka doustna może się świetnie sprawdzić, gdyż możesz mieć problemy ze znalezieniem produktu przezskórnego, który nie będzie cię podrażniał ani wywoływał alergii.

+ Może to być łatwy sposób przyjmowania estrogenu z progesteronem.

Przeciw

– Przyjmowanie doustnej wersji estrogenu nieznacznie zwiększa ryzyko zatorów, udaru i chorób pęcherzyka żółciowego.

ESTROGEN DOPOCHWOWY

Suchość pochwy i dolegliwości urologiczne mogą być poważnym problemem w okresie perimenopauzy i menopauzy. Osłabienie tkanek może prowadzić do swędzenia, podrażnień i bólu podczas seksu, a także do problemów urologicznych, takich jak częste oddawanie moczu, konieczność wstawania w nocy, nietrzymanie moczu czy powtarzające się infekcje dróg moczowych. Systemowa HTZ (w postaci plastrów żelowych, aerozoli czy tabletek) przywraca estrogen, tkanki okolic genitaliów mogą się więc stać na powrót miękkie i jędrne, jednak około jedna na trzy kobiety potrzebuje czegoś więcej: estrogenu podawanego miejscowo.

Estrogen miejscowy może zostać podany w postaci kremu czy krążków stosowanych dopochwowo albo środków aplikowanych na wargi sromowe. Estrogen może wtedy działać bezpośrednio na tkanki, ponieważ jednak wchłania się w minimalnym stopniu, praktycznie nie wiąże się z ryzykiem. Dokładniej przyjrzymy się kwestii estrogenu podawanego miejscowo w rozdziale „Monologi suchej waginy".

KLASA MISTRZOWSKA DR NAOMI
CZĘŚĆ 2: TERAZ TROCHĘ
O PROGESTERONIE

Jeżeli przyjmujesz estrogen i masz macicę, będziesz potrzebować także progesteronu. Dwie najlepsze możliwości to progesteron mikronizowany (utrogestan, cyclogest, lutigest) i wkładki Mirena.

PROGESTERON MIKRONIZOWANY

Jest to progesteron najbardziej spośród wszystkich dostępnych zbliżony do ludzkiego. To oznacza, że ma praktycznie taką samą strukturę jak progesteron wytwarzany przez organizm.

Jak stosować?

Jeżeli jesteś już po menopauzie, przyjmujesz jedną tabletkę dziennie. Jeżeli przechodzisz perimenopauzę, przyjmujesz jedną tabletkę dziennie, ale tylko przez część cyklu miesięcznego. Czasami lekarze, niejako poza protokołem, przepisują te tabletki do przyjmowania dopochwowego – jeżeli występują jakieś objawy uboczne związane z progesteronem przyjmowanym doustnie.

Za

+ Ten progesteron jest najbezpieczniejszy dla piersi.

+ Jest identyczny z naturalnie wytwarzanym w organizmie – ma tę samą strukturę chemiczną.

+ Powoduje mniej skutków ubocznych niż starsze produkty z progesteronem.

+ Działa nieco uspokajająco, rekomenduje się więc, by brać go na noc.

Przeciw

– Przez pierwsze kilka miesięcy skutkiem ubocznym może być krwawienie.

– Niektóre kobiety – zwłaszcza te, które w przeszłości cierpiały na zespół napięcia przedmiesiączkowego – mogą być szczególnie wrażliwe na progesteron. Może on wywoływać objawy podobne do tego zespołu: zdenerwowanie, napady wściekłości, skłonność do płaczu, wrażliwość piersi i wzdęcia. Jeżeli doświadczasz tych objawów, porozmawiaj z lekarzem o zmianie dawki albo sposobu podawania hormonu.

WKŁADKA MIRENA

Wkładka Mirena to miękki, giętki przedmiot w kształcie litery T, który powoli i jednostajnie uwalnia progesteron[4]. Może być stosowany jako ochronny, domaciczny składnik HTZ. Po założeniu może pozostawać na miejscu do pięciu lat. To znakomity wybór, gdy chcesz połączyć HTZ z antykoncepcją.

Za

- Wspomaga kontrolowanie krwawienia.

- Działa jako antykoncepcja.

- Jednostajnie uwalnia progesteron, który wchłania się w minimalnym stopniu. Jest to dobry wybór, jeżeli jesteś wrażliwa na ten hormon.

- Pozostaje na miejscu do pięciu lat, nie musisz więc pamiętać o tabletkach.

Jak stosować?

Wkładka musi zostać założona w gabinecie ginekologicznym. Wkłada się ją do wnętrza macicy, co trwa około 20 minut. Po założeniu nie powinnaś jej wyczuwać.

Przeciw

- U znacznej większości kobiet zakładanie wkładki nie jest bolesne i nie powoduje żadnych efektów ubocznych, jednak u niektórych może być nieprzyjemne. Jeżeli tak się stanie, poproś lekarza, by na chwilę zrobił przerwę. Dla zmniejszenia dyskomfortu możesz wcześniej wziąć paracetamol. Następnego dnia zrób sobie wolne i odpocznij.

---

[4] To uproszczenie. W Mirenie znajduje się progestagen lewonorgestrel [przyp. kons.].

TESTOSTERON:
DLACZEGO TRZEBA GO BRONIĆ

Chcę ci zadać pytanie. Co przychodzi ci na myśl, gdy słyszysz „testosteron"?

Mnie przychodzi na myśl mężczyzna, mięśnie, wąsy, koktajle i batony proteinowe, porównywanie mięśni ud i bicepsów w łaźni. Myślę także o wrzeszczących na siebie chłopakach, jaskiniowcach o wydatnych czołach i dyndających penisach.

Ale nie! NIE, NIE, NIE! Nic podobnego. Wiesz co? Mnie także to zaskoczyło: testosteron jest także hormonem żeńskim. Naprawdę wytwarzamy go w jajnikach i innych częściach organizmu (o Boże, jakie my jesteśmy zdolne!).

HTZ bardzo mi pomogła, ale muszę przyznać, że gdy pierwszy raz zaczęłam ją stosować, wciąż miałam wrażenie, jakby mi czegoś brakowało. Czułam się lepiej, objawy się nieco uspokoiły – te najbardziej osłabiające: bezsenność, nocne poty, wściekłość – było znacznie lepiej, ale wciąż nie działałam na pełnych obrotach. To wciąż nie byłam cała ja.

Prywatny ginekolog przepisał mi testosteron. To okropne, że na państwową ochronę zdrowia nie mogłam liczyć. Teraz staramy się to zmienić. Dlatego dużo o tym mówię i współpracuję z parlamentarzystką Carolyn Harris.

Testosteron zmienił wszystko. Mój nastrój, libido, pamięć, ogólna zdolność do radzenia sobie z tym, co podrzucało mi życie – wszystko wróciło. Czułam, że mam pomysły, że mój mózg pracuje na pełnym gazie.

No więc skoro testosteron jest taki dobry, to dlaczego większość z nas go nie bierze? Bo testosteron nie znajduje się na odpowiedniej liście leków państwowego systemu ochrony zdrowia. Co to oznacza? Czy chodzi o to, że jest za drogi? Nie. Czy o to, że nie jest bezpieczny? Nie.

W Wielkiej Brytanii jedynymi produktami z testosteronem dostępnymi w ramach państwowej refundacji są żele i kremy, w dodatku przeznaczone dla mężczyzn. A ponieważ te produkty nie mają atestów do używania przez kobiety, lekarze państwowej ochrony zdrowia swobodnie mogą je przepisywać tylko wtedy, gdy robią to prywatnie. A oczywiście nie każdy państwowy lekarz ma taką możliwość[5].

---

[5] W Polsce nie jest zarejestrowany w leczeniu kobiet żaden preparat z testosteronem, a zarejestrowane preparaty dla mężczyzn (głównie żel) stosuje się poza wskazaniami rejestracyjnymi (off label) w ściśle uzasadnionych sytuacjach klinicznych. Implanty (pelety) nigdzie na świecie nie są dozwolone w terapii hormonalnej [przyp. kons.].

Testosteron jest hormonem również żeńskim. Prawdę powiedziawszy, produkujemy więcej testosteronu niż estrogenu[6]. Gdy w okresie perimenopauzy i menopauzy ilość testosteronu zaczyna spadać, mogą temu towarzyszyć takie objawy jak utrata libido, siły, mocy, zdolności do szybkiego reagowania oraz ostrości umysłu. Uzupełnienie go w ramach HTZ może się okazać ostatnim, brakującym elementem układanki.

British Menopause Society zaleca: jeżeli kobieta otrzymuje odpowiednią ilość estrogenów dzięki HTZ, ale objawy nie zniknęły, zwłaszcza jeżeli dotyczy to obniżonego libido, należy rozważyć suplementowanie testosteronem.

Poziom testosteronu można łatwo zmierzyć za pomocą prostego badania krwi, określanego jako oznaczenie współczynnika wolnych androgenów, które pozwala ocenić, czy w organizmie nie ma za mało hormonu. Ten test, w połączeniu z oceną objawów, może być stosunkowo prostą metodą stwierdzenia, czy potrzebujesz testosteronu.

Kobiety z PMS w historii, wczesną menopauzą, a zwłaszcza menopauzą wywołaną operacją chirurgiczną, mogą najsilniej odczuwać obniżenie poziomu testosteronu.

Jedyne dostępne w brytyjskim państwowym systemie ochrony zdrowia produkty z testosteronem nie są atestowane dla kobiet. Lekarze rodzinni niechętnie je przepisują. Jeżeli czujesz, że testosteron może ci pomóc, poproś o skierowanie do specjalistycznej kliniki.

Co proszę? To jest OBURZAJĄCE, prawda? To mój kolejny wielki cel w walce o lepszą opiekę podczas menopauzy i tak się składa, że dostaję ogromnie dużo dotyczących tego tematu pytań. I co z tego wynika?

Inna możliwość – wiem, że nie dla wszystkich dostępna – to zgłoszenie się do lekarza prywatnie. Prywatne kliniki bez problemu przepisują krem o nazwie AndroFeme, sprowadzany z Australii i przeznaczony dla kobiet. Marzę, by nie trzeba było iść do prywatnego lekarza w celu otrzymania recepty na testosteron. To, że w ogóle muszę poruszać ten temat, uważam za skandaliczne i nie w porządku. Zresztą nie we wszystkich krajach tak jest. Mam nadzieję, że za rok albo dwa napiszę ten rozdział od nowa i nie będę już musiała poruszać tej kwestii.

[6] *Testosterone replacement in menopause*, British Menopause Society, 2022. https://thebms.org.uk/publications/tools-for-clinicians/testosterone-replacement-in-menopause/

KIEDY ZACZĘŁAM
Z POWROTEM CZUĆ SIĘ SOBĄ?

Muszę przyznać, że miałam szczęście, ponieważ, jak powiedziałam już wcześniej, po kilku potknięciach z progesteronem udało mi się szybko wejść w pasujący mi schemat dawkowania, ale od chwili, gdy założono mi wkładkę Mirena (chyba gdzieś po sześciu miesiącach), poczułam się fantastycznie. Rok później, gdy zaczęłam brać testosteron, to już było naprawdę to. Gotowe. Do dzisiaj jadę według tego samego schematu.

Gdy zaczęłam brać estrogen, mimo że moje okresy były wciąż nieregularne, inne objawy i mgła mózgowa ustąpiły – mogę to śmiało powiedzieć – w kilka dni. Niektórzy mówią, że potrzeba na to paru tygodni, ale u mnie nocne poty skończyły się po trzech albo czterech dniach. Pamiętam, że obudziłam się w suchej pościeli po przespanej całej nocy bez potrzeby wstawania do łazienki – to było niezwykłe.

„Czuję się szczęśliwsza, pozytywnie podchodzę do życia i mam więcej rzeczy pod kontrolą" – Annabel

Niektóre kobiety opowiadają, że przeżyły moment, gdy pomyślały: „Tadam, wróciłam...". Jedną z opowieści, które szczególnie mnie poruszyły, jest ta, w której matka opowiada, że znowu odczuwa radość i śmieje się z czegoś wraz z córką – a nie robiła tego od lat. Są też kobiety takie jak Annabel, które wypróbowały wszystkie możliwe środki roślinne, zanim rozpoczęły HTZ.

W tym roku skończyłam 50 lat, ale przez ostatnie kilka lat miałam objawy perimenopauzy z POTWORNYMI

uderzeniami gorąca. Początkowo pomyślałam, że muszę to przetrwać, ale sytuacja stała się nie do zniesienia i wreszcie umówiłam się do lekarza.

Niestety pani doktor była bardzo przeciwna HTZ ze względu na zwiększone ryzyko zachorowania na raka, odesłała mnie więc do domu z listą naturalnych remediów, takich jak szałwia, czerwona koniczyna i tak dalej. Odstawiłam nawet moją ukochaną kofeinę!

Próbowałam je stosować przez dobre dziesięć miesięcy, ale bez skutku. Po obejrzeniu programu Daviny umówiłam się do innej lekarki w mojej przychodni, ale ona też zniechęcała mnie do HTZ z powodu ryzyka raka.

Ponieważ byłam zdecydowana, zaczęła mi wypisywać receptę na tabletki. Ponieważ jednak byłam uzbrojona w wiedzę z programu Daviny – że istnieją plastry i żele – poprosiłam o jedną z tych terapii.

Jestem czwarty tydzień na plastrach i uderzenia gorąca właśnie zaczynają łagodnieć. Czuję się szczęśliwsza, pozytywnie podchodzę do życia i mam więcej spraw pod kontrolą.

Bum! Oto konkluzja. Wszyscy jesteśmy wyjątkowi, nie na każdego pasuje ten sam rozmiar. Ktoś odczuje poprawę po czterech dniach, u innych może to zająć miesiące. Tak się cieszę, Annabel, że czujesz się lepiej.

Jak powiedziałam, miałam szczęście, że moje objawy bardzo szybko ustały, ale nie każdemu się to udaje. Nie trać jednak ducha. Pamiętaj: wypracowanie rutyny, która zadziała konkretnie w twoim przypadku, może zająć trochę czasu. To może oznaczać zmiany dawek i inne modyfikacje, ale nie poddawaj się.

Doświadczenie z przyjmowaniem HTZ u każdej kobiety jest inne, ale można ułożyć przewodnik, który podpowie, kiedy czego można się spodziewać.

Od tygodnia do miesiąca

Objawy takie jak uderzenia gorąca i nocne poty mogą zacząć mijać w ciągu kilku tygodni. Możesz odnieść wrażenie, że wszelkie lęki zaczynają ustępować.

1–3 miesiące

Wahania nastroju, bóle i objawy skórne mogą łagodnieć. Suchość pochwy i objawy urologiczne także mogą zaniknąć w ciągu paru miesięcy. Jeśli nie, możesz poprosić lekarza o możliwość użycia estrogenu dopochwowo (patrz s. 127).

Do roku

Jednym z najdłużej utrzymujących się objawów może być obniżone libido.

Perimenopauza może stanowić ruchomy cel, bo w tle wciąż są jeszcze wytwarzane przez organizm twoje własne hormony.

POROZMAWIAJMY O SKUTKACH UBOCZNYCH

Krótkotrwałe efekty uboczne związane z przyjmowaniem estrogenu mogą obejmować wrażliwość piersi i nudności. Mogą się też pojawić nieregularne i czasami intensywne krwawienia. Taki stan może trwać od trzech do sześciu miesięcy.

Na początku przyjmowania progesteronu niektóre kobiety mogą się borykać z poważnymi skutkami ubocznymi – zwłaszcza te, które wcześniej cierpiały na zespół napięcia przedmiesiączkowego. Te efekty mogą obejmować wrażliwość piersi, zdenerwowanie, napady wściekłości, skłonność do płaczu, wzdęcia, obrzęki i objawy gastryczne, takie jak refluks. Jeśli coś z tego cię dotyczy, porozmawiaj z lekarzem o innych sposobach przyjmowania progesteronu.

POTENCJALNE SYGNAŁY OSTRZEGAWCZE

Jeżeli pojawią się u ciebie któreś z poniższych objawów, jak najszybciej porozmawiaj z lekarzem:

→ Każde nowe krwawienie (chyba że właśnie rozpoczynasz HTZ albo zwiększyłaś dawkę) lub obfite czy niewytłumaczalne krwawienie, które trwa od trzech do sześciu miesięcy.

→ Ból łydek albo skrócenie oddechu (może to świadczyć o zatorze, estrogen przyjmowany doustnie nieznacznie zwiększa ryzyko ich powstawania).

→ Swędzenie, obrzęk i skrócony oddech (mogą być objawami reakcji alergicznej).

→ Nabrzmienie piersi, twarde grudki lub wrażliwość, zwłaszcza jeżeli występuje po jednej stronie.

JAK W TEJ SYTUACJI STOSOWAĆ HTZ

Wyszłaś z apteki, masz tabletki, plastry, żele, aerozole i porady lekarza dźwięczące w uszach. I co masz teraz zrobić?

Najważniejsze jest opracowanie schematu działania, według którego będziesz

postępować. Ja właśnie swój zmieniłam i ten nowy wydaje mi się znacznie bardziej efektywny. Robię tak: trzymam wszystkie hormony obok szczoteczki do zębów, bo myję zęby dwa razy dziennie. Lubię się kąpać w nocy, ale czasami biorę prysznic rano, jeżeli muszę umyć włosy. Oczywiście robię to wszystko przed zaaplikowaniem czegokolwiek, bo w przeciwnym razie zmyłabym hormony ze skóry. Wychodzę spod prysznica i przyklejam plasterek, jeżeli jest to jego pora (w poniedziałki i czwartki), a następnie biorę porcję testosteronu wielkości ziarenka groszku i wcieram go w udo. Potem myję ręce. Czasami, jeżeli mam nocne poty albo inne objawy i potrzebuję dodatkowej porcji żelu, nakładam ją na wierzchnią stronę ramienia, niczym krem nawilżający, i zostawiam. Następnie myję zęby. To trwa dwie minuty, więc żel w tym czasie całkowicie się wchłania. Wtedy się ubieram i biorę tyroksynę.

Chodzi mi o to, że robię to szybko. Wszystkie lekarstwa rano.

Lekarz powie ci, że jeżeli zdecydowałaś się na żel lub aerozol, to masz pozostawić go do całkowitego wyschnięcia, zanim zaczniesz się ubierać. W przypadku żelu odczekaj parę godzin, zanim pójdziesz pod prysznic albo popływać (dlatego nakładam wszystko po porannym prysznicu).

Jeżeli masz plastry, które odpadają, spróbuj naklejać je w innym miejscu – jeżeli naklejam je za daleko z tyłu pleców, łatwo odchodzą. To tylko kwestia znalezienia najlepszego miejsca na biodrze. Nawet jeżeli będziesz nim poruszać po dwa centymetry w różnych kierunkach, plasterki nie powinny tak łatwo odpaść.

Wystartowałam ze 100 mikrogramami estradotu dwa razy w tygodniu. Dawkę otrzymałam ot tak, z marszu, i okazała się w sam raz. Czasami pierwszą dawkę trzeba znacznie zwiększyć. Wiele kobiet otrzymuje od lekarza pierwszego kontaktu 25 mikrogramów, a to jest bardzo mało. Rozpoczęcie od niższej dawki to jednak dobry pomysł, ponieważ trzeba ją zwiększać stopniowo – nie chciałabyś, żeby cię nagle mocno strzeliło. Dla mnie odpowiednią ilością jest 100 mikrogramów estradotu dwa razy w tygodniu. Działa naprawdę dobrze.

Jak już wielokrotnie wspominałam, progesteron dostarczam sobie za pośrednictwem wkładki Mirena. Powoli uwalnia ona hormon, więc nie mam więcej okresów – mogę o tym po prostu zapomnieć. Zasadniczo mam Mirenę od 15 lat (oczywiście nie tę samą – co pięć lat mam zakładaną nową). Jeżeli nie masz wkładki, ale potrzebujesz progesteronu, możesz brać tabletki utrogestan. To progesteron w najwyższym standardzie – jest identyczny z naturalnym i możesz go brać na noc, bo ma lekkie, przyjemne działanie nasenne.

Wreszcie, jak już mówiłyśmy, istnieje testosteron w kremie. Używałam AndroFeme, ale ginekolog przepisał mi męski testogel, który jest sprzedawany w małych saszetkach. Bierzesz maleńką porcję, dziesiątą część saszetki, codziennie. W przypadku AndroFeme będzie to porcja wielkości ziarnka grochu, ale gdy używasz męskiego Testogelu, ponieważ potrzebujesz oczywiście znacznie mniejszej dawki niż mężczyzna, wystarczy między jedną siódmą a jedną dziesiątą takiej porcji. Staraj się nie myśleć o HTZ w kategoriach liczby mikrogramów, pompnięć, psiknięć czy dawek, a zamiast tego pytaj: „Czy to mi pomaga?". Jeżeli odpowiedź brzmi „tak", to znaczy, że dawka jest dla ciebie właściwa. Jeżeli nie, porozmawiaj z lekarzem.

DR NAOMI:
GDY HTZ NIE DZIAŁA DOBRZE

ZACZĘŁAM HTZ I TO NIE DZIAŁA. CO ROBIĆ?

Lekarze są uczeni, by przepisywać najmniejszą skuteczną dawkę leku. Może się okazać, że twój lekarz rodzinny czy specjalista od menopauzy zaczął od niskiej dawki, przewidując, że w przyszłości trzeba ją będzie zwiększyć. Organizm kobiety może różnie wchłaniać hormon i różnie na niego reagować. Jedne kobiety mogą go przyswajać lepiej, a inne gorzej. Dawki wszelkich hormonów mogą wymagać dostosowania – zarówno podwyższenia, jak i obniżenia. Jeżeli czujesz, że HTZ nie daje efektu, lekarz może rozważyć zwiększenie dawki. Omów to z nim.

POJAWIŁY SIĘ SKUTKI UBOCZNE. CO ROBIĆ?

Skutki uboczne, jeżeli ich doświadczasz, w większości przypadków przeminą, zwłaszcza wrażliwość piersi, krwawienia i nudności. Jeżeli będą się utrzymywać dłużej niż kilka miesięcy albo staną się nadmiernie dokuczliwe, porozmawiaj o tym z lekarzem.

OBJAWY ZESPOŁU NAPIĘCIA PRZEDMIESIĄCZKOWEGO NASILIŁY SIĘ PO ROZPOCZĘCIU HTZ. CO MOGĘ ZROBIĆ?

Być może jesteś nadwrażliwa na progesteron, co może oznaczać konieczność zmiany metody jego podawania albo zmniejszenia dawki. Wkładka Mirena wydziela progesteron, który wchłania się w minimalnym stopniu i to może być lepszy wybór. Ewentualnie możesz spróbować innego preparatu albo obniżyć dawkę pod kontrolą specjalisty.

CZY WYŻSZA DAWKA HTZ JEST MNIEJ „BEZPIECZNA"?

Niektóre kobiety do uśmierzenia niepożądanych objawów potrzebują większych dawek, zwłaszcza jeżeli miały wczesną menopauzę albo menopauzę wywołaną chirurgicznie.

To naturalne, że jesteś zaniepokojona koniecznością przyjmowania wyższej dawki, lecz jeżeli objawy się utrzymują, to znaczy, że twoje hormony nie zostały jeszcze w pełni zastąpione.

„Nie daj się, skop menopauzie tyłek!" – Helen

Byłam tryskającą energią, towarzyską trzydziestodziewięciolatką, duszą wszelkich imprez. Trzy lata później stałam się wrakiem. Zmęczona, obolała, zrzędliwa, cień dawnej mnie... Co się stało? Cholerne hormony!

Znikąd pojawił się paraliżujący lęk o zdrowie. Próbowałam: akupunktury, hipnoterapii, jogi, suplementów i koszmarnej, naprawdę koszmarnej terapii, ponad rok cotygodniowych sesji. I co mnie uleczyło? HTZ!

Żaden lekarz nigdy mi o tym nie wspomniał, nawet Google nie zdiagnozował peri-menopauzy. Przyjaciółka przypadkiem o tym napomknęła i – eureka! – zostałam uleczona. Tylko to nie było takie proste!

Lekarz (po moich błaganiach) zlecił badania krwi, których wyniki sugerowały, że nie mam perimenopauzy. Poczułam się uziemiona. Byłam taka pewna, że moje objawy do niej pasują.

Zostałam więc swoim własnym adwokatem, wyciągnęłam oszczędności i poszłam do specjalisty – reszta jest już historią. Dlaczego musiałam to zrobić? Płacić? Bawić się we własnego adwokata? Zostać własnym lekarzem, do jasnej cholery?! Gdybym powiedziała mężowi, że w wieku 40 lat opadnie mu penis, gwarantuję, że znalazłyby się sposoby, by temu zaradzić.

Nie potrafię mocniej tego podkreślić: BYŁAM ZAŁAMANĄ KOBIETĄ I NIKT POZA MNĄ SAMĄ MI NIE POMÓGŁ!

Więc proszę, weź nauczkę z mojego przykładu i nie marnuj cennych miesięcy życia na roztrząsanie z terapeutą odczucia odrzucenia – jedyne, co cię porzuciło, to hormony, które poszły sobie w diabły!

Możesz wciąż mieć miesiączki, a lista objawów jest od czapy – uderzenia gorąca nie zawsze występują, twoja pochwa nie zawsze wysycha, sen nie zawsze zostaje zakłócony. Zrozum, jeżeli chodzi o menopauzę, „normalność" nie istnieje!

Więc czytaj tę książkę, czytaj wszystkie książki, bądź dobrze poinformowana, nie poddawaj się – i skop menopauzie tyłek!

Tak Helen! To jest to, co lubię! Jesteś wojowniczką menopauzy i masz rację. Czytaj wszystkie książki, bądź dobrze poinformowana i nie poddawaj się.

PRZYJMUJĘ HTZ, ALE NIEKTÓRE OBJAWY ZACZĘŁY WRACAĆ. CO SIĘ DZIEJE?

U niektórych kobiet rozpoczynających terapię może się pojawić efekt miesiąca miodowego, kiedy wszystkie objawy bardzo szybko zanikają. Zdarza się jednak, że nie jest on trwały. Przyczyny mogą być różne. Jeżeli jesteś na etapie perimenopauzy, ustalona na początku dawka HTZ może działać idealnie i wznosić cię na wyżyny, ale jeżeli to już prawdziwa menopauza, twoje ciało potrzebuje więcej. Może się to również zdarzyć w przypadku starszych kobiet, które są na HTZ od dłuższego czasu.

DLACZEGO PLASTERKI CIĄGLE MI SIĘ ODKLEJAJĄ?

U jednych kobiet plastry trzymają się lepiej, a u innych gorzej. To może zależeć od rodzaju skóry – tłustej trzymają się gorzej. Na to, jak długo będzie trzymał się plaster, mogą wpływać intensywne pływanie, kąpiele, sauna, łaźnia. Jeżeli przyklejenie plasterka w inne miejsce nic nie daje, być może trzeba będzie zmienić go na coś innego.

Czasami plasterki powodują podrażnienie skóry. Pomóc może używanie mniejszych rozmiarów i obracanie ich przy przyklejaniu.

WYJECHAŁAM Z KOLEŻANKAMI I ZAPOMNIAŁAM ZABRAĆ HORMONY. CZY MOGĘ UŻYWAĆ SPECYFIKÓW NALEŻĄCYCH DO NICH?

Nie. Każda terapia jest indywidualnie dostosowywana, podobnie jak twoja. Jeżeli zapomniałaś swojej HTZ, spróbuj uzyskać awaryjną receptę od miejscowego lekarza.

WKRÓTCE BĘDĘ MIAŁA OPERACJĘ. CZY POWINNAM PRZERWAĆ TERAPIĘ?

Możesz zostać poproszona o przerwanie przyjmowania pewnych leków przed operacją, by ograniczyć ryzyko komplikacji, takich jak zakrzepy. Jeżeli jednak stosujesz przezskórną HTZ, zwykle nie ma powodu, by ją przerywać, gdyż ta metoda nie zwiększa wspomnianego ryzyka. Jeżeli przyjmujesz estrogen doustnie, decyzja o jego odstawieniu może zależeć od rodzaju operacji – na przykład operacje obejmujące tętnice, żyły, serce i dolne partie ciała zwiększają ryzyko zakrzepów. Omów to z lekarzem.

Jeżeli przyjmujesz doustną HTZ, a twoja operacja należy do zwiększających ryzyko zakrzepów, lekarz powinien odpowiednio wcześnie przestawić cię na terapię przezskórną. Omów to z nim.

CO ZROBIĆ Z OPAKOWANIEM PO HTZ?

Zanieś puste saszetki, buteleczki i tubki do apteki, która pozbędzie się ich w bezpieczny sposób. Nigdy nie spłukuj lekarstw w toalecie.

Kartonowe pudełeczka po lekach oraz drukowane ulotki informacyjne przekaż na makulaturę. Blistry można oddać do apteki uczestniczącej w programie TerraCycle Medicine Packet Recycling[7]. Jeżeli mieszkasz w Australii, narodowym programem, dzięki któremu można oddać przeterminowane i niepotrzebne lekarstwa, jest tam projekt Return Unwanted Medicine (www.returnmed. com.au). Natomiast w Stanach

Zjednoczonych DEA (Drug Enforcement Administration) nadzoruje przeprowadzany dwa razy do roku program, który umożliwia bezpieczne pozbycie się niepotrzebnych leków (www.dea.gov/takebackday)[8].

MAM PONAD 70 LAT – CZY JESZCZE MOGĘ ROZPOCZĄĆ HTZ?

Istnieje takie „okno możliwości"[9]. Zaczyna się od ostatniej miesiączki, kiedy to normalnie rozpoczyna się przyjmowanie HTZ i kiedy uważa się, że ma ona działanie ochronne. Estrogen ma pozytywny wpływ na naczynia krwionośne, dzięki czemu pozostają one miękkie, giętkie, elastyczne i czyste. Po dłuższym czasie bez estrogenu w naczyniach pojawiają się złogi i stają się one sztywne. Uważa się, że w tym czasie przyjmowanie estrogenu może być bardziej ryzykowne.

Wtedy korzyści mogą nie być tak oczywiste, ale nigdy nie jest to kategoryczne „nie". Porozmawiaj z lekarzami, a oni porównają twoje indywidualne ryzyko z potencjalnymi korzyściami.

---

[7] *Recycle Now. What to do with Medicines*, www.recyclenow.com/what-to-do-with/medicines-0
[8] W Polsce przeterminowane lekarstwa, buteleczki itp. wrzucamy do specjalnego pojemnika w aptece, a kartonowe opakowania do odpadów papierowych [przyp. tłum.].
[9] Według obowiązujących wytycznych „okno terapeutyczne", czyli możliwość włączenia terapii hormonalnej, to czas do 60. roku życia lub do 10 lat od menopauzy, czyli od ostatniej miesiączki [przyp. kons.].

CZY MOGĘ ZOSTAĆ NA HTZ JUŻ NA ZAWSZE?

Potencjalnie odpowiedź brzmi „tak". Dopóki korzyści przewyższają ryzyko, możesz ją przyjmować – w przypadku niektórych kobiet oznacza to na zawsze.

Chociaż wciąż nie dysponujemy danymi na temat kobiet przyjmujących hormony identyczne z naturalnymi przez 30 czy 40 lat, to jednak wiemy, że nowoczesna terapia jest bezpieczna i je chroni.

Kobiety dobrze się czują, przyjmując HTZ, bo: łagodzi objawy, stanowi długoterminową ochronę zdrowia na wielu polach, pozwala cieszyć się życiem – i to się liczy.

CHCIAŁABYM ZAKOŃCZYĆ PRZYJMOWANIE HTZ – JAK MAM SIĘ ZA TO ZABRAĆ?

To zależy przede wszystkim od tego, dlaczego chcesz zakończyć terapię.

Jeżeli cierpisz z powodu skutków ubocznych, nie nadeszło złagodzenie objawów albo wręcz nastąpiło ich zaostrzenie, albo po prostu nie pasuje ci stosowana metoda, proszę – najpierw porozmawiaj z lekarzem. Powinien się on skupić na tym, jak dostosować terapię, byś mogła ją kontynuować.

Ale to w końcu twoje ciało i twoja decyzja, jeżeli więc wciąż chcesz zrezygnować z HTZ, zrób to pod nadzorem lekarza.

Natychmiastowe przerwanie terapii nie jest dobrym pomysłem, chyba że jesteś na bardzo niskich dawkach. Lepiej zmniejszać dawkę stopniowo, by uniknąć hormonalnego krachu. Jeżeli zmienisz zdanie, zawsze możesz poprosić o jej ponowne zwiększenie.

Jedynym przypadkiem, w którym należy od razu odstawić terapię, jest diagnoza wskazująca, że nie powinnaś jej kontynuować.

I NA KONIEC... PRZESŁANIE NADZIEI

Czytając tę historię, naprawdę miałam ochotę skakać ze szczęścia. Jeżeli właśnie teraz zmagasz się z czymkolwiek – czy są to praca, rodzina, rozwód, czy cokolwiek innego – liczę, że ta historia da ci choćby najmniejszy promyk nadziei na to, że wszystko może pójść (i pójdzie!) ku dobremu.

„Czuję się silna i czuję, że jestem w tej podróży razem z armią silnych kobiet" – Hayley

Hayley, masz głos...

Rozwód był trudnym doświadczeniem, podobnie jak wspieranie w tym czasie moich dzieci. Jednak poczucie, jakbym nie była sobą, które pojawiło się, gdy miałam 42 lata, było najgorsze ze wszystkiego. Pamiętam dzień, gdy lęk, napięcie, złość, smutek i panika wzięły górę. Stałam w kuchni po dniu spędzonym z dziećmi i czułam się, jakbym od dwóch lat nie przestawała płakać. Lęk był pierwszym objawem i od razu mnie zmienił. Po nim nastąpiły nocne poty, chroniczne napięcie i ataki paniki. Płacz stał się codziennością. Można obwiniać o to rozwód, pracę, stres czy wyzwania wieku średniego, ale ja wiedziałam, że jest coś jeszcze. Po prostu nie czułam się sobą i to było przerażające.

Poszukiwałam, rozmawiałam z rodziną i przyjaciółmi, jeszcze więcej płakałam. Zaczęłam medytować – to jest coś, co ratuje życie i – Boże! – ma bardzo głębokie działanie, ale nie rozwiązało wszystkich moich problemów. Próbowałam CBT (psychoterapii poznawczo-behawioralnej, ang. cognitive behavioral therapy) – bardzo pomogło. I zaczęłam biegać. Bieganie dla głowy, nie dla ciała, to zupełnie inna bajka. To była podstawa, czasami wręcz niezbędna. Byłam otwarta wobec moich cudownych dzieci, nie chciałam ich straszyć. Wiedziały, że to nie jest ich mamusia, że to menopauza. Ale postarałam się, by miały pewność, że mnie nie pokona.

Było też mnóstwo słuchania silniejszych niż ja kobiet, które stały się moimi najlepszymi przyjaciółkami – dr Potter, dr Newson, Davina, Lisa Snowdon, Meg Mathews – nie znały mnie, ale doskonale wiedziały, czego doświadczam.

Powoli, ale zdecydowanie dochodziłam do wniosku, że jest dla mnie szansa. Trzy wizyty u lekarza rodzinnego i zaoferowanie mi przez niego antydepresantów spowodowały, że stałam się kimś innym, kimś, kogo nie traktuje się poważnie. Dopiero mój cudowny, wspierający partner znalazł klinikę terapii menopauzy. Po zdobyciu wiedzy na ten temat powiedział, że czas przestać się bać i sprawdzić, czy przypadkiem HTZ nie okaże się odpowiedzią, czy choćby wsparciem. Przepisano mi terapię i jestem na niej pierwszy dzień. Zeszłego wieczora, po wzięciu pierwszej dawki, przeleżałam kilka godzin w łóżku. Czułam euforię. Czułam się jak dziecko z ogniem w brzuchu. Za prędko, pomyślałam, ale może to moje ciało odetchnęło z ulgą i chce mi podziękować?

*Nie mam pojęcia, jak to się skończy,
ale czuję się silna i czuję, że jestem w tej
podróży razem z armią silnych kobiet.
A mój mały synek zapytał: „Mamo, czy ty*

*teraz bierzesz estrogen?". Potwierdziłam,
a on wydał okrzyk radości.*

To jest fantastyczne.

KORZYŚCI Z HTZ

Jeżeli chodzi o HTZ, to poza łagodzeniem dokuczliwych objawów menopauzy ma ona również ważne działanie ochronne, które łatwo przeoczyć w ferworze rozmów o objawach, plastrach, wkładkach i schematach ich stosowania. Moim zdaniem te długofalowe skutki są tak samo ważne jak pozbycie się objawów.

KOŚCI

Stosowana od początku menopauzy HTZ może zapobiec utracie gęstości tkanki kostnej (osteoporozie)[10]. Jest to szczególnie ważne, jeżeli masz wczesną menopauzę albo przedwczesną niewydolność jajników, ale tak naprawdę może chronić kobiety w każdym wieku.

Część badań udowodniła, że HTZ może zwiększyć gęstość kości mniej więcej o 5 procent w ciągu dwóch lat i że może ograniczyć ryzyko złamania kręgosłupa i miednicy o 40 procent[11].

SERCE

Badania wykazują, że HTZ może realnie zmniejszać ryzyko chorób serca, jeśli zostanie wdrożona przed ukończeniem 60. roku życia albo w ciągu dziesięciu lat od menopauzy[12]. Choroba wieńcowa rocznie zabija w Wielkiej Brytanii ponad dwukrotnie więcej kobiet niż rak piersi i jest największym zabójcą kobiet na świecie[13].

---

[10] *Osteoporosis*, Australasian Menopause Society, 2018, www.menopause.org.au/hp/information-sheets/osteoporosis
[11] Tamże.
[12] *Menopause: Diagnosis and Management*, National Institute for Health and Care Excellence, 2015, www.nice.org.uk/guidance/ng23
[13] *Women and heart attacs*, British Heart Foundation, www.bhf.org.uk/informationsupport/conditions/heart-attack/women-and-heart-attacks

METABOLIZM

Istnieją dowody na to, że estrogeny powodują równomierne rozkładanie się tłuszczu, co jest zdrowsze niż odkładanie go wyłącznie wokół tułowia. Mogą także mieć korzystny wpływ na metabolizm cholesterolu[14] i cukru[15].

SKÓRA

Estrogeny ułatwiają utrzymanie struktury kolagenu, odpowiedniego poziomu nawodnienia, elastyczności i zwartości skóry. Wykazano, że hormonalna terapia zastępcza zwiększa nawodnienie naskórka, elastyczność skóry i jej grubość[16], a także redukuje zmarszczki[17]. Co więcej, poprawia ilość i jakość kolagenu i unaczynienie skóry[18].

MÓZG

Obecnie wpływ HTZ na ryzyko demencji nie jest całkowicie jasny – istnieją badania, według których u kobiet korzystających z terapii jest ono obniżone, podczas gdy inne badania wskazują na coś przeciwnego.

Badania z 2021 roku, w których w ciągu 30 lat uczestniczyło 600 000 kobiet, wskazują jednak na to, że z HTZ nie jest związane **podwyższone** ryzyko wystąpienia demencji[19].

Amerykańskie badania z 2022 roku donoszą, że przyjmowanie HTZ przez sześć lub więcej lat obniża ryzyko choroby Alzheimera i demencji oraz wielu innych schorzeń neurologicznych. W istocie u kobiet, które przechodziły hormonalną terapię menopauzy przez sześć lub więcej lat, ryzyko wystąpienia alzheimera jest o 79 procent niższe, a ryzyko innej choroby neuro-degeneracyjnej o 77 procent niższe[20].

Bez wątpienia potrzebne są dalsze intensywne badania w tej dziedzinie.

[14] M.A. Denke, *Effects of continuous combined hormone-replacement therapy on lipid levels in hypercholesterolemic postmenopausal women*, 1995.

[15] M.A. Espeland, P.E. Hogan, S.E. Fineberg, G. Howard, H. Schrott, M.A. Waclawiw, T.L. Bush, *Effect of postmenopausal hormone therapy on glucose and insulin concentrations*, PEPI Investigators, Diabetes Care, 1995.

[16] Sator et al., *The influence of hormone replacement therapy on skin ageing*, University of Vienna, Austria 2001.

[17] Philips et al., *Hormonal effects on skin ageing*, Clinics in Generic Medicine, 2001.

[18] Brincat et al., *Skin collagen changes in post-menopausal women receiving different regimes of estrogen therapy*, Obstetrics & Gynecology, 1987.

[19] V. Vinogradova et al., *Use of menopausal hormone therapy and risk of dementia: nested case-control studies using QResearch and CPRD databases*, „British Medical Journal" 2021, doi.org/10.1136/bmj.n2182.

[20] Yu Jin Kim, Maira Soto et al., *Association between menopausal hormone therapy and risk of neurodegenerative diseases*, Center for Innovation in Brain Science, University of Arizona, Tucson 2022.

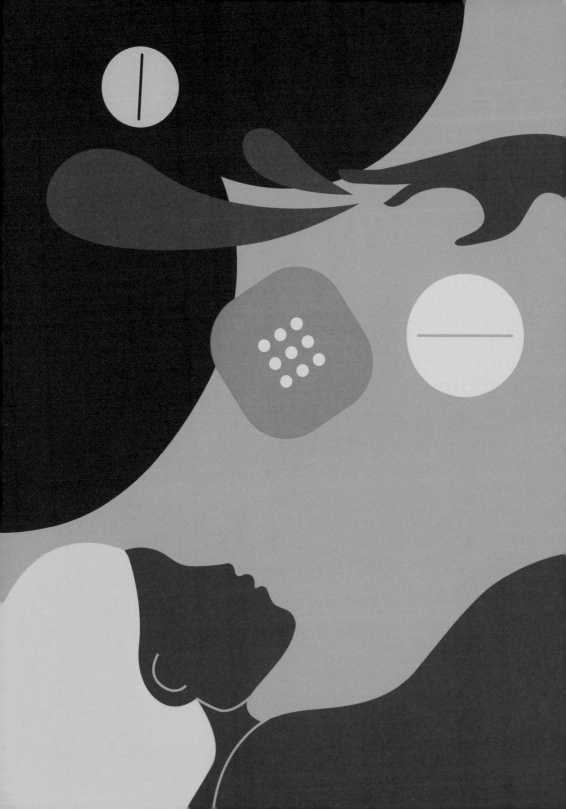

ROZDZIAŁ 6

HTZ – OBALAMY MITY

W życiu staram się być możliwie prostolinijna i uczciwa. Jestem bardzo szczera w uczuciach. Nie jestem typem osoby zapiętej na ostatni guzik. Mogę cię ściskać tak długo, aż poczujesz się nieswojo, choć spotkałam cię tylko raz. Zagadam do każdego małego dziecka na ulicy. I do każdego, kto minie mnie, idąc z psem – zapytam, ile pies ma lat i tak dalej. Jestem osobą bardzo społeczną i dosłownie otworzę duszę przed każdym, kogo spotkam w damskiej toalecie nocnego klubu. Jestem bardzo otwarta.

Jest jednak jedna dziwna rzecz. Gdy rozpoczęłam terapię hormonalną, czułam się tym maksymalnie zawstydzona! Trudno zgadnąć, dlaczego nie potrafiłam powiedzieć o tym przyjaciołom. Sądzę, że to było tak: zrobiłam się stara, czułam się wykończona, było mi wstyd, że nie umiem znosić tego z uśmiechem, choć jestem taka silna – trzy razy rodziłam w domu, dałam radę ukończyć ten szalony wyścig Sport Relief, ale perimenopauza sprowadziła mnie do parteru. A teraz „biorę prochy", by czuć się lepiej.

Tak to odbierałam. Miałam przyjaciół, którzy zdawali się wieść bardzo szczęśliwe życie, radzili sobie ze wszystkim, byli niesamowicie zdolni. Po prostu czułam, że nie mogę z nimi o tym rozmawiać.

Naprawdę sądziłam, że ludzie mogą uważać, iż moja decyzja o rozpoczęciu HTZ w jakiś sposób wynika z próżności – że chcę wydawać się młodsza, wyglądać na młodszą albo czuć się młodsza; że to, co robię, jest w pewnym sensie nienaturalne.

A ja byłam do tego momentu maksymalnie nastawiona na naturalność: poród bez znieczulenia, naturalny styl życia, ćwiczenia. Odżywiałam się zdrowo. Odbierałam HTZ jako coś negującego wszystkie moje dotychczasowe wybory dotyczące zdrowego trybu życia.

To interesujące, jak zmieniło się moje postrzeganie własnych hormonów w ciągu ostatnich lat. Coś pomogło mi przeformułować sposób, w jaki na nie patrzę – i tym czymś była hormonalna terapia zastępcza. Nie próbuję zmieniać się w supraczłowieka, podnosić ogromnych ciężarów albo dokonywać wielkich wyczynów sportowych. Nie zamierzam zostać nimfomanką (choć to może byłoby całkiem miłe!?). Nie robię tego, by być szczupła, by moja twarz wyglądała młodziej. Robię to, bo mój świat rozpadł się na kawałki, a HTZ mi pomogła.

Teraz jednak – i to jest całkiem inne spojrzenie na sprawę – stosuję terapię ze względów zdrowotnych. Oczywiście ulga po ustąpieniu objawów jest ogromna, ale ja robię to, bo mam wiedzę. To znaczy NAPRAWDĘ mam tę wiedzę. Stałam się ekspertką od menopauzy. Przeczytałam mnóstwo artykułów i prac źródłowych na każdy związany z nią temat – nawet o tym, co mnie nie dotyczy.

Cokolwiek wybierzesz, niech będzie to poparte wiedzą. Tak wiele kobiet – zbyt wiele – jest okradanych z możliwości dokonania takiego wyboru z powodu braku dostępu do wiedzy i wszechobecnej nieufności wobec HTZ.

„Odmówiono mi terapii" – Tina

Weźmy historię Tiny. Przez mniej więcej dwa lata miała nieregularne okresy, aż rok temu, jak to określiła, za „naciśnięciem włącznika", pojawiło się mnóstwo innych objawów.

Gwałtowna utrata włosów, bóle w całym ciele, utrata pamięci/mgła mózgowa, zaburzenia snu, nieustanne bóle głowy, nocne poty, bardzo silne bóle brzucha, niekończące się okresy i zmęczenie.

Rozmawiałam z lekarzem, ale on uważał, że w wieku 49 lat jestem za młoda na to, by przechodzić menopauzę. Ostatecznie zadzwoniłam do lekarza po raz drugi – do tego czasu straciłam połowę włosów – i zażądałam spotkania. Potwierdził, że przechodzę menopauzę, ale odmówiłam przyjmowania HTZ ze względu na ryzyko raka piersi.

Program Daviny zmienił moje poglądy. Gdy zadzwoniłam do lekarza i powiedziałam, że chcę rozpocząć HTZ, początkowo odmówił (to był inny lekarz). Nie zaakceptowałam tego, narzekałam, aż ustąpił i przepisał mi terapię.

Tina mówi, że dwa tygodnie po otrzymaniu plasterków większość objawów się „ulotniła" i dopiero wtedy zdała sobie sprawę, jak bardzo do tej pory cierpiała.

Tina, wielkie dzięki za podzielenie się swoją historią. Ja także dopiero po rozpoczęciu terapii zdałam sobie sprawę, że dokuczało mi o wiele więcej różnych objawów, niż przypuszczałam. Dopiero gdy zaczęłam się lepiej czuć, zrozumiałam, jak było ze mną źle. Więc jeszcze raz dzięki za podzielenie się twoim doświadczeniem. Myślę, że wiele kobiet będzie się identyfikować z twoją historią.

To niesamowite, ile lęku otacza coś, co ma moc całkowitej zmiany życia.

Skąd się wzięły te mity i jaka jest rzeczywistość? Potrzebujemy tej wiedzy TERAZ.

W tym rozdziale chodzi o wyrównanie rachunków. Poruszymy takie tematy jak:

→ Inicjatywa Zdrowia Kobiet (Women's Health Initiative – WHI): jak jedno badanie na dekady uziemiło opiekę nad zdrowiem kobiet.

→ Co dzisiaj nauka mówi o HTZ.

→ Opinie pogromczyni mitów dr Naomi: Czy mogę przyjmować HTZ, jeżeli mam raka piersi? Co mam zrobić, jeżeli w mojej rodzinie występował rak piersi? Mam zakrzepicę żylną – czy mogę stosować HTZ?

→ Co robić, gdy lekarz nie przepisze ci HTZ?

WHI: JAK JEDNO BADANIE NA DEKADY UZIEMIŁO OPIEKĘ NAD ZDROWIEM KOBIET

Przypomnijmy statystykę z początku poprzedniego rozdziału: w Wielkiej Brytanii HTZ przyjmuje tylko 10 procent kobiet spośród tych, które mogłyby z niej skorzystać[1]. Spójrzmy na to stwierdzenie od drugiej strony. To znaczy, że blisko dziewięć na dziesięć kobiet mogłoby otrzymać HTZ, ale jej NIE OTRZYMUJE.

W innych częściach świata nie jest lepiej. Na przykład w pewnym badaniu wykazano, że w Australii HTZ przyjmuje około 13 procent kobiet po menopauzie[2].

To oburzające, że jest tak wiele kobiet, które chcą rozpocząć terapię, ale nie mają do niej dostępu. Dlaczego? Być może przez samą konieczność dokonania wyboru, ale także przez brak wiedzy i brak wsparcia. Choć skrót WHI być może nie jest powszechnie znany, niewątpliwie miałaś okazję zetknąć się z nagłówkami prasowymi, w których występował.

WHI było wielkim badaniem klinicznym, które rozpoczęto w USA w 1993 roku. Jego celem było przyjrzenie się efektom zdrowotnym estrogenowej oraz złożonej HTZ u tysięcy stosujących je kobiet.

W 2002 roku część dotycząca złożonej HTZ została nagle przerwana pod wpływem doniesień o wzroście ryzyka raka piersi, chorób serca, zawałów i zakrzepów wśród 16 000 kobiet biorących złożoną HTZ w ramach tego badania.

Wyniki zostały udostępnione i wywołały burzę medialną na całym świecie, z tytułami na pierwszych stronach gazet. Utrzymywały, że u kobiet stosujących złożoną terapię ryzyko raka piersi wzrasta o 26 procent, a dodatkowo rośnie także ryzyko chorób serca, zawałów i zakrzepów[3].

Skutek opublikowania tych wyników, wzmocniony sposobem, w jaki zostały one przedstawione w mediach, był absolutnie druzgocący.

Mimo że daleko mi było wówczas do perimenopauzy czy menopauzy, mogę sobie dokładnie przypomnieć, jak przerażające były te nagłówki.

---

[1] G.P. Cumming et al., *The need to do better – are we still letting our patients down and at what cost?*, „Post Reproductive Health" 2015, 21(2): 56–62, doi.org/10.1177/2053369115586122.

[2] L.S. Velentzis, E. Banks, F. Sitas, U. Salagame, E.H. Tan, K. Canfell, *Use of menopausal hormone therapy and bioidentical hormone therapy in Australian women 50 to 69 years of age: results from a national, cross-sectional study*, „PLoS One" 2016. doi.org/10.1371/journal.pone.0146494.

[3] *Hormone therapy trials*, Women's Health Initiative, 2019, www.whi.org/about/SitePages/HT.aspx

Wszyscy o nich mówili. Pamiętam, jak pomyślałam: „Boże, HTZ wywołuje raka".

Okładki spowodowały powszechną panikę i nagle kobiety przestały brać te hormony, a lekarze przestali je przepisywać. Pomiędzy latami 2003 a 2007 w samej Wielkiej Brytanii liczba kobiet przyjmujących HTZ spadła z dwóch milionów do miliona[4].

Tytuły „HTZ powoduje raka piersi" czy „HTZ nie jest bezpieczna" przylgnęły do tej terapii i trzymają się jej aż do dzisiaj.

CO BYŁO NIE TAK W TYM BADANIU?

Cały projekt miał mankamenty[5].

1. Badano tylko jedną dawkę i jeden rodzaj kombinowanej oraz jedną dawkę i jeden rodzaj estrogenowej HTZ. Na dodatek estrogen był doustny i starego typu. Progesteron też był starego typu. Jak wiemy z klasy mistrzowskiej dr Naomi z poprzedniego rozdziału, nie ma jednej, idealnej dla wszystkich HTZ. Istnieją wręcz tuziny różnych kombinacji i dawek, dostosowywane do ciebie i twojego stanu zdrowia.

2. Średni wiek kobiet uczestniczących w badaniu wynosił 63 lata – ponad dziesięć lat więcej niż średni wiek menopauzy, który wynosi 51 lat.

Najstarsza ujęta w badaniu kobieta miała 79 lat. A to oznacza, że już z racji wieku badane kobiety miały podwyższone ryzyko wystąpienia raka piersi i dolegliwości sercowo-naczyniowych.

3. Z powodu wczesnego wstrzymania badań wstępne wyniki zostały niepoprawnie zastosowane do wszystkich grup wiekowych, w tym czterdziesto- i pięćdziesięciokilku-letnich kobiet, u których wspomniane ryzyko jest niskie.

4. Większość kobiet biorących udział w badaniu miała nadwagę, a to zwiększa ryzyko chorób serca, raka piersi i innych nowotworów.

5. Znacząca liczba osób odpadła w trakcie badania.

CZEGO MOŻEMY SIĘ NAUCZYĆ NA PRZYKŁADZIE WHI?

WHI było badaniem szeroko zakrojonym i dostarczyło mnóstwo użytecznych informacji. Powtórna analiza danych daje nam dokładniejszy obraz. W grupie wiekowej od 50 do 59 lat nie wystąpiło podwyższone ryzyko śmierci z powodu chorób serca albo raka piersi.

Jednak kontrowersje spowodowane pierwszymi doniesieniami odczuwamy do dziś.

---

[4] Tamże.
[5] *HRT: the history*, Women's Health Concern, 2020, www.womens-health-concern.org/help-and-advice/factsheets/hrt-the-history

CO DZISIAJ WIEMY O REALNYM RYZYKU HTZ I RAKU PIERSI?

Najnowsze badania potwierdzają to, czego już się domyślaliśmy, czyli że estrogenowa HTZ nie zwiększa ryzyka raka piersi. Estrogen z progesteronem identycznym z naturalnym także nie jest wiązany z podwyższonym ryzykiem raka piersi. Estrogen ze sztucznym progesteronem nieznacznie to ryzyko podnosi[6].

U 23 na 1000 kobiet w wieku pomiędzy 50. a 59. rokiem życia w ciągu następnych pięciu lat rozwinie się rak piersi. W przypadku kobiet w tym samym wieku przyjmujących złożoną HTZ z syntetycznym progesteronem będzie to 27 na 1000. Dla porównania rak rozwinie się u 28 na 1000 kobiet w tym samym wieku, jeżeli piją po dwie lub więcej dawek alkoholu dziennie. I najbardziej wymowna statystyka podaje, że 47 na 1000 kobiet w tym samym wieku zachoruje na raka piersi, jeżeli cierpią na nadwagę lub otyłość[7].

Ćwicząc dwie i pół godziny tygodniowo, możesz zredukować ryzyko raka piersi w takim samym stopniu, w jakim złożona HTZ z syntetycznym progesteronem je podwyższa[8].

CZY JEST JAKIEŚ INNE RYZYKO ZWIĄZANE Z HTZ, O KTÓRYM POWINNAM WIEDZIEĆ?

Przy doustnym przyjmowaniu estrogenu istnieje lekko podwyższone ryzyko zakrzepów. Nie ma podwyższonego ryzyka zakrzepów przy przyjmowaniu estrogenu przezskórnie. Ulotki dołączone do HTZ wprowadzają w błąd, ponieważ głoszą, że przezskórna terapia zwiększa to ryzyko, a tak nie jest.

Badania wykazują, że przezskórna HTZ nie zwiększa znacząco ryzyka wystąpienia chorób sercowo--naczyniowych, w tym chorób serca i udarów – jeżeli zaczęłaś ją stosować przed 60. rokiem życia[9].

UWAGA: Choć dołożono wszelkich starań, by przedstawione tu porady były odpowiednie, nie mogą one zastąpić informacji i konsultacji u lekarza.

---

[6] Tamże.
[7] *Breast cancer risk factors*, Women's Health Concern, 2019, www.womens-health-concern.org/help-and-advice/factsheets/breast-cancer-risk-factors
[8] *HRT: the history…*, dz. cyt.
[9] *Menopause: diagnosis and management*, NICE, 2015, www.nice.org.uk/guidance/ng23

Kiedy można stosować przezskórną HTZ?

MIESIĄCZKOWANIE

BRAK MIESIĄCZEK

WIEK PONIŻEJ 45 LAT

WIEK POWYŻEJ 55 LAT

NADWAGA

WYSOKIE CIŚNIENIE KRWI

ZATORY PRZEBYTE W PRZESZŁOŚCI

RAK PIERSI W RODZINIE

INNE RODZAJE RAKA W HISTORII MEDYCZNEJ

CZASAMI NAWET RAK PIERSI

DR NAOMI:
ZWALCZAMY MITY O HTZ

Jeżeli wciąż masz wątpliwości dotyczące HTZ i jej złej prasy, jest tu dr Naomi, która odpowie na wszystkie palące pytania i rozprawi się z większością popularnych mitów.

CZY HTZ PO PROSTU NIE ODWLEKA NIEUNIKNIONEGO?

Nie. HTZ zastępuje hormony, których ilość podnosi się i spada, dzięki czemu hamuje objawy menopauzy. Jeżeli z jakichś powodów zdecydowałaś się porzucić terapię, rób to stopniowo, by zredukować objawy albo zapobiec ich nawrotowi.

CZY MOGĘ PRZYJMOWAĆ HTZ, JEŻELI MIEWAM MIGRENY?

Tak, ale sugerowałabym pewną ostrożność, jeśli chodzi o dawkę i sposób podawania.

Migreny mogą się zaostrzać w okresie perimenopauzy i menopauzy z powodu wahań poziomu hormonów, dobrym pomysłem będzie więc ostrożne rozpoczęcie terapii od małych dawek, by sprawdzić, co się będzie działo

i odpowiednio je dostosować. Poza tym lepiej, by hormon był podawany ciągle, a nie cyklicznie – w tym przypadku preferowana będzie wkładka Mirena.

Jeżeli cierpisz na migreny z aurą (to rodzaj tej dolegliwości, przy którym otrzymujesz sygnały ostrzegawcze, że nadchodzi migrena, na przykład efekty wizualne), to masz nieco podwyższone ryzyko zatorów, lepiej więc przyjmuj estrogen przezskórnie.

Kobiety, które cierpią na migreny z aurą, nie powinny też stosować pigułek antykoncepcyjnych – dlatego że w pigułkach znajduje się inny rodzaj estrogenu i zazwyczaj w wyższych dawkach.

MAM WYSOKIE CIŚNIENIE KRWI. CZY MOGĘ PRZYJMOWAĆ HTZ?

Krótka odpowiedź brzmi „tak", ale pod pewnymi warunkami. Wysokie ciśnienie krwi nie jest wskazaniem do całkowitego odrzucenia HTZ. Terapia może chronić serce i naczynia krwionośne przed powstawaniem złogów i dzięki niej naczynia mogą pozostawać miękkie i elastyczne. Jeżeli masz objawy perimenopauzy albo dopiero niedawno weszłaś w okres menopauzalny, może uregulować ciśnienie krwi, ale jeżeli jesteś dziesięć lat po menopauzie albo blisko ci do 70. roku życia lub go przekroczyłaś, HTZ może nie być dla ciebie odpowiednia. Ważne jednak, by pamiętać, że każda sytuacja jest inna, wszystko zależy więc od twojego wieku i zagrożenia chorobami sercowo-naczyniowymi.

Lekarz powinien podchodzić do twojej sytuacji całościowo – starać się leczyć wysokie ciśnienie i objawy menopauzy. Jeżeli masz bardzo wysokie ciśnienie, powinien zwrócić na nie szczególną uwagę i starać się je obniżyć, ale w większości przypadków ja rozpoczęłabym HTZ równocześnie z leczeniem nadciśnienia.

MAM ZAKRZEPY W SWOJEJ HISTORII MEDYCZNEJ. CZY HTZ JEST CAŁKOWICIE POZA MOIM ZASIĘGIEM?

To mit, że kobiety, które miały zakrzepy, nie mogą stosować HTZ.

Tak, doustny estrogen lekko podwyższa ryzyko zakrzepów, jeżeli więc je miałaś, to zdecydowanie nie powinnaś przyjmować tabletek. Przezskórne albo miejscowe podawanie estrogenu – w celu leczenia suchości pochwy – nie niesie takiego samego ryzyka.

To samo dotyczy progesteronu identycznego z naturalnym. Nie powoduje on zwiększonego ryzyka zakrzepów i jest bezpieczny.

Gdy pacjentka ma w historii medycznej zakrzepy, zawsze dogłębnie przyglądam się jej przypadkowi. Czy zakrzep był skutkiem długiego lotu samolotem, czy istnieje jakiś problem z krzepliwością krwi?

Generalna zasada jest taka, że jeżeli nie musiałaś przyjmować antykoagulantów, możesz stosować przezskórny estrogen i progesteron identyczny z naturalnym.

W przypadkach takich jak ten często pozostajemy w kontakcie z hematologami. Czasami okazuje się, że pacjentka nie miała podawanych antykoagulantów, a powinna mieć, albo na odwrót. Jak długo jednak jest poddawana prawidłowemu leczeniu problemów z krzepliwością, podanie przezskórnej HTZ nie powinno zwiększyć niebezpieczeństwa zakrzepów.

A CO, JEŻELI PALĘ?

Lekarz powinien ci przepisać terapię przezskórną – plastry, żele, aerozole – gdyż one nie zwiększają ryzyka zakrzepów.

Możesz wykorzystać tę okazję do rzucenia palenia. Nie tylko jest ono okropne dla twojego ogólnego zdrowia, ale dodatkowo nasila uderzenia gorąca i powoduje, że trwają one dłużej[10].

ALBO LUBIĘ SOBIE WYPIĆ KIELISZEK WINA...?

Zasadniczo objawy perimenopauzy i menopauzy oraz alkohol nie pasują do siebie. Alkohol może między innymi zaostrzać uderzenia gorąca, pogarszać jakość snu i powodować jeszcze większe nasilenie lęków, a kac może spowodować ogromną ochotę na cukier. Jeżeli przyjmując HTZ, wciąż pijesz alkohol, to może nadszedł czas, by ocenić, czy rzeczywiście pijesz z umiarem.

HTZ I RAK W RODZINIE ALBO W TWOJEJ HISTORII MEDYCZNEJ

Kobiety z rakiem w historii medycznej – zwłaszcza piersi albo ginekologicznym – mogą się czuć pomijane, jeżeli chodzi o leczenie objawów menopauzy.

Bardzo często kobiety takie słyszą, że absolutnie nie mogą stosować HTZ. To nie zawsze jest prawda, a to znaczy, że niektóre kobiety z ciężkimi objawami, które mogłyby skorzystać z terapii, są pozostawiane same sobie.

Jeżeli miałaś raka, sugeruję, byś spotkała się ze specjalistą w celu omówienia dostępnych dla ciebie możliwości. Dyskusja o twojej sytuacji oraz oszacowanie ryzyka i korzyści ma ogromne znaczenie. Chodzi o znalezienie w tym konkretnym przypadku właściwej drogi.

Warto też pamiętać, że dla kobiet, które nie mogą stosować HTZ, istnieją alternatywy (mowa o nich w rozdziale 11), które mogą złagodzić takie objawy jak uderzenia gorąca, suchość pochwy i problemy urologiczne. Pomóc może także odpowiednie dostosowanie trybu życia do nowych warunków.

CZY MOGĘ PRZYJMOWAĆ HTZ, JEŻELI MIAŁAM RAKA PIERSI?

Nie wszystkie przypadki raka piersi są takie same. Komórki niektórych mają receptory hormonów, co oznacza, że guz może rosnąć pod ich wpływem. W około 75 procentach przypadków rak piersi ma receptory dla estrogenów (tzw. receptory estrogenowe dodatnie – ER+)[11]. Oficjalnie HTZ jest zawsze przeciwwskazana w przypadku kobiet z rakiem piersi w historii medycznej.

---

[10] L. Gallicchio et al., *Cigarette smoking, estrogen levels, and hot flushes in midlife women*, „Maturitas" 2006, 53(2): 133–143, doi.org/10.1016/j.maturitas.2005.03.007.
[11] *Tests on Your Breast Cancer Cells*, Cancer Research UK, 2020, https://www.cancerresearchuk.org/about-cancer/getting-diagnosed/tests-diagnose/hormone-receptor-testing-breast-cancer

Czasami jednak, jeżeli to było bardzo dawno temu albo występował on miejscowo, terapia może być dopuszczalna – pod ścisłą kontrolą specjalisty. Kluczowe jest w tym wypadku przyjrzenie się historii medycznej pacjentki i rozważenie wszystkich za i przeciw.

Jeżeli rak nie był hormonozależny, stosowanie HTZ pod kontrolą specjalisty może być względnie bezpieczne.

CO W PRZYPADKU RAKA PIERSI W RODZINIE?

Kobiety, u których występował rak piersi w rodzinie, często słyszą, że nie mogą stosować HTZ, co nie zawsze jest prawdą. Jeżeli rak piersi występował w bliskiej rodzinie (na przykład u matki lub siostry zdiagnozowano go przed 40. rokiem życia), prawdopodobieństwo jego wystąpienia jest większe, ale nie uważa się, by HTZ podwyższała to ryzyko jeszcze bardziej. Jak poprzednio, sugeruję rozmowę ze specjalistą przed podjęciem decyzji o rozpoczęciu terapii. Co więcej, jeżeli niepokoi cię historia raka piersi w twojej rodzinie, możesz poprosić lekarza o skierowanie do specjalistycznej poradni rodzinnej albo lokalnego centrum genetycznego, gdzie otrzymasz bardziej szczegółowe informacje.

RAK SZYJKI MACICY, SROMU I POCHWY

Jeżeli miałaś raka tego rodzaju, to zazwyczaj HTZ jest dla ciebie bezpieczna. Są pewne wyjątki, ale oczywiście najpierw porozmawiaj ze specjalistą.

RAK TRZONU MACICY (ENDOMETRIUM)

W przypadku kobiet z wczesnym stadium raka trzonu macicy endometrium (raka błony śluzowej trzonu macicy) – stadium 1 i 2, istnieje badanie, które sugeruje, że HTZ nie powoduje zwiększenia ryzyka wznowy[12]. Ponieważ jak dotąd nie ma jednoznacznych danych dla bardziej zaawansowanego raka endometrium, specjaliści są ostrożni z przepisywaniem HTZ.

RAK JAJNIKA

Kwestia z rakiem jajnika jest bardziej skomplikowana i zależy od rodzaju raka, ponieważ niektóre z nich mają receptory hormonów. Zdecydowanie musisz przedyskutować twoje własne korzyści i ryzyko ze specjalistą.

---

[12] K.A. Edey et al., *Hormone replacement therapy for women previously treated for endometrial cancer*, „The Cochrane Database of Systematic Reviews" 2018, 5(5), doi.org/10.1002/14651858.CD008830.pub3.

CHCESZ ROZMAWIAĆ O HTZ?
OTO PRZEWODNIK DO DYSKUSJI
Z LEKARZEM

Lekarze pierwszego kontaktu specjalizują się w medycynie ogólnej. To oddani i znający się na rzeczy specjaliści, którzy wykonują bardzo ważną pracę i chcą jak najlepiej dla swoich pacjentów. Słyszę jednak od moich własnych pacjentek, kobiet na różnych portalach społecznościowych i oczywiście tych, które podzieliły się swoimi doświadczeniami na kartach tej książki, że otrzymanie recepty na HTZ za pośrednictwem lokalnej placówki ochrony zdrowia nie zawsze jest łatwe.

Są różne przyczyny tego stanu rzeczy. Pierwszą są braki w wykształceniu: w 2021 roku okazało się, że 44 procent spośród 33 brytyjskich szkół medycznych nie miało w programie obowiązkowego kursu dotyczącego menopauzy[13].

W programie nauczania o menopauzie, zarówno jeśli chodzi o kształcenie lekarzy ogólnych, jak i ginekologów, występują poważne braki.

Następną przyczyną jest zbyt mało czasu. Lekarz pierwszego kontaktu bada tuziny pacjentów dziennie i ma niewiele czasu na postawienie diagnozy.

Badanie WHI do dziś rzuca cień na to, czy HTZ jest korzystna dla pacjentek. Dawne nagłówki o ryzyku raka piersi nadal powodują, że lekarze pierwszego kontaktu nie chcą przepisywać terapii, która, jak sądzą, może być szkodliwa dla ich pacjentek, nawet jeżeli współczesne badania dowodzą, że naprawdę tak nie jest.

---

[13] *Menopause support survey reveals shocking disparity in menopause training in medical schools*, Menopause Support, 2021, www.menopausesupport.co.uk/?p=14434

„Żyję nadzieją, że osoba, którą byłam, powróci" – Michelle

U Michelle po urodzeniu syna wystąpił zakrzep. Od tego czasu mówiono jej, że HTZ nie jest dla niej. Gdy jednak dopadła ją menopauza, nie ustawała w poszukiwaniu pomocy, by bezpiecznie opanować jej objawy.

W 2000 roku urodziłam syna i kilka dni później zdiagnozowano u mnie zakrzep. Byłam na antykoagulantach przez około sześć miesięcy, ale ostatecznie wyzdrowiałam. Mówiono mi wtedy, że ze względu na ten zakrzep HTZ już nigdy nie będzie dla mnie dostępna. Przełknęłam tę szczątkową informację, po czym o niej zapomniałam.

W 2017 roku nastąpiła u mnie poważna zmiana samopoczucia – i to wcale nie na lepsze. Poszłam do lekarza i zapytałam, czy mógłby mi przepisać HTZ. Usłyszałam jednoznaczną odpowiedź, że w moim przypadku ryzyko jest o wiele za wysokie – dlaczego miałabym ryzykować? „Wiele osób ma menopauzę i radzi sobie z nią samodzielnie" – powiedziała pani doktor. Stwierdziła, że powinnam rozważyć niewielką niedogodność w postaci uderzeń gorąca i innych objawów, zestawiając je z ryzykiem, które niesie dla mnie terapia hormonalna. Powiedziała, że menopauza nie będzie trwała wiecznie!

Poczułam się, jakbym prosiła o nie wiadomo co. I ogólnie raczej żałośnie.

Wyszłam z myślą, że muszę to po prostu zaakceptować i przejść przez to jak inne kobiety. Zredukowałam kawę i alkohol do jednego razu w tygodniu, więcej ćwiczyłam, brałam suplementy i radziłam sobie, jak tylko mogłam. Miałam koszmarną mgłę mózgową i czułam się jak opętana. Ledwie funkcjonując na minimalnej dawce snu, nie mogłam znieść głosu mojego męża, nie mówiąc już o intymności, trzymałam go więc na dystans. Nie zrozumiał. Stałam się przedmiotem żartów z powodu zapominania i uderzeń gorąca. Czułam się przygnębiona, zdesperowana i ogólnie beznadziejna.

W 2019 roku poszłam ponownie do przychodni i przypadkowo spotkałam mojego dawnego ulubionego lekarza. Powiedziałam mu, że sobie nie radzę i właściwie się załamałam. Napisał do mojego specjalisty ze szpitala, który potwierdził, że mogłabym wypróbować HTZ w plastrach, jeżeli tego potrzebuję. Wciąż byłam sceptyczna ze względu na ryzyko. Poświęciłam trochę czasu, by dowiedzieć się, jak to będzie. Po obejrzeniu filmu (Daviny) zadałam sobie pytanie: dlaczego się boję? Specjalista powiedział, że mogę przyjmować HTZ. Wysłuchawszy informacji naukowych i statystycznych, postanowiłam skontaktować się z moim lekarzem i przyjąć jego propozycję.

Od kilku miesięcy jestem na terapii na bardzo małych dawkach. Nie wiadomo, czy to wystarczy, ale już czuję się lepiej. Mgła mózgowa zaczęła się rozrzedzać, zaczęłam też lepiej sypiać. Mam nadzieję, że osoba, którą byłam, wkrótce powróci. Uważaj, mężu!

Dziękuję za twoją historię, Michelle. Trzeba mówić o kwestii zakrzepów i o osobach, które ich doświadczyły. Bardzo ci dziękuję, że się tym z nami podzieliłaś.

„Jestem lekarzem pierwszego kontaktu i wciąż mam problemy z otrzymaniem HTZ w ramach ubezpieczenia" – Paula

To wiele mówi o naszej rzeczywistości – Paula, która sama jest lekarzem, ma problemy z uzyskaniem HTZ dla siebie samej. Oto jej historia:

Otrzymałam dyplom lekarski w 2005 roku, a około 2009 przeszłam zakrzepicę. Zawsze miałam ciężkie, bolesne miesiączki. Około pięciu lat temu zauważyłam, że coś się zmieniło. Poszłam do mojej przychodni i zapytałam, czy zmiany mogą być wywołane przez estrogen i co najmniej dwa razy zostałam odesłana, w tym przez specjalistkę.

W końcu otrzymałam dostęp do HTZ prywatnie. Wciąż mam problem z jej *dostępnością w ramach ubezpieczenia. Jeżeli nie mogę z niej skorzystać, będąc lekarzem, to nie chcę nawet myśleć, jak sobie z tym radzą inne kobiety.*

Jedna rzecz, z której jestem zadowolona, to to, że jako lekarz pierwszego kontaktu mogłam poradzić przyjaciółkom, jak otrzymać HTZ – dzięki temu ich lekarze przepisali im terapię, a one mogły skorzystać z jej dobrodziejstw.

Paula, dziękuję za twoją historię. To interesujące, jak wygląda sytuacja od strony lekarza pierwszego kontaktu.

„Od lat znoszę uderzenia gorąca i nocne poty" – Lesley

Lesley podzieliła się absolutnie szokującym doświadczeniem ze swoim lekarzem. Rezultat? Musiała poczekać, aż lekarz pójdzie na urlop i dopiero wtedy przepisano jej to, czego potrzebowała.

Uderzenia gorąca pojawiły się u mnie w wieku 50 lat wraz ze wszystkimi innymi objawami menopauzy. Ostatecznie nocne poty zmusiły mnie do pójścia do mojego lekarza. Narysował wizerunek mojej głowy z kilkoma małymi kropkami i powiedział: „Tu jest twój problem" – jakbym to wszystko sobie wymyśliła!

Znosiłam uderzenia gorąca i nocne poty przez pięć lat, próbując wszystkich możliwych naturalnych terapii. Żadna z nich nie pomogła. Poszłam z powrotem do przychodni i zapytałam recepcjonistkę, czy mogę pójść do innego lekarza. Ostatecznie udało mi się zapisać do kogoś innego, gdy mój lekarz był na urlopie, i dopiero ta druga pani doktor przepisała mi HTZ.

Lesley, twoja historia doprowadza mnie do furii. Nie mogę uwierzyć, że męczyłaś się przez pięć lat. Cieszę się, że wreszcie korzystasz z terapii i już dobrze sypiasz, ale to, co opisujesz, nigdy nie powinno się wydarzyć.

To są kwestie, w których musisz naciskać, nawet jeżeli to nie leży w twojej naturze.

Nigdy nie obawiaj się zapytać lekarza: „Dlaczego?". Na czym opiera swoją decyzję? Czy zgadza się ona z wytycznymi Narodowego Instytutu Zdrowia i Opieki (National Institute for Health and Care Excellence – NICE)[14]? Czy wzięto pod uwagę twoją sytuację, twoje objawy i twoje życzenia? Czy mógłbyś skonsultować swoją decyzję z innym lekarzem?

Jeżeli nie jesteś zadowolona, zdecydowanie masz prawo szukać innej opinii. Może to być spotkanie z innym lekarzem albo wymuszenie skierowania do przychodni specjalizującej się w leczeniu objawów menopauzy. Ostatecznie możesz zmienić lekarza lub udać się do specjalisty od menopauzy prywatnie.

---

[14] National Institute for Health and Care Excellence (Narodowy Instytut Zdrowia i Opieki) to instytucja publiczna działająca w ramach brytyjskiego ministerstwa zdrowia, która zajmuje się m.in. publikowaniem wytycznych dotyczących używania nowych leków czy technologii, a także promocją zdrowego trybu życia. W Polsce nie ma aktualnych wytycznych dotyczących terapii hormonalnej – opieramy się na rekomendacjach światowych towarzystw naukowych [przyp. kons.].

Jeżeli pierwszy raz odwiedzasz lekarza pierwszego kontaktu[15] w sprawie objawów menopauzy, a zwłaszcza jeżeli chciałabyś spróbować HTZ – poniżej znajdziesz kilka porad, co zrobić, by sytuacja obróciła się na twoją korzyść.

→ Zrób listę objawów, z najbardziej męczącymi na górze.

→ Umawiając wizytę, poproś o rekomendację. Recepcjonistka może polecić ci kogoś odpowiedniego do rozmów o perimenopauzie czy menopauzie.

→ Lekarz pierwszego kontaktu – o specjalności ogólnej – to dobry wybór na początek, gdyż zwykle jest na bieżąco z najnowszymi kursami oraz chętnie się dokształca.

→ Wydrukuj sobie zalecenia NICE dotyczące menopauzy (www.nice. org.uk/guidance/ng23 albo z mojej strony www.menopausecare.co.uk). Powstały one w 2015 roku dla lekarzy specjalistów mających do czynienia z pacjentkami z menopauzą i obejmują objawy, diagnozę oraz leczenie. Rekomendują HTZ jako pierwszą linię leczenia objawów.

→ Spotkanie z lekarzem może być wyczerpujące emocjonalnie, weź więc ze sobą przyjaciółkę albo krewną, która będzie mogła cię wspierać, zadawać pytania i robić notatki.

→ Jeżeli wśród twoich objawów są lęki i depresja, podkreśl, że nigdy przedtem ich nie miałaś. Sporządź listę swoich objawów.

→ Jeżeli zaoferowano ci jakieś byle co, pokaż wytyczne NICE.

→ Estrogen: najlepiej zrób wcześniej rozeznanie i zadecyduj, jakiego produktu z estrogenem chciałabyś spróbować.

→ Progesteron: pomyśl, jakiego produktu chciałabyś używać. Wkładka Mirena? Progesteron identyczny z naturalnym?

→ Jeżeli twoje objawy dotyczą pochwy albo układu moczowego, pamiętaj, że dodatkowo możesz użyć estrogenu miejscowo, jeżeli ten przyjmowany z HTZ nie wystarcza albo objawy są bardzo silne.

---

[15] W Polsce lekarze rodzinni nie prowadzą terapii hormonalnej, jest to w kompetencjach ginekologów, a szczególnie ginekologów-endokrynologów. W ramach NFZ do ginekologa nie jest potrzebne skierowanie [przyp. kons.].

ROZDZIAŁ 7

DOKTORZE, DOKTORZE... JA NIE MAM DEPRESJI. JA MAM MENOPAUZĘ

Jednej na cztery kobiety na objawy menopauzy przepisano antydepresanty[1].

Podczas wieczorów spędzonych na Twitterze na rozmowach z kobietami w okresie perimenopauzy, menopauzy i postmenopauzy, każdej nocy przewijał się ten sam problem – depresja.

Gdy spoglądam wstecz na własne doświadczenia w tej dziedzinie, dochodzę do wniosku, że ja chyba też byłam w lekkiej depresji, tylko że wówczas nie odbierałam tego w ten sposób. Nie miałam wiedzy na ten temat i nie widziałam powodu tego stanu. Po prostu sądziłam, że jestem lekko „zdołowana" albo „trochę nieobecna".

Francuzi mówią o tym *malaise* – to taki smutek, który skrada się bardzo, bardzo powoli i nagle... już jest i siedzi ci na karku. Smutne jest to, że wiele kobiet po prostu akceptuje to uczucie, myśląc: „Och, to po prostu mój wiek" – i godzą się z tym.

To trochę jak z pobolewaniem, które pojawia się z powodu starzenia się, o którym myślimy: „Cóż, sądzę, że powinnam się do tego przyzwyczaić, w miarę jak posuwam się w latach".

Wybacz, ale nie. Do diabła z tym. Depresja to **nie** jest coś, z czym musimy się pogodzić ze względu na wiek.

Trzeba rozmawiać o tych uczuciach, trzeba wspierać kobiety, które ich doświadczają, i zapewnić im odpowiednią pomoc. Jeżeli tego nie zrobimy, ich życie naprawdę będzie zagrożone.

Czy wiesz, że u kobiet między 45. a 55. rokiem życia jest najwyższy ze wszystkich grup wiekowych odsetek samobójstw?[2] Na każde 100 000 kobiet w tej grupie siedem odbierze sobie życie. To ponad dwukrotnie więcej niż w przypadku grupy od 15 do 19 lat[3]. W grupie od 65 do 69 lat ten udział spada do 3,7 na 100 000 kobiet[4].

To naprawdę zatrważająca statystyka.

Rozmawiałam z nastolatkami, których mamy popełniły samobójstwo, bo przestały dawać sobie radę. To strasznie przygnębiające.

Jest jedna rzecz, której dowiedziałam się z rozmów z kobietami i lekarzami (jest wielu lekarzy i innych specjalistów, którzy podobnie jak ja spędzają wieczory, starając się pomóc online kobietom w okresie menopauzy): jeżeli obniżony nastrój i depresja mają podłoże hormonalne, pierwszą linią działania powinna być HTZ[5].

[1] *Delayed diagnosis and treatment of menopause is wasting NHS appointments and resources*, Newson Health and Education, 2021, www.balance-menopause.com/news/delayed-diagnosis-and-treatment-of-menopause-is-wasting-nhs-appointments-and-resources/
[2] *Suicides in England and Wales: 2020 registrations*, Office for National Statistics, 2021, www.ons.gov.uk/peoplepopulationandcommunity/birthsdeathsandmarriages/death/bulletins/suicidesintheunitedkingdom/2020registrations
[3] Tamże.
[4] Tamże.
[5] *Menopause: diagnosis and management*, NICE, 2015, www.nice.org.uk/guidance/ng23

Mimo to ciągle otrzymuję sygnały, że antydepresanty wciąż są przepisywane kobietom z depresją, lękami czy zmianami nastroju wywołanymi menopauzą.

Przeprowadzone w 2021 roku badanie 5000 kobiet w okresie perimenopauzy i menopauzy wykazało, że jednej na cztery przepisano antydepresanty. Dzieje się tak, mimo że dotyczące menopauzy wytyczne NICE bardzo jasno mówią, iż objawy powinny być leczone przede wszystkim HTZ, a nie antydepresantami.

Niebezpieczeństwo polega na tym, że gdy kobieta z zaburzeniami hormonalnymi otrzymuje środki przeciw depresji i one nie działają, zaczyna być jeszcze bardziej przerażona i zdezorientowana. Wtedy przepisuje się jej coś mocniejszego albo innego i przeważnie to też nie działa. Taka kobieta myśli sobie: „Jeżeli tabletki nie działają, to co się ze mną dzieje?".

Jeżeli tak jak ja urodziłaś się w latach sześćdziesiątych (lub wcześniej), zapewne przypominasz sobie, że wówczas miała miejsce absolutna pandemia przepisywania kobietom valium na lęki, bezsenność albo na ogólny stres związany z nowoczesnym stylem życia. Od późnych lat 60. do początku 80. valium było najczęściej przepisywanym lekiem w Stanach Zjednoczonych[6]. Mówiono o nim „mały pomocnik mamusi".

Ale to z pewnością była menopauza. To były kobiety w okresie perimenopauzy i menopauzy, które cierpiały i szukały pomocy, a zamiast niej otrzymywały tabletkę, dzięki której znikały z życia, chowając się w czymś w rodzaju miękkiego pluszowego koca.

Od dziesięcioleci wciąż stosujemy tabletki na uspokojenie, nie zatrzymując się ani na chwilę, by spojrzeć na pierwotną przyczynę złego samopoczucia.

Każdej nocy – bez wyjątku – trzy czy cztery kobiety opowiadały mi, jak poszły do lekarza, a on przepisał im antydepresanty, choć były pewne, że nie mają depresji. **Wiedziały,** że w sensie klinicznym nie mają depresji. Dlaczego więc wciąż przepisywano im na nią leki?

---

[6] *Valium history and statistics*, American Addiction Centers Drugabuse.com, 2021, www.drugabuse.com/benzodiazepines/valium/history-and-statistics

„Moimi najgorszymi objawami były lęki" – Margaret

Zdrowie psychiczne jest częstym wątkiem przewijającym się w tych historiach. Margaret miała 42 lata, gdy zaczęła się u niej menopauza. Pierwszym objawem był lęk. Opisuje, że była bezustannie zaniepokojona, mimo że nie było niczego, czego mogłaby się obawiać.

Miałam wszystkie objawy, zarówno fizyczne, jak i mentalne, ale lęk był zdecydowanie najgorszym z nich. Byłam u wielu lekarzy, tłumaczyłam im wszystko, ale nikt nie mógł mi pomóc. Moje małżeństwo się rozpadło, musiałam porzucić pracę i właściwie straciłam chęć do życia.

Trzy miesiące temu rozpoczęłam HTZ i moje zdrowie psychiczne znacznie się poprawiło.

Depresja i lęki często – jak napisałam wcześniej w tej książce – są ważnymi sygnałami perimenopauzy – dlatego bardzo ci dziękuję, Margaret, za twoją historię. Dobrze wiedzieć, że czujesz się już lepiej.

„Mój nastrój sięgnął dna" – Gillian

Gillian weszła w menopauzę wywołaną chirurgicznie, gdyż z powodu torbieli usunięto jej jajniki. Mówi, że nie otrzymała wystarczającej informacji o tym, co oznacza wejście w menopauzę. Pozostawiono ją, by sama się o tym przekonała.

Mój nastrój przez większość czasu sięgał dna, a gdy poprosiłam lekarza o pomoc i rozważenie HTZ, on po dziesięciominutowej telefonicznej konsultacji zapisał mi prozac. Czułam, że jestem zdana na siebie, spada na mnie rozpracowywanie wszystkiego samodzielnie, z minimalnym wsparciem.

Dziękuję za twoją historię, Gillian. Naprawdę mam nadzieję, że są kobiety, które przeczytają tę książkę przed wejściem w menopauzę wywołaną operacją. To bardzo ważne, by z wyprzedzeniem poznać realia, które staną się ich udziałem po operacji. Ważne też, by poprosić chirurga albo innego lekarza o rekomendację albo skierowanie po operacji do przychodni lub specjalisty w dziedzinie menopauzy. Bardzo ci dziękuję.

„Dlaczego nas o tym nie uczą, skoro wszystkie tego doświadczymy?" – Gilly

Gdy Gilly zaczęła czuć, że przytłaczają ją zwykłe zadania, takie jak przedłużenie ubezpieczenia samochodu, stwierdziła, że coraz trudniej jej zapamiętać otrzymane informacje, i zaczęła się zastanawiać, czy pobolewanie biodra może mieć coś wspólnego z perimenopauzą – skontaktowała się ze swoim lekarzem.

Najpierw rozmawiałam z miejscową lekarką pierwszego kontaktu przez telefon (COVID-19 uniemożliwiał spotkania twarzą w twarz). Lekarka nie słuchała.

Wtedy już miałam stany lękowe każdego wieczora. Czułam, jakby serce wyrywało mi się z klatki piersiowej. Początkowo sądziłam, że winna jest pandemia, ponieważ jestem osobą bardzo towarzyską i pracuję w teatrze – pandemia bardzo mocno mnie dotknęła.

Lekarz zaoferował mi antydepresanty i zakazał picia kawy. Po tej konsultacji byłam bardzo zła. Odstawiłam kawę, ale nie czułam żadnej różnicy.

Poczytałam o menopauzie i poprosiłam o kolejną konsultacje telefoniczną z innym lekarzem. Był bardzo miły, ale nie chciał mi przepisać HTZ, powołując się na ryzyko raka piersi.

Zasugerował, bym sobie to przemyślała i wtedy, jeżeli będę chciała spróbować terapii, przepisze mi ją – gdy już zrobię własne rozeznanie.

Poczekałam trochę dłużej. To było na tydzień przed programem telewizyjnym Daviny, która akurat robiła live na Instagramie. Byłam tak przejęta, że napisałam do niej tweeta z pytaniem o HTZ. Odpowiedziała, żebym się zgłosiła do lekarza po terapię.

Następnego dnia zadzwoniłam do przychodni i poprosiłam o rozmowę z tym samym lekarzem. Poprosiłam o HTZ z hormonami identycznymi z naturalnymi i tego samego dnia otrzymałam receptę.

Wystarczyło kilka dni, bym zaczęła odczuwać poprawę. Mózg wrócił do życia, czułam się sobą, wróciła moja naturalna iskra, bóle stawów zniknęły w ciągu tygodnia, a po dwóch miesiącach niemal całkowicie ustąpiły palpitacje.

Zapisałam się jako wolontariuszka do Menopause Charity[7], ponieważ jestem przekonana, że kobiety powinny być doinformowane. Dlaczego nie uczą nas o tym, skoro wszystkie tego doświadczymy w naszym życiu?

---

[7] Brytyjska organizacja charytatywna zajmująca się wspomaganiem kobiet w okresie menopauzy [przyp. tłum.].

Gilly, bardzo dziękuję za twoją historię. Tak, stany lękowe objawiają się na bardzo dziwne sposoby, prawda? Całkiem sporo osób twierdzi, że w ogóle nie obawia się takich rzeczy jak prowadzenie samochodu nocą albo wielkie tłumy ludzi czy powrót po ciemku do domu ze sklepu na rogu, aż tu ni stąd, ni zowąd pojawia się lęk. Kładą to na karb wieku - tak się czują ludzie, gdy zaczynają się starzeć. Ale tak naprawdę to nie to - to hormony. Jestem bardzo zadowolona, że oglądałaś mój live na Instagramie i że w jakiś sposób ci pomógł. Fantastycznie, że przystąpiłaś do Menopause Charity, by pomagać. Dobra robota!

. . . .

„Dzieci powiedziały swoim nauczycielom, że «mamusia ciągle płacze»" – Dora

Lockdown i wypadek doprowadziły Dorę do punktu krytycznego.

Lęk uderzył z całą siłą, budząc mnie nocami i doprowadzając do paniki i dygotania. Każdej nocy chodziłam po domu, w moim organizmie wprost buzowała adrenalina. Wiedziałam, że wkrótce wszyscy wstaną i będę musiała stawić czoła wyprawieniu dzieci do szkoły, obowiązkom domowym i poszukiwaniu pracy. Całkowicie straciłam pewność, rozum i zdrowie psychiczne.

Na początku 2021 roku jakoś zdołałam znaleźć nową pracę w handlu, ale wtedy uderzył kolejny lockdown i w ciągu pierwszego tygodnia zamknięto szkoły.

TAK bardzo się męczyłam: płakałam więcej niż kiedykolwiek przedtem, zapominałam słów, przegapiałam spotkania. Dzieci powiedziały swoim nauczycielom, że „mamusia ciągle płacze", szkoła skontaktowała się więc z nami, by zaoferować wsparcie.

Mgła mózgowa uczyniła moją pracę okropną. Byłam szefową sprzedaży i ledwo radziłam sobie z obowiązkami, które wykonywałam od 20 lat. Nie miałam wsparcia, a o każdym błędzie powiadamiano szefostwo. Pracowałam do późnych godzin nocnych. Byłam wykończona. Bezustanne zmęczenie doprowadziło do wypadku samochodowego - dachowałam podczas podróży z dziećmi.

Moi pracodawcy nalegali, bym odrobiła wolne dni, które miałam po wypadku. Ostatecznie odeszłam. Sugerowano, że sobie nie radzę. Mąż uważał, że to wszystko siedzi w mojej głowie i że jestem za młoda na menopauzę. Miałam co prawda dopiero 45 lat, ale moja mama przechodziła menopauzę w wieku 42 lat.

W końcu, po podejrzeniu raka szyjki macicy, odmowie przepisania HTZ i obejrzeniu programu Daviny wymusiłam skierowanie do specjalistycznej przychodni zajmującej się menopauzą.

Muszę przyznać, że w czasie pisania tej książki i czytania wszystkich nadesłanych historii dosłownie szlochałam przy komputerze. Dora, jestem przerażona tym, przez co musiałaś przejść. Sama i bez wsparcia. Mam wielką nadzieję – i chciałabym, byś dała mi znać – że specjaliści w przychodni ci pomogą. Proszę, pozostań ze mną w kontakcie.

„Jestem zwyczajną kobietą w średnim wieku, która chciałaby porozmawiać o menopauzie i zdrowiu psychicznym" – Sally-Anne

Sally-Anne miała problemy ze zdrowiem psychicznym i gdy w wieku kilkunastu lat urodziła pierwsze dziecko, trafiła do szpitala z psychozą poporodową.

Przez kolejne 20 lat, jak mówi, trzymała się względnie dobrze – poza bezsennością przed czterdziestką i syndromem napięcia przedmiesiączkowego, który udało się uśmierzyć za pomocą wkładki Mirena.

Mniej więcej dwa lata temu pojawiły się u niej uderzenia gorąca, ale uważała, że jakoś sobie radzi. Otrzymała HTZ, która poprawiła sen, lecz jej samopoczucie wciąż nie było idealnie.

Mam menopauzę. Dwa lata temu pierwszy raz od 2001 roku zostałam przyjęta do szpitala psychiatrycznego. Zapewniono mi leczenie, terapię – wciąż jestem na terapii hormonalnej. Staram się odpowiednio dopasować moją HTZ.

Już wyzdrowiałam i nawet trzymałam się całkiem nieźle, aż tu znowu trafiłam do szpitala. Nie mam już na to sił!

Jestem Brytyjką, ale obecnie mieszkam w Irlandii. Mimo że w zasadzie nie narzekam na tutejszą opiekę medyczną, mam trudności z przekonaniem psychiatrów o cholernie dla mnie oczywistym związku pomiędzy okresem ciągłych wielkich zmian hormonalnych i potężnymi problemami ze zdrowiem psychicznym.

Chcę uzmysłowić kobietom, jak olbrzymi wpływ na zdrowie psychiczne mogą mieć zmiany hormonalne. Nie jestem kobietą typu „rządziłam całym światem,

a potem mój mózg zamienił się w papkę".
Jestem zwyczajną kobietą w średnim
wieku, która w zeszłym tygodniu
skończyła 50 lat i która chciałaby
porozmawiać o menopauzie i zdrowiu
psychicznym.

Sally-Anne, bardzo dziękuję za twoją
historię. Dla ciebie jako pacjentki, która
tak bardzo cierpi z powodu zdrowia
psychicznego i innych dolegliwości,
i dla mnie – czytającej twoje słowa,
wydaje się oczywiste, że potrzebne są
badania wpływu hormonów na zdrowie
psychiczne. Podoba mi się ostatnie
zdanie: „Jestem zwyczajną kobietą
w średnim wieku, która w zeszłym
tygodniu skończyła 50 lat i która
chciałaby porozmawiać o menopauzie
i zdrowiu psychicznym". To o każdej
z nas i wszystkie stoimy za tobą murem.

Poza hormonami jest wiele innych
czynników, które w czasie menopauzy
mogą dokładać swoje trzy grosze
do naszych lęków i depresji. Pierwszy
to zaburzenia snu. Potem lęk przed
nieznanym – to ogarniające uczucie,
że w twoim ciele coś jest nie tak, ale nie
potrafisz dokładnie określić, co to jest.

Zaniki pamięci i mgła mózgowa także
prowadzą do lęków. Mgła mózgowa
powoduje nieznośne uczucie, że coś nie
zostało zrobione, że zapomniałaś
o czymś ważnym albo że po prostu
„jesteś w niedoczasie".

Nie jestem psychologiem ani naukowcem,
ale sądzę, że część mojego obniżonego

nastroju wynika z odczucia, że menopauza
była końcem jakiegoś rozdziału w moim
życiu, oznaczała radykalne zakończenie
czegoś. Czyli mamy tu rodzaj żałoby.

Gdy się zorientowałam, iż mam
menopauzę, było mi smutno, że nie
mogę mieć więcej dzieci. Nie chodziło
o to, że **chciałam** mieć więcej dzieci –
bo nie chciałam. Jednak menopauza
wciąż reprezentowała zamykające się
drzwi jakiejś części mojego życia
i musiało minąć trochę czasu, zanim
się z tym pogodziłam.

Koniec tego rozdziału nie dotyczy po
prostu biologii. Chodzi o twoją kobiecość,
o to, kim jesteś jako osoba. Podczas
menopauzy musisz zrewidować swoje
spojrzenie na siebie jako kobietę. Wiem,
że nie wszystkie kobiety czują to w ten
sposób, ale ja od około 17. roku życia
czułam, że jestem stworzona do tego,
by rodzić dzieci. A z czasem poczułam,
jakby mój cel w życiu w jakiś sposób
się ulotnił.

Ten rozdział jest o poruszaniu tematu
zdrowia psychicznego w kontekście
perimenopauzy i menopauzy.
O terapiach, które pomagają, i tych,
które nie pomagają – jak otrzymać
terapię, która jest ci potrzebna,
i co robić, jeżeli spotkasz się z oporem.

Pamiętaj, jeśli jesteś dobrze
poinformowana, masz moc niezbędną
do podejmowania dobrych decyzji,
które będą dla ciebie korzystne.

DR NAOMI:
DLACZEGO ANTYDEPRESANTY ZWYKLE NIE SĄ WŁAŚCIWĄ ODPOWIEDZIĄ NA PROBLEMY Z SAMOPOCZUCIEM ZWIĄZANYM Z MENOPAUZĄ

Antydepresanty są szeroko stosowane w leczeniu depresji, gdyż mogą być bardzo skuteczne, jednak obniżony nastrój spowodowany zmianami hormonalnymi to zupełnie inna diagnoza.

To prawda, że zakres zmian nastroju podczas perimenopauzy i menopauzy – lęki, depresja, złość, podenerwowanie, skłonność do płaczu – może pokrywać się z objawami depresji. Kluczową różnicą jest to, że podczas menopauzy objawy wywołują hormony.

Spadający poziom estrogenów bezpośrednio wpływa na produkowanie przez mózg związków chemicznych odpowiedzialnych za regulację nastroju.

Antydepresanty zdecydowanie spełniają swoją funkcję, ale w menopauzie sprawdzonym i najbardziej efektywnym środkiem uśmierzającym problemy z nastrojem – u kobiet, które mogą ją przyjmować – jest HTZ.

DLACZEGO WIĘC ANTYDEPRESANTY WCIĄŻ SĄ OFEROWANE KOBIETOM W OKRESIE MENOPAUZY?

To bardzo realny problem będący wynikiem kombinacji braku gruntownego szkolenia lekarzy w zakresie menopauzy i niedostatku czasu. Lekarze pierwszego kontaktu, mając do czynienia z pacjentem z objawami psychicznymi, mogą rutynowo przepisać antydepresanty i niekoniecznie muszą powiązać objawy z menopauzą. Mają niewiele czasu na rozwikłanie potencjalnie bardzo skomplikowanej sieci objawów i menopauza może im po prostu nie przyjść do głowy.

JAK OTRZYMAĆ WŁAŚCIWE LECZENIE PODCZAS PIERWSZEJ WIZYTY

Jak wiemy, wizyty u lekarza są krótkie, musisz więc od razu jasno opisać swoje objawy i to, że twoim zdaniem są one związane z menopauzą – by uniknąć marnowania cennego czasu na poszukiwanie diagnozy.

→ Wypowiedz słowo „perimenopauza" czy „menopauza", by stało się to głównym tematem rozmowy.

→ Opisując objawy, których doświadczasz, wyrażaj się jasno, by lekarz otrzymał tak szczegółowy obraz sytuacji, jak to tylko możliwe. Jeżeli objawy pojawiają się i znikają, pamiętaj, by o tym powiedzieć.

→ Jeżeli masz obniżony nastrój albo lęki, ale uważasz, że nie masz depresji, powiedz to jasno.

→ Określ, jakiej terapii chciałabyś spróbować, na przykład HTZ.

Zaoferowano ci antydepresanty? Oto PIĘĆ kluczowych pytań do lekarza:

DLACZEGO je przepisał?

Czy naprawdę MAM depresję?

W JAKI SPOSÓB ma mi to pomóc?

Czy MOGŁABYM zamiast tego otrzymać HTZ?

Jeżeli nie jesteś zadowolona z otrzymanych odpowiedzi:

Czy MOGĘ zobaczyć się z innym lekarzem?

STRATEGIE RADZENIA SOBIE

Problemy z nastrojem powinny stopniowo ustępować w ciągu czterech dni do trzech miesięcy od rozpoczęcia HTZ. Testosteron potrzebuje do czterech miesięcy, by zadziałać.

TERAPIA POZNAWCZO--BEHAWIORALNA (CBT)

Jest to rodzaj terapii przez rozmowę, która pomaga zidentyfikować i zmienić zbędne schematy myślenia. Jest wykorzystywana w wielu przypadkach problemów ze zdrowiem psychicznym. Jest też terapią rekomendowaną w wytycznych brytyjskiego Narodowego Instytutu Zdrowia i Opieki (NICE) w przypadku zmian nastrojów związanych z menopauzą. Może także pomóc przy uderzeniach gorąca.

Możesz poprosić, by lekarz skierował cię do miejscowego specjalistycznego ośrodka, możesz też pójść do lekarza prywatnie. Zajęcia mogą być prowadzone online, w grupach albo indywidualnie.

Słyszałam o tej terapii fantastyczne rzeczy. Osobiście z niej nie korzystałam, ale podobno rzeczywiście może zdziałać cuda, zwłaszcza u kobiet, które z przyczyn medycznych nie mogą stosować HTZ. CBT powinno więc być na szczycie

twojej listy podczas oczekiwania na zadziałanie HTZ albo w przypadku, gdy nie możesz jej stosować.

UWAŻNOŚĆ

Uważność polega na wytrenowaniu swojego umysłu do blokowania szumów pochodzących z otoczenia i do skupiania się na bieżącej chwili.

Lubię treningi uważności i praktykuję je od czasu do czasu już od dziesięciu lat. Podczas pierwszego covidowego lockdownu w 2020 roku okazały się naprawdę przydatne. Szkoły były zamknięte, praca zawieszona. Obawiałam się, że nawet pójście do supermarketu może nie być bezpieczne. Leżałam nocą i zamartwiałam się o losy świata albo budziłam się nad ranem z żołądkiem zawiązanym na supeł. Nie mogłam znieść oglądania telewizji ani słuchania muzyki, co było o tyle dziwne, że zwykle bardzo to lubię.

Musiałam coś zrobić dla swojego zdrowia psychicznego, wróciłam więc do ćwiczeń uważności. Ściągnęłam aplikację Headspace (www.headspace.com)[8] i z jej pomocą zaczęłam medytować mniej więcej po dziesięć minut dziennie.

---

[8] Warto zajrzeć na którąś ze stron internetowych poświęconych medytacji, np. https://jakmedytowac.pl/jak-medytowac-co-to-jest-medytacja/ [przyp. red.].

To było naprawdę, naprawdę fantastyczne, jak dolanie paliwa do baku. Ponieważ stałam się milsza dla siebie samej i czułam się bardziej obecna, stałam się lepszą mamą i przyjaciółką.

Nie musisz wierzyć mi na słowo. Badania naukowe dowodzą, że ćwiczenie uważności może pomóc na depresję, lęki, bezsenność, a nawet uderzenia gorąca podczas menopauzy[9].

RUSZAJ SIĘ

Tak, to nic dziwnego, że ten punkt umieściłam wysoko na liście rzeczy, które mogą ci pomóc.

Ćwiczenia fizyczne są fantastyczne dla zdrowia psychicznego. Poprawiają sen, pozwalają radzić sobie ze stresem, uspokajają galopujący umysł, dają silne poczucie osiągnięcia celu, są czymś, na czym można się skupić... lista może się ciągnąć i ciągnąć.

Nazywam ćwiczenia treningiem dla ciała **oraz** umysłu. Nawet jeżeli wyjdziesz na dwór na 20 minut czy pół godziny, wyprowadzić psa, siebie albo kogokolwiek – poczujesz trochę świeżego powietrza na twarzy. Wyjdź, czy to deszcz, czy słońce.

To poczucie świeżego powiewu na twarzy i wiatru we włosach, to połączenie z naturą, może być niezwykle uzdrawiające. Nawet jeśli mieszkasz w mieście, także możesz się zbliżyć do natury: popatrz w niebo, poczuj słońce, popatrz na ptaki, posłuchaj dźwięków, wyjdź zobaczyć wschód słońca... poczuj jedność z naturą.

Ćwiczenia powodują także wydzielanie się endorfin – związków chemicznych wywołujących dobre samopoczucie, które wspierają fizyczny i psychiczny dobrostan. W rozdziale 12 znajdziesz naprawdę doskonałe, przyjazne menopauzie ćwiczenia – na początek.

„W czasie lockdownu uratowały mnie spacery" – Paula

Jeżeli nadal nie wierzysz w płynące ze spacerów korzyści dla zdrowia, przeczytaj, proszę, historię Pauli.

W wieku 49 lat do nieregularnych miesiączek dołączyły się u niej uderzenia gorąca. Miała złe samopoczucie,

---

9 C. Wong et al., *Mindfulness-Based Stress Reduction (MBSR) or psychoeducation for reduction menopausal symptoms: a randomised, controlled clinical trial*, „Science Reports" 2018, 8(1), doi.org/10.1038/e41598-018-24945-4.

cierpiała z powodu lęków, niskiej samooceny, paranoi i bezsenności.

Poszłam do lekarza pierwszego kontaktu, gdyż sądziłam, że mam problemy z hormonami tarczycy, jednak gdy się okazało, że badania krwi są w normie, zostałam skierowana na terapię poznawczo-behawioralną (CBT).

Przestałam biegać z powodu bólu kolana i rwy kulszowej. Zaczęłam czuć, że nad niczym nie mam kontroli. Stałam się impulsywna. Życie ze mną było piekłem. W pracy całkowicie straciłam pewność siebie i nie byłam w stanie niczego zapamiętać. A w domu miałam tatę z alzheimerem.

Po prostu sobie nie radziłam i w lutym 2020 roku całkowicie się rozleciałam – kompletnie się pogubiłam. Wyszłam z domu, wsiadłam do samochodu i prowadziłam jak szalona, histerycznie płacząc, gwałtownie oddychając, próbując wymyślić, w jaki sposób mogłabym uciec. Wtedy pojawił się COVID-19, a następnie lockdown. Jak na ironię pierwszy lockdown mnie uratował. Zaczęłam chodzić na długie spacery, które znakomicie wpłynęły na moją psychikę.

Paula, dziękuję za twoją historię – przekonałaś się, w jak wielkim stopniu aktywność fizyczna może pomóc – u mnie było tak samo. Podczas pierwszego lockdownu – i tak naprawdę w styczniu podczas drugiego – było mi bardzo ciężko, ale spacery mnie uratowały. Zapewne zastanawiasz się: **jakie ćwiczenia będę wykonywała, chodząc?** Ależ samo chodzenie już jest ćwiczeniem i możesz się przy nim nieźle zadyszeć, jeżeli tylko włożysz w to trochę wysiłku – mocno machaj rękami i trochę przyspiesz kroku. To dla ciebie bardzo korzystne.

UMÓW SIĘ Z SAMĄ SOBĄ

Zawsze bardzo pomagały mi ćwiczenia fizyczne i uważność. Gdy byłam bardzo zaabsorbowana pracą i generalnie życiem, zajęcia te odeszły na bok i po niedługim czasie zaczęłam odczuwać negatywne skutki tego zaniedbania.

Pomyśl o swoim hobby i ogólnie o tym, co lubisz robić. Co pozwala ci się zrelaksować, powoduje, że dobrze się czujesz? To nie musi być nic wielkiego ani superdrogiego. Wystarczy choćby posłuchanie nowego podkastu czy audiobooka albo pójście na spacer.

Teraz wprowadź taką aktywność do swojego kalendarza, tak jak to robisz z ważnym spotkaniem w pracy, obiadem u rodziców albo urodzinami twojej najlepszej przyjaciółki. Zaplanuj spotkanie z samą sobą i TRZYMAJ SIĘ harmonogramu.

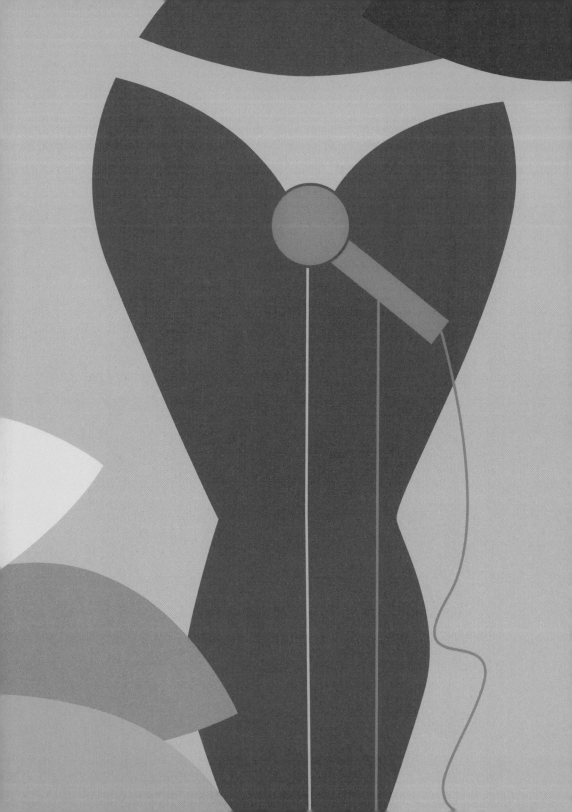

ROZDZIAŁ 8

MONOLOGI SUCHEJ WAGINY

Atrofia pochwy i sromu.

Brzmi, jakby twoja
pochwa już umarła
i dołączyła do tego
jałowego krajobrazu
gdzieś w niebie,
prawda?

W porządku,
nie panikuj.
Mamy na to sposób.
Ponownie otworzymy
twój kram.

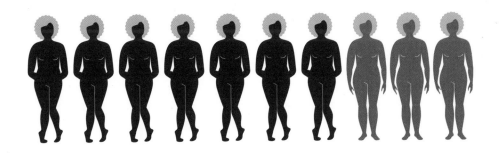

Siedem na dziesięć kobiet po menopauzie cierpi na suchość pochwy.

No dobrze, pomówmy o waginach. Zamierzam mówić o twojej waginie, zamierzam mówić o mojej – a zwłaszcza o suchych waginach. Sucha wagina to coś strasznego. To brzmi okropnie i takie właśnie jest. Gorszy jest tylko medyczny termin „atrofia pochwy i sromu". Tak jakby twoje narządy jakimś cudem zostały unieruchomione w czasie lub jakby **umarły.**

Ale słuchaj, ta przypadłość dotyczy wielu kobiet i nie powinna być powodem do wstydu (choć dla olbrzymiej większości jest). To okropne, ale będziemy o tym mówić, bo istnieje na to prosty i bezpieczny sposób, rozumiesz?

Ten problem pojawia się w okresie perimenopauzy i menopauzy. Wiesz, jak to jest: pojawia się swędzenie, podrażnienie, zaognienie, odczucie ciasności, dyskomfort, złość i wreszcie paskudny ból. Założę się, że są osoby, które krzyżują nogi już od samego czytania, prawda?

Sama krzywię się na wspomnienie, jak bolesna była próba podtarcia się po sikaniu. Zwykle siedziałam na sedesie i myślałam: „Boże, dlaczego mnie boli tam na dole? To jakieś dziwne". Działo się tak, bo moje ciało nie wytwarzało już naturalnej wilgoci, przez co papier toaletowy nie miał się po czym ślizgać – tak jakby się zacinał. I sama sobie sprawiałam ból. Starałam się więc osuszać te miejsca, a nie wycierać.

Widzisz, byłam zawstydzona i zażenowana. Nie miałam ochoty do nikogo z tym iść i nie wiedziałam, że to część objawów perimenopauzy.

Myślałam, że tylko ja mam taki dziwny problem.

Naprawdę uważam, że byłoby to bardzo, bardzo pomocne, gdyby lekarz, rozmawiając z tobą o objawach perimenopauzy, zapytał o suchość pochwy. Jeżeli jesteś lekarzem pierwszego kontaktu, wiedz, że byłoby to super, bo wprawdzie jesteśmy świetne w recytowaniu objawów fizycznych, o których, jak sądzimy, możesz wiedzieć, ale prawdopodobnie pozostawiamy na boku listę problemów z pochwą. Wolałybyśmy, aby to **lekarz** o nie zapytał. My nawet między sobą rozmawiamy o tym niechętnie, a co dopiero ze specjalistą. Więc proszę, pytaj. Gdybym wtedy wiedziała to, co wiem teraz, nie czułabym cienia zażenowania i ani odrobiny wstydu. Ale teraz od lat jestem w okresie perimenopauzy – a może i menopauzy, nie wiem, bo mam założoną wkładkę Mirena – i mówię o tym. Czy powiedziałam o tym komuś wtedy? Nie. A powinnam? Tak. Tylko dlaczego?

Ponad połowa kobiet po menopauzie cierpi na suchość pochwy[1] i mimo że jest to jeden z najczęstszych objawów, jest także jednym z najrzadziej omawianych. Musimy to zmienić, ponieważ może on spowodować, że najprostsze czynności, takie jak ćwiczenie, noszenie spodni czy, uchowaj Boże, siadanie stają się niemal niewykonalne. Bo może uczynić seks czymś strasznym. Bo może sprawić, że nawet sikanie stanie się czymś w rodzaju tortury.

Podczas gdy większość objawów powinna się cofnąć po przejściu menopauzy, ten jeden często trzyma się naprawdę długo. Twoja wagina ma własny system dźwiękowy odtwarzający kawałek *Don't You Forget About Me* (Nie zapominaj o mnie) Simple Mindsów[2], gdy tylko odpinasz suwak w dżinsach i nikt, ale to nikt, nie musi tego słyszeć!

Są też inne objawy towarzyszące, takie jak infekcje układu moczowego, wielokrotne bieganie do toalety w ciągu nocy i to okropne uczucie, że natychmiast musisz do toalety, a potem okazuje się, że to tylko kilka kropelek. Uch, nienawidzę tego!

Czy mówimy o tych objawach? Nie. Dlatego przerywam ten sekretny monolog suchej waginy. W jego miejsce potrzebujemy DIALOGU, by wyciągnąć ten problem na światło dzienne i stawić mu czoła.

Jeżeli te objawy brzmią aż zanadto znajomo, musisz wiedzieć, że nie należy się z nimi godzić, że są sposoby, które pozwalają poradzić sobie z tym problemem skutecznie i na dobre. Estrogen dopochwowy jest tani, skuteczny i nie niesie takiego ryzyka jak systemowa HTZ.

---

[1] *Vaginal dryness*, Women's Health Concern, 2020, www.women-health-concern.org/help-and-advice/factsheets/vaginal-dryness/

[2] Simple Minds – szkocka grupa rockowa [przyp. tłum.].

Trzy superważne rzeczy do zapamiętania:

Nie jesteś jedyna.

Nie dzieje się NIC, czego miałabyś się wstydzić.

Suchość pochwy to nie jest coś, z czym musisz żyć. Jest absolutnie uleczalna. Masz kilka możliwości, które zaraz poznasz.

CZY ODRÓŻNIASZ SROM OD ŁECHTACZKI?

Zanim na czymś utkniemy, lepiej zatrzymajmy się i upewnijmy, że używamy tych samych terminów.

Mnóstwo ludzi, mówiąc „wagina", ma na myśli srom, a to zupełnie różne narządy. Badania przeprowadzone w 2021 roku[3] wykazały, że niemal 40 procent Brytyjczyków źle zaznaczyło na diagramie łechtaczkę, połowa niepoprawnie wskazała wargi sromowe i tylko 18 procent wiedziało, gdzie znajduje się krocze.

Czy to naprawdę takie ważne, jak się co nazywa? Oczywiście, że nie. Nie twierdzę, że wszyscy potrzebujemy doktoratu z budowy genitaliów, jednak znajomość i odpowiednie użycie nazw naprawdę ułatwia opisanie twoich objawów podczas wizyty u lekarza, sprecyzowanie problemu i otrzymanie właściwej terapii.

No więc, bez chichotów, powtarzaj za mną.

Srom (albo wulwa) to ogólny termin określający widoczne narządy płciowe, w tym ujście pochwy, wargi sromowe (mniejsze i większe) oraz łechtaczkę.

Pochwa (albo wagina) to tunel miłości, znajdujący się pomiędzy wargami sromowymi (długi na mniej więcej 8 cm – dla wielbicieli szczegółów).

CO SIĘ DZIEJE Z MOJĄ WAGINĄ?

Estrogeny są odpowiedzialne za utrzymywanie sromu i pochwy w szczęściu, zdrowiu i gotowości do pracy. Dzięki nim tkanki są nawilżone i pulchne, a mięśnie rozciągliwe, elastyczne i silne.

Gdy w okresie perimenopauzy i menopauzy spada poziom estrogenów, te struktury tracą siłę, tkanki stają się cieńsze i bardziej wrażliwe, a mięśnie tracą siłę i rozciągliwość.

Właśnie to powoduje pieczenie i podrażnienia, które odczuwałam, osuszając się po sikaniu. U niektórych kobiet dolegliwości bywają tak intensywne, że ledwo mogą usiąść albo założyć ubranie, które dotyka tych miejsc.

Bardzo wiele kobiet ukrywa swoje problemy z suchością pochwy. Wiem z własnego doświadczenia, że opowiadanie o tym naprawdę nie jest łatwe.

Ale to bardzo ważne, byśmy o tym mówiły.

---

[3] D. El-Hamamsy et al., *Public understanding of female genital anatomy and pelvic organ prolapse (POP), a questionaire-based pilot study*, „International Urogynecology Journal" 2021, doi.org/10.1007/s00192-021-04727-9.

„Nie mogłam już żyć w takim bólu" – Alison

Jedną z tych, które podzieliły się swoją historią, jest sześćdziesięcioletnia Alison. Suchość pochwy wraz z obniżeniem pociągu płciowego, paraliżującymi lękami i atakami paniki nękały ją przez ostatnią dekadę. Wmówiła sobie, że to po prostu zapalenie pęcherza moczowego, ale gdy robiła badania moczu, wyniki najczęściej nic nie wykazywały. Alison zrobiła dalsze rozeznanie i doszła do wniosku, że objawy, z którymi żyje od dziesięciu lat, wskazują na suchość pochwy.

Suchość pochwy była takim koszmarem, że czasami myślałam o odebraniu sobie życia.

W ciągu tych dziesięciu lat doświadczałam takiego bólu i dyskomfortu, że chodzenie, schylanie się, siadanie, a nawet leżenie w łóżku bywało nie do zniesienia.

Wreszcie lekarz zasugerował zrobienie cystoskopii (procedura umożliwiająca zajrzenie do wnętrza pęcherza moczowego za pomocą cienkiego endoskopu i zbadania jego oraz cewki moczowej). Nie znaleziono żadnych nieprawidłowości.

Byłam zdeterminowana, by dotrzeć do sedna mojego problemu. Wtedy, zupełnie przypadkiem, zaczęłam obserwować Liz Earle, która dużo mówiła o swoich doświadczeniach z menopauzą i o tym,

jak chce pomóc innym kobietom przez nią przejść.

Zrozumiałam, że powinnam rozważyć HTZ. Zawsze byłam jej przeciwna, ale w głębi duszy wiedziałam, że nie mogę już żyć w takim bólu. Moja rodzina też cierpiała, wiedząc, że jestem nieszczęśliwa.

W zeszłym roku grzecznie powiedziałam lekarzowi, że chciałabym dostać HTZ. Teraz uważam, że była to jedna z najlepszych decyzji, jakie podjęłam. Trzeba było około sześciu miesięcy, by dolegliwości zaczęły łagodnieć, ale teraz czuję się cudownie. Jakość mojego życia – a więc i życia mojej rodziny – uległa ogromnej poprawie.

O mój Boże, Alison, uwielbiam tę historię. Po pierwsze dlatego, że mówienie o tym jest naprawdę ważne. Po drugie – że wspomniałaś o Liz Earle, która jest niezrównaną wojowniczką menopauzy i zrobiła wiele wspaniałych rzeczy dla kobiet. Podoba mi się to, że mówiąc o **swoich** sprawach, pomogła **tobie,** a teraz **ty,** mówiąc o **swoich,** pomożesz kolejnym osobom. To jest to, co uwielbiam – kobiety wspierające inne kobiety. To fantastyczne. I bardzo się cieszę, że jakość życia twojego i twojej rodziny tak się poprawiła.

**PODRAŻNIENIA, PROBLEMY
Z TAMPONAMI I WYŁADOWANIA
ELEKTRYCZNE (ZARYWANIA,
„STRZYKANIA"):
CHARAKTERYSTYCZNE OBJAWY
SUCHOŚCI POCHWY...
ORAZ KILKA INNYCH,
RÓWNIE ZASKAKUJĄCYCH
PRZYPADŁOŚCI**

Do najczęstszych objawów należą:

→ Bolesność

→ Zaczerwienienie

→ Swędzenie i pieczenie

→ Stan zapalny/opuchnięcie

→ Ból podczas uprawiania seksu

→ Suchość pochwy przed
   stosunkiem i po nim

→ Ból podczas pobierania wymazu
   z szyjki macicy

Wypadający tampon często bywa jednym
z wczesnych objawów rozwijającej się
suchości pochwy. Tak się zdarza,
ponieważ trudniej jest umieścić go
odpowiednio głęboko, kiedy mięśnie
wewnątrz pochwy są już słabsze.

Pocienienie tkanek nie dotyczy jedynie
wnętrza pochwy – wargi sromowe,
łechtaczka i ujście waginy także stają się
cieńsze i delikatniejsze. I choć większość
kobiet zauważa brak nawilżenia, atrofia
może prowadzić także do zwiększenia
ilości wydzieliny.

Mniej znanym symptomem jest wrażenie
wyładowań elektrycznych, co przez jedną
z pacjentek dr Naomi słusznie zostało
nazwane „piorunującą cipką".

**SUCHOŚĆ POCHWY TO NIE
TO SAMO CO KANDYDOZA**

Kobiety często mylą suchość
pochwy z kandydozą, zwłaszcza jeśli
cierpiały na tę dolegliwość
w przeszłości.

Łatwo zrozumieć dlaczego –
niektóre objawy, takie jak bolesność
i podrażnienie, są takie same.

Zadaj sobie następujące pytania:

→ Czy siadanie, ćwiczenie
   i noszenie obcisłej odzieży jest
   bolesne?

→ Czy miałaś ostatnio robiony
   wymaz? Nie jest on przyjemny,
   ale nie powinien być bolesny.

→ Czy odczuwasz ból albo brak
   nawilżenia podczas seksu?

→ Czy zmienił się wygląd twojego
   sromu?

→ Jeżeli jesteś na HTZ i inne objawy
   zaczęły ustępować, wiedz, że
   suchość pochwy może pozostać.
   Jeżeli tak jest, porozmawiaj
   z lekarzem. Wielu kobietom
   pomogło dodanie aplikowanego
   miejscowo estrogenu (w postaci
   kremu, żelu albo krążka).

NIGDY WIĘCEJ WSTYDU,
NIGDY WIĘCEJ ZAKŁOPOTANIA

Podczas gdy wiele kobiet całkiem wesoło i otwarcie opowiada o uderzeniach gorąca, to gdy przychodzi do objawów związanych z waginą, nagle milkną – i łatwo to zrozumieć. Przypomnij sobie szkołę i te ciche koedukacyjne lekcje o seksie, a także całkowicie pozbawione genitaliów lalki, którymi bawiłyśmy się w dzieciństwie. Rozmowy o sromach i pochwach nie były czymś, co mogłoby dotyczyć „grzecznych" dziewczynek. I w dużej części społeczeństwa nadal tak jest.

To się musi zmienić. Suchość pochwy nie jest problemem, który rozwiąże się samoistnie. Jeżeli odczuwasz te objawy, idź i sprawdź, z czego wynikają, byś mogła razem z lekarzem znaleźć odpowiednią dla siebie terapię.

Lekarze są przyzwyczajeni do oglądania sromów przeróżnych kształtów i wielkości, naprawdę nie ma potrzeby, byś czuła się skrępowana.

Suchość pochwy jest całkowicie do opanowania, potrzebna jest jednak odpowiednia, długoterminowa terapia.

Jeżeli chcesz się dowiedzieć więcej, przeczytaj książkę Jane Lewis
Me & my menopausal vagina
(Ja i moja menopauzalna wagina).

JUŻ WIEM, NA CZYM POLEGA PROBLEM. ALE JAK SOBIE Z NIM PORADZIĆ? PRZEWODNIK PO KURACJACH DR NAOMI

Oto zarys kuracji dostępnych na receptę i bez niej, które mogą usunąć te koszmarne objawy i pozwolić ci żyć tak, jak chcesz.

SYSTEMOWA HTZ

Kuracja systemowa (różne rodzaje hormonów i różne drogi ich podania) może być skutecznym środkiem zarówno na suchość pochwy, jak i inne objawy menopauzy. Możesz się spodziewać, że w ciągu kilku miesięcy dolegliwość zacznie się wycofywać.

W związku z tym, że HTZ może jednak nie być wystarczająca, poniżej znajdziesz niektóre terapie celowane (na dany narząd), które pomogą stawić czoła suchości pochwy.

MIEJSCOWY ESTROGEN – KREMY I ŻELE

Są nazywane miejscowymi, bo stosujesz je dokładnie na obszar, w którym mają zadziałać. Te kuracje uzupełniają estrogeny w tkankach, umożliwiają ich naprawę i generalnie łagodzą objawy.

Kremy i żele podaje się bezpośrednio na śluzówkę sromu i pochwy. Zazwyczaj należy aplikować krem lub żel codziennie przez kilka pierwszych tygodni, a potem raz, dwa lub trzy razy w tygodniu, w zależności od zalecenia lekarza.

Jak je aplikować?

Możesz stosować dwie metody: za pomocą aplikatora wprowadź krem bezpośrednio do pochwy – większość użytkowniczek woli to zrobić, leżąc w łóżku, gdyż wtedy środek pozostaje na miejscu przez cały czas snu. Możesz też koniuszkami palców nałożyć krem na srom i wokół niego. Żele także są sprzedawane z aplikatorami – ale i do nich możesz użyć palców.

Za

+ Aplikator zmniejsza ewentualność pobrudzenia pościeli czy bielizny.

+ Możesz stosować go na srom i wokół niego, nadaje się więc również do uśmierzania zewnętrznych objawów.

Przeciw

- Mimo wszystko bielizna może się pobrudzić!

- Obecnie dostępny tylko na receptę, ale to się może zmienić[4].

- Dla niektórych kobiet może być miejscowo drażniący.

GLOBULKI DOPOCHWOWE Z ESTROGENEM

Zwykle stosuje się je codziennie przez pierwsze dwa tygodnie, a potem dwa razy w tygodniu.

Jak stosować?

Niektóre globulki są sprzedawane z jednorazowym aplikatorem, który ułatwia ich zakładanie. Są też takie, które zawierają mniejszą dawkę

hormonu i wyglądają jak pociski. Te nie wymagają aplikatora.

Za

+ Niektóre kobiety wolą globulki, bo brudzą mniej niż krem.

Przeciw

- W przeciwieństwie do kremów i żeli, globulki można używać tylko dopochwowo.

- Globulki bez aplikatora mogą powodować wyciekanie, gdy lek się rozpuści.

- Dla niektórych kobiet mogą być miejscowo drażniące.

INTRAROSA (PRASTERON)

To globulki zawierające prasteron (DHEA – dehydroepiandrosteron), przekształcający się w pochwie w estrogeny i androgeny, które następnie działają miejscowo w tkance.

Jak stosować?

Można je zakładać z aplikatorem lub bez niego.

---

[4] W Polsce leki hormonalne są dostępne wyłącznie na receptę [przyp. kons.].

KRĄŻKI Z ESTROGENEM

Te krążki umieszcza się w pochwie, gdzie przez trzy miesiące stopniowo uwalniają estrogen.

Jak ich używać?

Są to miękkie, elastyczne silikonowe krążki, które po prostu umieszcza się w pochwie. Za pierwszym razem może to zrobić personel medyczny.

Za

+ Możesz założyć krążek i zapomnieć o nim.

+ Przed stosunkiem można go wyjąć albo zostawić.

+ Jest mniej brudzącą alternatywą dla kremów, żeli i jednorazowych globulek.

Przeciw

- Musi być wymieniany co trzy miesiące.

- Niektóre kobiety uważają, że globulki są nieporęczne.

SENSHIO

Senshio to tabletka doustna. Jest przeznaczona do terapii średnich i poważnych objawów atrofii pochwy i sromu u kobiet po menopauzie, które nie są kandydatkami do miejscowej, dopochwowej terapii estrogenem. Substancją czynną tego leku jest ospemifen, selektywny modulator receptora estrogenowego (SERM). Oznacza to, że w niektórych tkankach, na przykład pochwy, działa on tak samo jak estrogen, dzięki czemu przyczynia się do złagodzenia objawów atrofii.

A CO Z TERAPIĄ NIEHORMONALNĄ?

Istnieją pewne dostępne bez recepty produkty, które możesz przyjmować łącznie z HTZ albo miejscowym estrogenem lub samodzielnie, jeżeli nie chcesz albo nie możesz stosować HTZ. Dzięki nim możesz poczuć się lepiej. Nie uzupełniają jednak hormonów tak jak HTZ lub estrogen stosowany miejscowo.

Dopochwowe środki nawilżające mogą pomóc w odzyskaniu odpowiedniego nawilżenia, uśmierzając podrażnienie i pieczenie. Najlepsze mają pH i osmolalność identyczne z panującymi w pochwie[5].

---

[5] N. Potter, N. Panay, *Vaginal lubricants and moisturisers: a review into use, efficacy, and safety*, „Climacteric", doi.com/10.1080/13697137.2020.1820478.

Podobnie jak w przypadku żeli i kremów z estrogenem, środek można wprowadzić do pochwy za pomocą aplikatora albo rozprowadzić palcami pomiędzy wargami sromowymi i wokół sromu. Mniej więcej przez pierwszy tydzień możesz stosować go raz na dzień, a potem sprawdź, czy da się obniżyć dawkę do paru razy w tygodniu w zależności od tego, jak poważne są twoje objawy.

Lubrykanty można stosować na srom i do pochwy bezpośrednio przed stosunkiem. Wybierz takie, które mają pH pomiędzy 3,8 a 4,5.

Staraj się unikać produktów, które zawierają parabeny, nonoksynol i chlorheksydynę.

STOSUJESZ MIEJSCOWY ESTROGEN? DLACZEGO ULOTKI INFORMACYJNE DLA PACJENTA MOGĄ BYĆ MYLĄCE?

Gdy wykupujesz lek, razem z nim otrzymujesz złożoną w harmonijkę ulotkę dla pacjenta albo – jak lubię to nazywać – ulotkę dezinformacyjną.

Często obok instrukcji dotyczącej stosowania znajdują się liczne ostrzeżenia. Są one przerażające i mylące, ponieważ wypisane czynniki ryzyka mają zastosowanie głównie w przypadku systemowej, a nie miejscowej HTZ.

Prawda jest taka, że te produkty są niezwykle bezpieczne w praktycznie każdym scenariuszu:

→ Dopochwowy estrogen **nie** niesie za sobą takiego samego ryzyka jak standardowa HTZ.

→ **Nie** zwiększa ryzyka zachorowania na raka piersi.

→ **Nie** zwiększa ryzyka zakrzepów.

→ **Nie** musisz zaprzestać jego stosowania po kilku latach, co jest szczególnie ważne, gdyż suchość często pozostaje na lata po menopauzie.

Estrogen miejscowy jest bezpieczny. Działa i może być używany praktycznie w nieskończoność.

INNE WSKAZÓWKI

→ Perfumowane środki do mycia mogą nasilać podrażnienie, najlepiej więc po prostu używać ciepłej wody.

→ Możesz poprosić lekarza o przepisanie emolientów – środków nawilżających tworzących na skórze film, który zatrzymuje wilgoć i łagodzi podrażnienie tkanek.

→ Unikaj obcisłych ubrań do chwili, gdy będziesz mieć objawy pod kontrolą.

ZNOWU wstajesz w nocy na siku?

Nie możesz ODPOWIEDNIO SZYBKO, stojąc pod drzwiami, znaleźć kluczy?

Kolejne ZAPALENIE UKŁADU MOCZOWEGO?

Popuszczasz, gdy się ŚMIEJESZ albo CHRAPIESZ?

SIUSIU, INFEKCJE I DNO MIEDNICY

Istnieje wiele różnych problemów
związanych z układem moczowym,
na które trzeba zwracać uwagę.

„Od dziesięciu lat mam infekcje układu moczowego" – Helen

*Od dziesięciu lat cierpię na zakażenia
układu moczowego. Miałam zrobione
USG i badanie endoskopowe w celu
sprawdzenia, czy w środku wszystko jest
w porządku. Przeszłam sześciomiesięczną
kurację antybiotykową na niskich
dawkach, ale wciąż cierpię. Mam 55 lat
i jestem przekonana, że wszystko to
ma związek z menopauzą.*

Dziękuję, Helen. Rzeczywiście wygląda
mi to na menopauzę i mam nadzieję,
że już sobie z tym poradziłaś.

Estrogeny utrzymują w szczęściu
i zdrowiu nie tylko nasze narządy płciowe,
ale i układ moczowy. Sprawiają, że
mięśnie dna miednicy mają właściwe
napięcie i są odpowiednio silne (założę
się, że właśnie ćwiczysz mięśnie
miednicy? Tak, ja też), a to z kolei
utrzymuje macicę, pęcherz moczowy
i odbytnicę na swoim miejscu.

To nie wszystko. Silne dno miednicy
odgrywa ważną rolę w satysfakcjonującym
pożyciu płciowym: jedna z głębszych
warstw mięśni ma duże znaczenie dla
odczuwania i siły orgazmu.

Gdy estrogenów jest coraz mniej,
te mięśnie ulegają osłabieniu. I nie tylko
one – wzdłuż całego układu moczowego
mamy receptory estrogenowe, które są
superwrażliwe na wszelkie zmiany
poziomu hormonu, cieńsza staje się
więc również wyściółka pęcherza
moczowego i cewki moczowej.

Prowadzi to do takich objawów jak:

→ Wysiłkowe nietrzymanie moczu –
popuszczanie moczu, gdy się
śmiejesz, chrapiesz albo kaszlesz,
a także podnosisz coś ciężkiego.

→ Częste parcie na mocz, zwłaszcza
w nocy.

→ Nietrzymanie moczu z nagłym parciem – gdy rozpaczliwie musisz do toalety i nie udaje ci się zdążyć na czas.

Mniej więcej jedna kobieta na trzy żyje z objawami nietrzymania moczu[6]. W porządku, to nie jest zagrożenie życia, istnieje nawet podejście, że popuszczanie podczas śmiechu albo konieczność taktycznej wizyty w toalecie „na wszelki wypadek" to coś, z czym trzeba się pogodzić po urodzeniu dzieci lub w trakcie menopauzy. Nic podobnego. Te objawy mogą cię unieszczęśliwić i negatywnie wpłynąć na jakość twojego życia.

Menopauza może zmienić pH pochwy, może też zwiększyć podatność na różne infekcje, w tym układu moczowego, które mogą być męczące i trudne do leczenia.

Nieleczone na dłuższą metę mogą przejść w stan chroniczny, co może całkowicie zmienić twoje życie.

Do objawów infekcji układu moczowego należą:

→ Gwałtowna konieczność oddania moczu.

→ Ból albo pieczenie podczas oddawania moczu.

→ Uczucie konieczności oddania moczu, po czym oddanie niewielkiej ilości.

→ Mocz o odrażającej woni, mętny lub zabarwiony krwią.

→ Ból w dole brzucha, ból pleców.

→ Gorączka.

„Po 12. infekcji układu moczowego straciłam rachubę" – Sharon

Zapytajmy Sharon. Jej menopauza przebiegała względnie spokojnie, dopóki nie zaczęły jej nawiedzać powtarzające się infekcje układu moczowego. Najpierw stwierdziła bolesność przy rutynowym pobieraniu wymazu. Potem zgłosiła się do dietetyka, przeszła na dietę pozbawioną cukru i wypróbowała różne suplementy. Pomogło, ale przestrzeganie tych wytycznych było dla niej trudne. Infekcje zaczęły zanikać. Wreszcie otrzymała pomoc, której potrzebowała.

---

[6] *Excellence in Continence Care*, NHS England, 2018, https://www.england.nhs.uk/wp-content/uploads/2018/07/excellence-in-continence-care.pdf

Laborantka ginekologiczna miała problemy ze zrobieniem wymazu, ponieważ odczuwałam rozdzierający ból. Zaskoczyło mnie to. Nigdy przedtem nie miałam takich problemów. Zastanawiałam się dlaczego, ale o przyczynie nie dowiedziałam się nic. Nie byłam aktywna seksualnie, więc po prostu starałam się zignorować sytuację, ale podczas ćwiczeń, zwłaszcza gdy praktykowałam jogę, odczuwałam dyskomfort z silnym pieczeniem.

Pół roku później dostałam infekcji układu moczowego po długim locie samolotem. A potem kolejnej i kolejnej. Straciłam rachubę po dwunastej i trzech infekcjach nerek. Poszłam do lekarza, ale jedyną poradą, jaką otrzymałam, była informacja, bym podcierała się od przodu ku tyłowi i zawsze brała prysznic przed uprawianiem seksu. Eee... halo, halo,

ja mam 58 lat i wiem, jak brać prysznic. I znam podstawowe zasady higieny.

A potem pomocna lekarka pierwszego kontaktu powiedziała, że to może być związane z atrofią pochwy i że mogą pomóc globulki dopochwowe. Od razu zaczęłam je stosować i skutek był niesamowity. Cierpiałam przez dwa lata, nie zdając sobie sprawy z tego, jakie efekty wywoływał brak estrogenów. Żałuję, że nie wiedziałam tego wcześniej.

Nie chcę myśleć o tych wszystkich antybiotykach na infekcje układu moczowego, które wzięłam przez ten czas – zanim pojawiły się infekcje, potrzebowałam ich sporadycznie. Gdyby tylko lekarz albo laborantka skojarzyli moje infekcje z menopauzą, wszystko zostałoby załatwione całe lata temu.

· · · · · · ·

„Dlaczego nikt o tym nie mówi?" – Sarah

Infekcje układu moczowego to niejedyny problem. Sarah cierpiała na wulwodynię, czyli utrzymujący się, pojawiający się bez wyraźnej przyczyny ból sromu, który może być spowodowany wahaniami poziomu hormonów.

Na otrzymanie diagnozy czekałam naprawdę długo. Nastąpiła po latach cierpień, bezustannej drożdżycy, zapalenia pęcherza i zaostrzeń bólu, lęków oraz poczucia, że wariuję.

Dlaczego nikt o tym nie mówi?

„Swędzenie jest nie do opisania" – Claire

U Claire zdiagnozowano liszaj twardzinowy, który powoduje powstawanie białych płatów skóry na genitaliach. Choroba przez wiele lat trwała w uśpieniu, ale w okresie menopauzy uległa zaostrzeniu, zamieniając jej życie w piekło.

Swędziało tak, że przez większość dnia miałam ochotę rozdrapać się na kawałki. Miałam też problemy ze snem, bo w nocy swędzenie było jeszcze gorsze. Moje życie płciowe w ogóle nie istniało. Nie kojarzyłam tego z menopauzą aż do chwili, gdy poszłam do lekarki pierwszego kontaktu, która słuchała, podczas gdy ja się wywnętrzałam.

Intensywność swędzenia i pocienienie skóry są nie do opisania. Po zbadaniu mnie lekarka opowiedziała mi o atrofii pochwy i pocienieniu skóry. Miałam drobne pęknięcia i załamania na skórze oraz pęcherze, które powodowały dyskomfort.

Jej natychmiastową odpowiedzią była HTZ... Następnie wyjaśniła mi, że sytuacja stała się cięższa z powodu obniżenia poziomu wszystkich moich hormonów przed przejściem przez menopauzę. Znowu wypłakiwałam oczy – z powodu uczucia ulgi, że ktoś mnie słuchał.

Jestem na HTZ od dwóch lat i choć mój stan jest wciąż czymś, z czym muszę sobie „radzić", to dzięki terapii objawy znacząco złagodniały... A bywały chwile, w których zastanawiałam się, czy będę w stanie znosić je przez resztę życia.

Sharon, Sarah i Claire, bardzo dziękuję za podzielenie się waszymi historiami, bo to naprawdę ważne, by kobiety usłyszały o wszelkich możliwych sposobach, w jakie menopauza i perimenopauza mogą wpływać na pochwę i układ moczowy. Bardzo się cieszę, że najwyraźniej potrafimy o tym rozmawiać, ponieważ wasze historie niewątpliwie pomogą innym kobietom w poszukiwaniu wsparcia i leczenia, którego potrzebują. Jak już wiemy, jest to terapia, którą trzeba będzie kontynuować przez resztę życia, ale która zapewni nam piękne, w pełni funkcjonalne, wilgotne, śliskie pochwy.

Naprawdę przerażające jest to, czym podzieliła się Claire i inne kobiety, które cytujemy w książce – że często zastanawiały się one, czy dadzą radę dotrwać do końca życia z niektórymi z tych objawów. To jest nie do zaakceptowania.

CO MOGĘ Z TYM ZROBIĆ?

Dobra wiadomość jest taka, że istnieją możliwości złagodzenia tych objawów i uczynienia życia o wiele znośniejszym.

→ **Zastąpienie hormonów:** systemowa HTZ, miejscowa HTZ albo obydwie razem uzupełnią brakujące hormony.

→ **Wizyta u lekarza,** jeżeli sądzisz, że masz infekcję układu moczowego: nie daj się nakłonić do samoleczenia. Do zlikwidowania infekcji może być konieczny antybiotyk.

→ **Ćwiczenie pęcherza moczowego:** staraj się opróżniać pęcherz wtedy, gdy naprawdę masz potrzebę, a nie przy okazji. To ćwiczy pęcherz w dawaniu sygnału, kiedy jest pełny.

→ **Suplementy:** D-mannoza jest suplementem, który może zmniejszać ryzyko infekcji układu moczowego, bo pomaga zapobiegać przywieraniu bakterii do ścian moczowodów i pęcherza (co właśnie powoduje infekcję).

→ **Przy problemach z dnem miednicy** poproś o skierowanie do specjalisty albo fizjoterapeuty specjalizującego się w leczeniu kobiet.

„Nad naszym życiem płciowym zgasło światło" – Gemma

Gemma weszła w menopauzę po leczeniu raka szyjki macicy III stopnia. W chwili, gdy dzieliła się z nami swoją historią, czekała na wizytę u specjalisty od HTZ, sześć miesięcy po zakończeniu leczenia.

Diagnoza raka szyjki macicy była trudna, ponieważ miałam wrażenie, że lekarz nie słuchał, gdy mówiłam, iż moje krwawienia nie są normalne.

Nie wspominał o menopauzie ani o HTZ, a ja czekałam na skierowanie do szpitala.

Na pierwszej wizycie i rozmowie o leczeniu po diagnozie menopauza była tylko jednym z punktów na liście możliwych skutków ubocznych terapii. I to wszystko. Po terapii byłam i jestem w całkowitej rozsypce.

Wraz z odzyskiwaniem sił po radioterapii i chemioterapii zaczęłam budzić się w kałużach potu. Uderzenia gorąca były tak intensywne, że musiałam zdejmować z siebie, co tylko się dało. Czułam się kompletnie sama. Nikt z moich przyjaciół mnie nie rozumiał.

Mój partner jest jeszcze ze mną, ale światło nad naszym życiem płciowym zgasło. Nie mam popędu, użycie dilatora po terapii boli, oddawanie moczu po użyciu go boli, więc myśl o seksie jest tak odległa, jak tylko może być.

Utyłam, mimo że nie jem dużo, bo po terapii nie mam apetytu ani na jedzenie, ani na alkohol.

Byłam wysportowana, lubiłam biegać, ale teraz nie mam motywacji, by się ruszyć. Bolą mnie biodra i nogi.

Zaczęłam o wszystkim zapominać i zmagam się z lękami oraz mgłą mózgową. Zaczęłam pisać o swoich problemach na Instagramie i ostatnio założyłam na nim nową stronę, dzięki czemu mogę więcej opowiadać o tym, przez co przechodzę. Chcę mówić o raku szyjki, menopauzie i zastępczym macierzyństwie. Zostałam wrzucona w świat, którego nie znałam i nie rozumiałam – bez pomocy i bez informacji, jak okropne czekają mnie zmiany.

Gemma, bardzo dziękuję, że pozwoliłaś na zamieszczenie swojego tekstu w książce. Mam szczerą nadzieję, że przeczytanie jej w całości pomoże ci zrozumieć, przez co przechodzisz. I być może znaleźć pomoc w kwestii niektórych objawów, ponieważ część z nich zdecydowanie możesz złagodzić opisanymi tutaj metodami. Mocno wierzę, że będą dla ciebie pomocne.

ROZDZIAŁ 9

PEŁNA WIGORU – DLACZEGO FANTASTYCZNY SEKS NIE KOŃCZY SIĘ W OKRESIE MENOPAUZY

„Chcę z powrotem dawną, seksowną siebie".

„Powiedziałam lekarce o suchości pochwy... odpowiedziała UŻYWAJ JEJ ALBO ZAPOMNIJ".

„Nad naszym życiem płciowym zgasło światło".

„Seks jest teraz inny..., ale LEPSZY".

84% kobiet w okresie perimenopauzy i menopauzy uważa, że aktywne życie płciowe jest ważne[1].

Jednak 80% twierdzi, że perimenopauza i menopauza wywarły wpływ na ich zachowania seksualne.

Nie będziemy owijać w bawełnę (wybacz): menopauza szerzy spustoszenie w życiu płciowym.

Gwałtowny spadek poziomu hormonów, bolesność, uczucie, że „jestem na nogach od 6 rano i już nie mogę robić nic męczącego", gdy twoja druga połówka trąca cię i sugeruje szalone igraszki na sianie...

Bardzo wiele kobiet mówi mi, że ich życie seksualne „zaginęło w akcji". Nie mają pewności, czy kiedykolwiek odzyskają seksapil. Tak było i w moim przypadku. Podczas nocy ze zlewnymi potami, z bolącą, suchą pochwą, suchą skórą i mgłą mózgową czułam się koszmarnie nieatrakcyjna – żadna z tych rzeczy nie mogła sprawiać, bym czuła się seksowna. Chciałabym jednak, żeby wszystkie moje

czytelniczki wiedziały, że mogą mieć – i będą miały – niesamowity seks z kołyszącą się ziemią w okresie menopauzy i po niej (jeżeli będą tego pragnęły). Znam kobietę, która pokaże nam, jak to osiągnąć: cudowną Samanthę Evans, którą bez dwóch zdań uwielbiam. Jest byłą pielęgniarką i założycielką Jo Divine – strony internetowej, na której możesz kupić wszelkiego rodzaju zabawki seksualne, ubrania, lubrykanty i wszystko inne. Jest wszechstronną sekspertką. Ma ogromną wiedzę, zwłaszcza tę przydatną dla kobiet w okresie perimenopauzy i menopauzy – w dalszej części tego rozdziału przedstawi kilka fantastycznych wskazówek, jak ruszyć z miejsca.

Być może pamiętasz Samanthę z cytatów zamieszczonych w tej książce. Jej porady

---

[1] G.P. Cumming, H.D. Currie, R. Moncur, A.J. Lee, *Web-based survey on the menopause on women's libido in a computer-literate population*, „Menopause International" 2009, 15(1): 8-12.

były **tak** dobre, że w ciągu kilku godzin od wyemitowania programu jej sklep internetowy został wyczyszczony do zera. Zajrzałam, by zobaczyć, co tam jest – oczywiście na potrzeby tej książki – a tam nie było nic, bo wszystko zostało wyprzedane. I już wiedziałam, że muszę jej poświęcić ten fragment.

Przygotuj się więc na jej 101 sposobów na seks w okresie menopauzy, zaczynając od szelmowskiego zestawu, który powinien się znaleźć na twoim nocnym stoliku, najlepszych sposobów komunikacji pomiędzy partnerami i korzyści z samodzielnego robienia sobie dobrze.

Wśród wielu opowieści o tym, jak menopauza wpływa na życie płciowe, znalazła się historia kobiety, która się zaklina, że to uratowało jej małżeństwo.

Jak przywrócić intymność? Czy rzeczywiście potrzebuję nawilżenia? Jakie zabawki powinnam kupić? I jak mam powiedzieć partnerowi, czego naprawdę – **naprawdę** – pragnę? Może desperacko marzysz o powrocie do seksu, a może potrzebujesz tylko kilku sensownych porad, jak zachować świeżość. Cokolwiek to jest, tutaj znajdziesz rozwiązanie.

KOCHANIE, NIE DZISIAJ – JAK MENOPAUZA UDERZA W TWOJE LIBIDO

Ból tam na dole? Niskie poczucie własnej wartości? Brak zainteresowania partnerem? Ból podczas uprawiania seksu?

Zdecydowanie nie jesteś z tym sama. Naprawdę wiele kobiet dzieli się historiami o tym, jak menopauza sprowadziła ich pociąg seksualny do parteru.

„Dawna Diane odeszła i wcale mi się to nie podoba" – Diane

Diane zaczęła przyjmować HTZ trzy miesiące temu, jednak twierdzi, że jej nastrój ani libido wciąż nie uległy poprawie.

Nagle, około rok temu, pojawiło się zmęczenie, suchość na dole, senność, brak pociągu płciowego, mgła mózgowa, tycie, rozdrażnienie.

Jestem na HTZ, ale nie odczuwam dużej poprawy. Staram się jeść zdrowo i codziennie spacerować – jeżeli mogę... Czasami czuję się stara i smutna, już nie seksowna i nie pożądana. Moje małżeństwo cierpi przez menopauzę.

Czasami wydaje mi się, że wariuję. Miałam nawet myśli samobójcze. I to nie byłam ja – do tej pory byłam radosna, byłam duszą

każdej imprezy. Tak jakby dawna Diane odeszła i wcale mi się to nie podoba. Chcę dawną siebie z powrotem – seksowną, pewną siebie, beztroską.

Diane, **proszę,** idź jeszcze raz do lekarza, by się dowiedzieć, czy coś może ci pomóc. Może warto porozmawiać z nim o zmianie dawki albo dodaniu testosteronu.

„Moje libido jest w zawieszeniu – co się dzieje???" – Jane

Jane, która była inteligentna, odnosiła sukcesy i lubiła seks, otrzymała od swojej lekarki pewną zupełnie nieprzydatną poradę.

Gdy zapytałam lekarkę o poradę w kwestii suchości pochwy, powiedziała coś takiego: „Używaj jej albo zapomnij". Wspomniała o atrofii, ale nic o rozwiązaniach. Pielęgniarka zasugerowała: „Smarować, ile wlezie".

Mój ostatni stosunek był lekko szokujący: byłam z nowym facetem i trwało to tylko kilka sekund. W przeszłości nigdy nie miałam problemów z suchością, ale to, co robiliśmy, nie było najlepszą dla mnie pozycją i stymulacja była zdecydowanie niewystarczająca. W reakcji na niewyobrażalny ból i frustrację bąknęłam: „O, to nic takiego", co trochę zwarzyło atmosferę.

Facet zrozumiał, że to była krytyka jego występu (który, prawdę powiedziawszy, był dość szybki). Dodał, że jeszcze nigdy nie został tak źle oceniony, i – co nie dziwi – więcej się nie spotkaliśmy.

Wiem, że to jak scena z filmu, ale to było o mnie, realnej osobie z suchością pochwy. Bałam się wejść w związek. Chciałam seksu, ale bałam się odrzucenia.

Zadowalałam się masturbacją, ale brakowało mi skóry drugiej osoby, dotyku, głosu i wsparcia... Och! Płaczę, pisząc ten kawałek. Miałam w przeszłości dwa długie związki i pomiędzy nimi kilka przelotnych romansów. Mam dopiero 57 lat. Posiadaczka domu, odnosząca sukcesy w pracy, wesoła, atrakcyjna, z bólem na dole... Moje libido wpadło do otchłani czy co?

Hej Jane, dziękuję za twoją historię. Mam nadzieję, że przeczytałaś rozdział 8 (o suchości waginy). Istnieje łatwy sposób na twoje dolegliwości. A libido w otchłani to nie jest dobry pomysł. Proszę, czytaj dalej.

PRZYWRÓCENIE SEKSAPILU

W większości przypadków nie ma jednej przyczyny, dla której popęd płciowy cierpi podczas menopauzy. Oto kilku winowajców.

Suchość pochwy: podrażnienia i bolesność to wielka bariera dla zdrowego i pełnego życia płciowego. Twoja pochwa jest słabiej nawilżona, bardziej podatna na infekcje. Suchość dotyka także łechtaczki.

Infekcje, zwłaszcza układu moczowego: spadek poziomu estrogenów powoduje podobne zmiany w cewce moczowej i zwiększa niebezpieczeństwo infekcji całego układu.

Inne objawy fizyczne: uderzenia gorąca i nocne poty albo nabieranie wagi mogą źle wpływać na twoje poczucie własnej wartości.

Problemy w relacjach: stres w pracy i w domu plus napięcie w związku mogą się przenieść na twoje życie płciowe. Brak komunikacji albo poczucie irytacji, frustracji lub zdenerwowanie na partnera są kiepską receptą na nocną namiętność. Dodaj do tej mieszanki wszechogarniające zmęczenie, paraliżujące bóle głowy i inne bóle – i nic dziwnego, że seks okazuje się ostatnią rzeczą, która ci może przyjść na myśl.

CO MOGĘ Z TYM ZROBIĆ?

Pierwszym krokiem na drodze do ponownego odkrycia twojego popędu płciowego będzie zajęcie się hormonami. Pierwszą linią działania zwykle będzie HTZ. Może pomóc na takie objawy jak wyczerpanie, uderzenia gorąca oraz zły nastrój. Już samo to może całkiem szybko podnieść twoje libido.

Jeżeli cierpisz na suchość pochwy albo nawracające infekcje układu moczowego, możesz skorzystać z miejscowo podawanego estrogenu. Zastosowanie estrogenu bezpośrednio do pochwy albo na srom może złagodzić objawy i dostarczyć hormon do tkanek, przywracając ich miękkość, elastyczność i nawilżenie.

Jest w czym wybierać: żel, kremy, tabletki i krążki. Wybór zależy od osobistych preferencji i trybu życia (patrz s. 188–190).

Aplikowany miejscowo estrogen praktycznie nie niesie ryzyka, ponieważ jest dostarczany bezpośrednio do pochwy i wchłania się w minimalnym stopniu. Możesz go stosować tak długo, jak odczuwasz z tego korzyść. Bezpieczne używanie go nie ma ograniczeń czasowych.

Są też środki niehormonalne, takie jak lubrykanty na bazie wody albo tłuszczów, i środki nawilżające, które mogą zmniejszyć suchość i ograniczyć dyskomfort podczas uprawiania seksu.

Jeżeli masz już ustaloną dawkę HTZ, a twoje libido wciąż jest niskie, może pomóc testosteron. Przywrócenie jego poziomu do normy ułatwi podwyższenie libido, poprawi funkcje seksualne i orgazmy.

Testosteron może być szczególnie ważny, gdy twoja menopauza była wczesna albo wywołana operacją, gdyż wówczas objawy jego niedostatku bywają wyraźniejsze.

101 SPOSOBÓW SAMANTHY EVANS NA SEKS W OKRESIE MENOPAUZY

Nazywam się Samantha Evans, jestem byłą pielęgniarką i współzałożycielką sklepu z zabawkami erotycznymi Jo Divine.

Moja praca obraca się wokół pomagania ludziom w uzyskaniu lepszego seksu, bo wiem z pierwszej ręki, jak duże ma to znaczenie.

Gdy miałam dwadzieścia kilka i trzydzieści kilka lat, cierpiałam na

drożdżycę, bakteryjne infekcje pochwy, nawracające infekcje pęcherza i całego układu moczowego, co doprowadziło do pochwicy – bolesnych skurczów mięśni pochwy przy próbie penetracji.

Stosowanie kiepskich lubrykantów – spośród których wiele wciąż jest dostępnych w handlu i często rekomendowanych przez lekarzy i pielęgniarki – zrujnowało zdrowie mojej pochwy i moje życie płciowe.

Na kilku kolejnych stronach przekażę ci wskazówki, jak przywrócić libido i cieszyć się najlepszym seksem w życiu.

CZAS PRZYWRÓCIĆ TWOJE ZDROWIE INTYMNE

Miejscowo stosowany estrogen może dokonać prawdziwego przełomu, jeżeli chodzi o radość i przyjemność z seksu oraz zapobieganie takim problemom jak podrażnienia i nawracające infekcje – np. drożdżyca.

Sama używam globulek, które wsuwam do pochwy trzy razy w tygodniu, i muszę przyznać, że zmieniło to jej zdrowie, a także zdrowie pęcherza. Poza tym uczyniło seks jeszcze przyjemniejszym.

Podczas gdy wiele z nas liczy się z płaceniem majątku za środki nawilżające, dzięki którym skóra jest miękka i elastyczna, niewiele myślimy o tym, jak uszczęśliwić wnętrze pochwy i srom.

Tymczasem zdrowie intymne idzie w parze z przyjemnością czerpaną z seksu, zwłaszcza w okresie menopauzy i po niej.

TWOJA POCHWA NIE MUSI PACHNIEĆ RÓŻAMI

Wiadomość specjalna: nasze wspaniałe, zdolne pochwy mają tak naprawdę zdolność samooczyszczania. Stosowanie niepotrzebnych irygacji i różnych innych środków niszczy znajdujące się wewnątrz przyjazne bakterie, które są konieczne do utrzymania odpowiedniego pH, niezbędnego do zapobiegania takim stanom jak drożdżyca czy infekcje bakteryjne, oraz do utrzymania odpowiedniego nawilżenia.

Jeżeli doświadczasz suchości pochwy, jej zaciskania, zwężenia, podrażnienia, swędzenia albo nawracających infekcji – porozmawiaj z lekarzem.

Tkanki wewnątrz pochwy są delikatne, traktuj je więc z ostrożnością. Daruj sobie silnie perfumowane płyny, kąpiele w pianie, żele pod prysznic czy tak zwane kule do kąpieli (czy – jak je nazywano u mnie w domu – „bomby drożdżycowe”). Powinnaś stosować tylko wodę, ewentualnie, jeżeli odczuwasz zdecydowaną potrzebę podmywania się jakimś produktem, poproś lekarza o polecenie łagodnego środka do mycia.

DLACZEGO DOBRY LUBRYKANT JEST TWOIM NOWYM PRZYJACIELEM

Niektórzy ludzie niechętnie podchodzą do stosowania lubrykantów, bo pod wpływem najmniejszego dotknięcia natychmiast mogą być mokrzy. Ale lubrykant to nie tylko środek na suchość pochwy: jest fantastyczny, gdy używa się go z zabawkami erotycznymi i może podnieść przyjemność czerpaną z seksu na nowy poziom – niezależnie od twojego wieku. Mamy klientów dobrze po dziewięćdziesiątce!

BROKAT, GLICERYNA... I CHILI, CZYLI SKŁADNIKI, KTÓRYCH NALEŻY UNIKAĆ

Odrobienie pracy domowej przed zakupem zdecydowanie się opłaca – i nie wystarczy szybkie przejrzenie alejki z chemią i kosmetykami w miejscowym supermarkecie albo sklepie chemicznym przy głównej ulicy. Myśl o sobie jak o „detektywie od składników": dobry lubrykant to prawdziwa inwestycja, zdecydowanie opłaca się więc spożytkować czas na dokładne przeczytanie listy składników.

Do tych, na które trzeba uważać, należą:

→ **Gliceryna** – może powodować drożdżycę.

→ **Glikol propylenowy** – uczucie szczypania przy pierwszym użyciu lubrykantu? Często może być powodowane przez glikol propylenowy.

→ **Parabeny** – konserwanty używane w wielu produktach, w tym także tych do celów intymnych, co nie zmienia faktu, że mogą podrażniać delikatną skórę. Żel KY, często rekomendowany przez lekarzy i innych specjalistów, zawiera parabeny i glicerynę.

→ **Alkohol** – bardzo silnie wysusza skórę, a jeszcze mocniej delikatne tkanki pochwy i sromu.

→ **Barwniki i perfumy** – dzięki nim lubrykant może atrakcyjnie wyglądać i przyjemnie pachnieć, ale to nie jest nic dobrego dla zdrowia twojej pochwy i sromu.

→ **Lubrykanty „łaskoczące" i „chłodzące"** – niektórzy stosują rozgrzewające albo chłodzące lubrykanty w celu wzmocnienia doznań, ale ja zalecałabym ostrożność. Łaskoczący efekt często powodowany jest przez mentol albo chili, które mogą uszkadzać delikatne tkanki naszych genitaliów.

→ **Brokat** – także zdecydowane „nie", jeśli nie chcesz być zmuszona do zbierania jego drobinek z intymnych części ciała.

Nie wystarczy, że produkt zapewnia poślizg, aby się nadawał do wspomagania seksu. Proszę, proszę, proszę: olej roślinny stosuj do sałatek, oliwkę dla niemowląt do skóry, a wazelinę do ust. Te produkty nie nadają się do seksu. Wiele z nich zawiera drażniące składniki, które mogą wywołać infekcje. Mogą także uszkadzać zabawki erotyczne i prezerwatywy.

JAKIEGO LUBRYKANTU UŻYWAĆ?

Dobra wiadomość jest taka, że obecnie na rynku jest wiele dobrej jakości produktów bezpiecznych dla skóry.

→ **Lubrykanty wodne** są najbardziej zbliżone do tych naturalnie wytwarzanych przez organizm, łatwo się zmywają, można je stosować do dowolnej aktywności seksualnej, z prezerwatywami i zabawkami erotycznymi, również silikonowymi.

→ **Lubrykanty tłuszczowe** dłużej działają, ale nie nadają się do stosowania z lateksowymi prezerwatywami.

→ **Lubrykanty silikonowe** są bardzo wydajne, ale nie można ich używać z silikonowymi zabawkami erotycznymi.

NAWILŻASZ POCHWĘ I SROM? ZWARIOWAŁAŚ???*
(*Tak naprawdę to bardzo dobry pomysł)

Tkanki twojej pochwy i sromu starzeją się tak samo jak reszta ciała i potrzebują delikatnego traktowania, by pozostawały w szczęściu i zdrowiu, dzięki czemu będziesz mogła cieszyć się wspaniałym seksem.

Czego więc powinnaś używać do nawilżania pochwy i sromu? Składniki mają znaczenie, a zatem znowu musisz się pobawić w detektywa i unikać substancji drażniących, takich jak gliceryna, parabeny, perfumy, barwniki, alkohol i wazelina.

I znowu opłaca się pomyśleć przed zakupem. Chwytanie najtańszego produktu z półki może się skończyć podrażnieniem, a nawet infekcją. Jeżeli lekarz przepisuje ci albo rekomenduje coś do nawilżania pochwy, zapytaj go o składniki.

JAK DODAĆ SPRAWIE PIKANTERII

Nie pozwól, by znudzenie i rutyna stanęły na drodze do wspaniałego seksu. To nie musi być wielkie przedstawienie, poszukaj sposobów przyprawienia go. Wybierz dobre zabawki, wynajmij pokój gdzieś dalej – albo cieszcie się pocałunkami i przytulaniem jak na samym początku waszej relacji. Seks to o wiele więcej niż penetracja, bądź więc kreatywna i odkryj inne doznania. Może się okazać, że lubisz dostawać klapsy albo dawać je komuś, korzystać z dominującej części swojego ja czy uprawiać seks oralny.

MASTURBACJA I MENOPAUZA: SIEDEM POWODÓW, BY URUCHOMIĆ SWOJĄ „AUTOMIŁOŚĆ" – WEDŁUG SAMANTHY

Wiele osób uważa, że satysfakcja seksualna wymaga bycia w związku. Jednak nie każdy aspekt twojego życia płciowego wymaga partnera.

Niezależnie od tego, czy jesteś singielką, czy w długotrwałym związku, zarezerwowanie odrobiny czasu dla siebie niesie mnóstwo korzyści.

→ **Napędza twoje libido** – im więcej się masturbujesz, tym większą przyjemność ci to sprawia i chciałabyś coraz więcej – a to z kolei pomaga rozpędzić twoje libido.

→ **Zwalcza stres** – orgazmy powodują uwolnienie endorfin i serotoniny, co redukuje stres i wyrównuje nastrój.

→ **Pomaga na sen** – wydzielanie endorfin obniża ciśnienie krwi i wprowadza w stan zrelaksowania, który wspiera zdrowy sen w nocy – to lepsze niż kubek kakao.

→ **Uśmierza ból** – masturbacja to zapewne ostatnia rzecz, jaka przyszłaby ci do głowy w czasie miesiączki, jednak orgazmy pomagają rozluźnić napięte mięśnie, usprawniając dopływ krwi do miednicy.

→ **Zwiększa szansę na osiągnięcie orgazmu podczas seksu z penetracją** – zbadanie, co działa w twoim przypadku, pomoże ci okazać w tej kwestii więcej asertywności podczas seksu z partnerem.

→ **Jest bezpieczne** – nie ma ryzyka nabawienia się infekcji przenoszonych drogą płciową ani zajścia w ciążę.

→ A poza tym to cholernie dobra **zabawa!**

PO CO CI ZABAWKI EROTYCZNE?

Dobry seks jest w okresie menopauzy niezbędny. Zabawki są znakomitym sposobem na rozgrzewkę oraz wywołanie podniecenia oraz świetnym dodatkiem do gry erotycznej. Mogą także pomóc na niektóre objawy menopauzy, takie jak zwężenie pochwy, bolesność podczas stosunku czy osłabienie odczuwania doznań. Zapewniają także przyjemność przy seksie bez penetracji.

Zabawki erotyczne przeszły długą drogę od czasów *Seksu w wielkim mieście*[2] czy Rampant Rabbita (wykonanego z galaretowatego materiału)[3]. Dzisiaj dysponujemy całą gamą pomysłowo zaprojektowanych produktów z silniczkami i kreatywną technologią, pokrytych bezpiecznymi dla skóry materiałami, z którymi można eksperymentować i którymi można się cieszyć.

Niezależnie od tego, czy jesteś w dziedzinie zabawek erotycznych dziewicą, czy profesjonalistką, znajdzie się coś, co będzie ci pasować. A jeżeli nie jesteś pewna, czego spróbować, poniżej proponuję kilka sugestii na początek.

Wibratory w kształcie pocisku
(tzw. bullet vibrators) – mniejsze od klasycznego wibratora, ale wciąż zdolne do dania porządnego kopa, z różnymi ustawieniami pulsowania. Zaprojektowane do użycia na zewnątrz, ze zwężającą się końcówką, która pozwala dokładnie

określić miejsce stymulacji. Są znakomitą zabawką dla początkujących, a dzięki dyskretnym rozmiarom idealnie sprawdzą się także w podróży.

Klasyczne wibratory – przeznaczone do stymulowania zarówno pochwy, jak i łechtaczki, są dostępne w przeróżnych kształtach, wielkościach, kolorach, teksturach i prędkościach wibracji. Wiele z nich ma zwężające się końcówki do precyzyjnego stymulowania łechtaczki w tym samym czasie, gdy mocny silnik wysyła wzdłuż trzonu intensywne wibracje umożliwiające silną stymulację pochwy.

Wibratory stymulujące pulsującym powietrzem – wiele osób sądzi, że wibratory są przeznaczone do wkładania do środka, jednak bardzo popularną zabawką jest LELO Sona 2. To prawdziwy przełom, o którym rozmawiałam z Daviną w jej programie. Ta zabawka skupia fale dźwiękowe i kieruje je na powierzchnię i do wnętrza łechtaczki. Uczucie jest fantastyczne, a urządzenie jest idealne, jeżeli trudno ci osiągnąć orgazm dzięki samej penetracji.

---

[2] Znany serial, emitowany także w Polsce [przyp. tłum.].
[3] Rodzaj wibratora przeznaczonego do jednoczesnego stymulowania wnętrza pochwy i łechtaczki. Pierwszy R.R. pojawił się na rynku w 1984 roku [przyp. tłum.].

To zdjęcie przedstawia mnie podczas rozmowy o wibratorach. Tak radośnie wyglądam, dyskutując o zabawkach erotycznych.

Czuję, jakbyśmy byli na samym szczycie rewolucji seksualnej i jakby kobiety nie musiały się już wstydzić rozmów o seksie i zabawkach erotycznych. Znam fantastyczne celebrytki, które uczyniły to czymś zupełnie normalnym – jak Lily Allen, słynna współprojektantka własnego wibratora. Dzisiaj wszystkie otwarcie rozmawiamy o zabawkach erotycznych, wibratorach i sposobach, które pozwalają cieszyć się seksem. To nie znaczy, że promuję sypianie z tysiącami partnerów! Stwierdzam tylko, że dla kobiet jest to całkiem nowa i świeża idea. Że wszystkie naprawdę otrzymałyśmy możliwość cieszenia się seksem, podczas gdy przedtem musiałyśmy się godzić ze wszystkim i siedzieć cicho.

To rewolucja. Dlatego jeżeli odkryjesz coś, co działa w twoim przypadku, opowiedz o tym przyjaciółkom. Opowiedz wszystkim. Wszystkie zasługujemy na cieszenie się sobą – nieważne, czy z partnerem, czy solo.

To również jest nowa idea. Znam mężczyzn, którzy nie wiedzieli, że kobiety też się masturbują. Oczywiście, że to robimy – i powinnyśmy. Jest to fantastyczny, tani i bezpieczny sposób na spędzenie naprawdę miłych chwil.

Powinnyśmy być dumne z tego, że jesteśmy istotami seksualnymi, i żyć długim, pomyślnym, szczęśliwym życiem erotycznym.

PRZYGOTUJ SIĘ NA NAJGORSZE – JAK WZMOCNIĆ RELACJE I UCZYNIĆ JE MENOPAUZO-ODPORNYMI

„Moje dzieci chodziły
na PALUSZKACH".

„Poproszono mnie do
gabinetu szefa... sądziłam,
że zostanę ZWOLNIONA".

„Bolało mnie całe ciało,
bolała głowa, bolało serce,
moje relacje z mężem
i dziećmi cierpiały, ale
próbowałam zachować
SPOKÓJ i DZIAŁAĆ
DALEJ".

Pomówmy o związkach. O **wszelkich** związkach – nie tylko o tych z naszymi partnerami, lecz także o tych z dziećmi, rodzinami, przyjaciółmi, szefami, kolegami – ze wszystkimi. A także, przede wszystkim, z nami samymi – chodzi o to, jak radzimy sobie z tym, co dzieje się we wszystkich tych pozostałych relacjach.

Czasami sytuacja może być tak trudna, że nasze poczucie własnej wartości sięga dna, bo wygląda to tak, jakbyśmy naszym zachowaniem wciąż odpychały wszystkich, których kochamy i którzy są dla nas ważni. I wciąż czujemy, że nie potrafimy tego zmienić.

Myślę, że jest to najtrudniejszy aspekt menopauzy, przynajmniej dla mnie. Istnieje wiele kobiet niesamowicie wytrzymałych, jeżeli chodzi o dolegliwości fizyczne – wszelkie suchości skóry, oczu, ust czy nawet pochwy. Potrafimy być zaradne i staramy się być samowystarczalne. Mam nadzieję, że początkowe partie tej książki pomogą ci w znalezieniu naprawdę dobrych sposobów radzenia sobie z tymi wszystkimi dolegliwościami.

Jedynym, co naprawdę rozrywa nas na strzępy, jest zachowanie. Czas, gdy zamieniamy się w kogoś, kogo same nie poznajemy. Gdy zachowujemy się w sposób, do którego czujemy odrazę, którego bardzo się wstydzimy, który może zrujnować karierę i małżeństwo, dezorientować osoby, na których nam zależy, niemające pojęcia, co się dzieje i co się stało z osobą, którą znały i kochały.

Powoduje to katastrofalne skutki. Także w miejscu pracy. Wyobraź sobie, jaki wpływ na ekonomię ma utrata tych wszystkich wspaniałych kobiet będących u szczytu kariery. Dochodzimy do czterdziestki czy pięćdziesiątki (z całym naszym doświadczeniem) i zaczynamy się zachowywać w sposób, który właściwie nie daje nam szans na utrzymanie się w pracy. Odchodzimy albo zostajemy zwolnione.

To bardzo, bardzo trudne. Każdej kobiecie, która przez to przechodzi, która sama cierpi albo zmaga się z cierpieniem kogoś, kogo kocha, i nienawidzi siebie, bo najzwyczajniej w świecie nie jest w stanie nic z tym zrobić, mówię: słyszę cię. Słyszymy cię. Jesteśmy w tym wszystkie razem.

W tej części posłuchamy o doświadczeniach pracujących kobiet oraz ich partnerów i postaramy się to omówić.

. . . .

„To nie jestem ja" – Rachael

Jak pokazuje historia Rachael, menopauza dla każdej kobiety jest niczym przejazd dziesięciotonowego walca przez każdą istotną dla niej relację.

Mam 40 lat i w tej chwili wypróbowuję już drugie dawkowanie i trzeci rodzaj HTZ. Wciąż się z tym zmagam. Każdego dnia budzę się bardziej zmęczona niż wtedy, gdy się kładłam, włosy mi wypadają, skóra wszędzie się łuszczy, mam plamy na całym podbródku, bolą mnie kolana, ciągle na coś wpadam i potem całe wieki trwa, zanim zejdą mi siniaki.

Moja piętnastoletnia córka odeszła do swojego ojca z powodu moich zmian nastroju. W ciągu ostatnich lat przeżyłam mnóstwo awantur z moim mężem i jego dziećmi (moimi pasierbami). Ale oni nie rozumieją, przez co przechodzę. Nie mogę im tego wytłumaczyć. Mówię, ale wygląda na to, że mnie nie słuchają.

Rok temu wciąż skakaliśmy sobie z mężem do gardeł. Jego dzieci nie chciały odwiedzać naszych ze względu na tarcia, na atmosferę. Bały się odetchnąć w obawie, że obudzą bestię. To trwa już od mniej więcej dwóch lat, uspokoiło się na moment wraz z przejściem na nową HTZ, ale chyba zaczynam się uodparniać, bo huśtawka nastrojów zaczyna się od nowa.

Po zwolnieniu z dwóch ostatnich miejsc pracy (w pierwszym z nich miałam problemy ze względu na huśtawki nastroju) nie przeszłam okresu próbnego w kolejnej pracy z powodu mgły mózgowej, braku koncentracji i skupienia. Boję się, że nie będę mogła pracować, bo nie jestem w stanie opanować nowych umiejętności.

Czasami zastanawiam się, do czego doszłam. Kim jest ta kobieta, która codziennie tak się ze wszystkim zmaga? To nie ja. Nie chcę więcej cierpieć. Chcę rozwiązania problemów, chcę mieć energię, czuć się normalnie i z powrotem być sobą.

Historia Rachael łamie serce. Rachael, jeżeli to czytasz, ja bym zdecydowanie domagała się wizyty u specjalisty od menopauzy. Wiem, że czasami trzeba czekać nawet wiele miesięcy, ale nie ustawałabym w próbach znalezienia rodzaju terapii, która mogłaby mi pomóc, bo nikt nie wytrzyma dźwigania na barkach takiego ciężaru, jaki nosisz ty. Rachael, mnóstwo uścisków dla ciebie.

Jestem ciekawa, jak wiele czytających te słowa kobiet zobaczyło w historii Rachael samą siebie. Wiem, że menopauza może spowodować naprawdę olbrzymie problemy we wszelkich relacjach.

W tym rozdziale pragnę podać tylko kilka wskazówek, bo wiem, że to nie jest tak, że zamacham czarodziejską różdżką i wszystko nagle się poprawi. Wiem jednak, że w moim przypadku cudowną terapią była HTZ.

Droga może być wyboista, ale nie musi to być film katastroficzny. Relacje mogą być bardzo trudne, ale komunikacja, rozmowy, dzielenie się i wsparcie ze strony tych, którzy cię znają najlepiej i najbardziej kochają, powinny jednak pomóc.

Zapewne najlepszy czas na to, aby podjąć próbę rozmowy z twoim partnerem, przyjaciółmi – nawet nastoletnimi

Najlepszy sposób na menopauzoodporne relacje i zachowanie zdrowia psychicznego?

Zacznij rozmawiać i stale to rób.

dziećmi – oraz koleżankami i kolegami z pracy nie jest wtedy, gdy właśnie masz uderzenie gorąca albo napad wściekłości czy jakikolwiek inny destrukcyjny objaw.

Najlepsze, co możesz zrobić, to zaczekać, aż poczujesz się względnie normalnie. Posadź wówczas rozmówców i powiedz: „Słuchajcie, muszę porozmawiać z wami o tym, co się dzieje. Naprawdę zmagam się z problemami". Bądź możliwie najbardziej szczera. Wpuść ich do swojego świata.

Jeżeli naprawdę sobie nie radzisz, umów się do lekarza. Wróć do poprzednich rozdziałów tej książki – tam został nakreślony schemat tego, co powinnaś mu powiedzieć (wszystko, o czym powinien dowiedzieć się lekarz) – i rozmawiaj o tym, jaka terapia byłaby dla ciebie odpowiednia.

Jeżeli jesteś na jakiejś konkretnej terapii, ale ona po prostu nie działa, nawet nie dotyka powierzchni sprawy, zdecydowanie wróć do początku, do rozmowy o dawce. I znowu, jeżeli okaże się ona za niska, być może potrzebna będzie jeszcze większa. Lekarz pierwszego kontaktu, co zrozumiałe, zacznie leczenie od bardzo niskiej dawki, nie będzie chciał od razu poddawać cię działaniu bardzo wysokich dawek. Pamiętaj, większość kobiet zaczyna od 25 mikrogramów, a ja biorę 100!

Wiedz, że zanim ustalisz właściwą dla siebie dawkę, mogą ci się zdarzyć różne sytuacje, ale nie próbuj tego ukrywać przed swoim partnerem i przyjaciółmi – a nawet przed dziećmi, jeżeli je masz. Ci ludzie kochają cię i kibicują ci. I wszyscy chcą, byś czuła się lepiej.

NAJWYŻSZY CZAS
NA EDUKACJĘ

Kobiety często mówią, że gdy próbują to wszystko wytłumaczyć otaczającym ich ludziom, oni po prostu nie rozumieją. Czasami, gdy tłumaczysz to w odniesieniu do siebie, rozmówcy nie całkiem pojmują medyczną stronę zagadnienia albo tego, że to dotyczy nie tylko ciebie, że takie objawy odczuwa 660 milionów kobiet na całym świecie, a ty po prostu potrzebujesz

od twoich rozmówców trochę pomocy i wsparcia, by przez to przejść.

W czasach jaskiniowców trzeba było oglądać malowidła na ścianach jaskiń, by się czegoś nauczyć, a dzisiaj możesz znaleźć mnóstwo informacji w książkach takich jak ta albo wejść na jedną z fantastycznych grup na WhatsAppie albo Facebooku. Gdziekolwiek wejdziesz, możesz się podzielić swoją historią, a także poznać historie innych osób i zapoznać z nimi swoich przyjaciół i rodzinę, którzy dzięki temu będą mogli zrozumieć, że dotyczy to nie tylko ciebie i że jest to coś istotnego. Bo menopauza to jest coś istotnego – coś, co czyni życie bardzo trudnym.

Jeżeli masz problemy z wyrażeniem słowami tego, co odczuwasz, spróbuj ich posadzić i dać im coś do czytania, oglądania albo słuchania.

Mogą to być:

→ Ta książka (to oczywiste).

→ Programy dokumentalne *Sex, Myths and the Menopause* oraz *Sex, Mind and the Menopause* – biorę w nich udział! O co jeszcze możesz zapytać? Są świetnym wstępem, zwłaszcza dla partnerów; trwają tylko godzinę

i w sposób daleki od oceniania prezentują wszystko, co powinniśmy wiedzieć – objawy, mity i fakty.

→ Instagram dr Naomi – @drmenopausecare o wszystkim, co dotyczy perimenopauzy i menopauzy (objawy, terapie). Dr Naomi prowadzi także – wraz z Lisą Snowdon @lisa_snowdon – serię *Midweek Menopause Madness*.

→ Podkast Gabby Logan *The Mid•Point* – goście tego programu mówią o swoich wyzwaniach wieku średniego; zawiera on porady dotyczące wszystkiego, od snu po odżywianie i hormony.

→ *Postcards from Midlife*: ten podkast to cała ja! Dziennikarki Lorraine Candy i Trish Halpin wyruszają w nim na misję mającą na celu pomoc kobietom w maksymalnym wykorzystaniu wieku średniego.

NIE MOŻESZ ZNIEŚĆ WIDOKU SWOJEGO PARTNERA?

Ludzie często porównują menopauzę do najgorszego na świecie zespołu napięcia przedmiesiączkowego. No wiesz, ten tydzień w każdym miesiącu, kiedy po prostu nienawidzisz wszystkiego i wszystkich. Czasami myślę sobie – no

tak, tak właśnie się czuję. Menopauza to bardzo, bardzo samotny czas. Może ci się wydawać, że jesteś jedyną osobą na świecie, która w ten sposób to odczuwa. Możesz myśleć, że nikt nie rozumie, przez co przechodzisz.

Ale jeżeli jesteś w związku, to przecież ta druga osoba kocha cię od lat – czasami od dziesięcioleci, prawda? Większość z nas otrzymuje ten cios, gdy mamy czterdzieści kilka czy pięćdziesiąt kilka lat. Jeżeli ta osoba kocha cię od dziesiątków lat, to nadal będzie z tobą.

Chcę powiedzieć, że powinnaś spojrzeć na to z drugiej strony. Wyobraź sobie, jak oni to odbierają – to uczucie bezradności i wyłączenia, gdy widzą, że osoba, którą kochają, ewidentnie cierpi. Trochę jak podczas porodu, gdy twój partner jest przy tobie, trzyma cię za rękę i próbuje powiedzieć coś odpowiedniego do sytuacji, ale w tym momencie ty jesteś życiodajną siłą, a on czuje się całkowicie bezradny. Nie wie, co zrobić albo powiedzieć, a cokolwiek powie, wydaje się nie na miejscu.

Z menopauzą jest bardzo podobnie – to uczucie typu: **nie wiem, co robić, nie wiem, jak pomóc.** Zupełnie jak podczas porodu. Myślę, że byłoby dla niego pomocne, gdybyś powiedziała: „To jest właśnie to, co chciałabym, byś zrobił".

. . . .

„Oskarżaliśmy tabletki na malarię o wywołanie u niej objawów menopauzy" – Peter

Zamierzamy się zatrzymać i przez sekundę popatrzeć na tę kwestię z innej perspektywy. Peter podzielił się własną historią o tym, jak to jest widzieć swoją żonę zmagającą się problemami.

Pierwszy raz zauważyłem zmianę u mojej czterdziestodwuletniej żony podczas wakacji na Goa. Siedliśmy do posiłku, a ona zalała się łzami. „Ja po prostu chcę do domu" – powiedziała. Złożyliśmy to na karb tabletek na malarię, jako że oboje doświadczyliśmy ich skutków ubocznych. Objąłem ją i powiedziałem, że wszystko będzie w porządku, że to tylko tabletki.

Gdy wróciliśmy do domu, jej nastrój się jednak nie zmienił. Zwykle była pogodna, ale teraz tak nie było. Była zła i nietolerancyjna. W dniu, w którym zaczęła na mnie wrzeszczeć i gonić mnie z kijem baseballowym, rozumieliśmy, że zdecydowanie coś jest nie tak.

Peter, dziękuję za podzielenie się twoją historią – to bardzo ważne, byśmy wszyscy zobaczyli od drugiej strony, jak to jest żyć z kimś, kto poważnie cierpi z powodu okropnych objawów menopauzy.

Ta historia ma na szczęście pozytywne zakończenie. Żona Petera poszła do lekarza i rozpoczęła HTZ. Jej przypadek tylko potwierdza, że trzeba szukać pomocy medycznej.

Inny problem, z którym możesz się mierzyć, to postawa twojego partnera, pragnącego przejąć dowodzenie i „naprawić" cię. Może powiedzieć np. „Wiem, co trzeba zrobić". „To uśmierzy twoje objawy". Po prostu zrób to, to, to i to, i bam! – gotowe.

Ale menopauza nie działa w ten sposób. To nie jest takie proste. I dla kogoś, kogo kochasz, może być trudne do zrozumienia, że niezależnie od tego, jak bardzo by tego chciał, nie może po prostu wkroczyć i sprawić, że twój problem zniknie.

Ostatecznie dochodzi do tego, że czuje się jeszcze bardziej bezużyteczny, bezsilny i odrzucony niż kiedykolwiek przedtem. To dlatego musisz utrzymać komunikację między wami, nawet w tych chwilach, gdy dźwięk jego głosu brzmi jak skrobanie paznokciem po tablicy albo kiedy **znowu** powie coś nie tak.

Oczywiście zasługujemy na współczucie ze strony naszego „starego", ale niezależnie od tego, jak niedorzecznie to brzmi, on także zasługuje na nasze współczucie.

Gdy oferuje pomoc albo chce wiedzieć, co jest nie tak, weź to za dobrą monetę. Twój opiekun będzie chciał cię słuchać, czerpać wiedzę z tego, o czym mówisz, i patrzeć na ciebie.

„Łatwo zapomnieć, że menopauza jest trudna także dla partnera" – Janine

Janine, kolejna absolutna wojowniczka, która podzieliła się historią swojej menopauzy wywołanej leczeniem raka w wieku 28 lat, podsumowuje to w następujący sposób:

Nasi partnerzy zdecydowanie przechodzą to razem z nami. A ponieważ tak naprawdę

nie rozumieją naszych uczuć i tego, co się dzieje z naszym ciałem, łatwo zapomnieć, że dla nich też jest to trudne. Dopiero później zrozumiałam przełom w jego życiu – to, że jego żona zmieniła się na zawsze.

Rozgłaszaj to na prawo i lewo, Janine, nie mogę się z tobą nie zgodzić.

SŁOWO DO WSZYSTKICH PARTNERÓW, KTÓRZY MNIE CZYTAJĄ

Menopauza może być okresem prawdziwego osamotnienia również dla nich. Trudno się połapać, jak się zachować wobec partnerki i co mówić.

Jaka jest moja najważniejsza porada dla wszystkich partnerów? O wszystko pytaj, nie próbuj się domyślać.

Najlepszym sposobem, w jaki można zaoferować wsparcie, jest zadać pytanie:

„Co mogę zrobić, by ci pomóc?". Dowiedz się, co może być najbardziej użyteczne i pomocne: czy chciałaby, byś był jej skrzydłowym u lekarza, byś odciążył ją w pewnych sprawach organizacyjnych, których w danej chwili naprawdę nie może udźwignąć, byś ją rozpieszczał przez całą noc, czy po prostu chce starego, dobrego przytulenia? Musisz mówić otwarcie, szczerze i często.

. . . .

„Spaliliśmy tysiąc kadzidełek, wiązaliśmy się w węzły w ramach treningu jogi, biegaliśmy, aż do cna zdarliśmy adidasy... ale wciąż wyglądało na to, że menopauza wygrywa" – Carl

Carl dzieli się swoją historią z perspektywy partnera. Jego słowa pokazują, jak trudna może być ta sytuacja dla drugiej połowy. ALE para przetrwała. Otrzymali wsparcie, którego potrzebowała jego partnerka, i sprawy idą ku lepszemu – tak samo może być i u ciebie.

Jestem z moją piękną partnerką od sześciu lat. Gdy się zeszliśmy, ona była *szczęśliwą, pewną siebie, silną kobietą, ale z biegiem czasu zaczęła zmieniać stosunek do życia i zaczęła mieć trudności z radzeniem sobie.*

Próbowałem rozmawiać i słuchać, by jej pomóc, ale początkowo żadne z nas nie mogło zrozumieć, co się dzieje. Dopiero z czasem doszliśmy do wniosku, że to może być menopauza,

więc teraz trzeba ją po prostu pokonać.
ŁATWE, prawda?

Spaliliśmy tysiąc kadzidełek, wiązaliśmy
się w węzły w ramach treningu jogi,
masowałem ją, aż krwawiły mi palce,
biegaliśmy, aż do cna zdarliśmy adidasy,
jedliśmy tak zdrowo, jakbyśmy mieli żyć
tysiąc lat. Ale wciąż wyglądało na to,
że menopauza wygrywa.

No dobra, plan B: poszukajmy
profesjonalnej pomocy medycznej.
Znowu proste, prawda?

NIC PODOBNEGO, błąd. Jesteś w depresji,
powiedzieli, masz lęki, jesteś zestresowana,
weź pigułkę, to pomoże. Badania krwi są
w porządku, to nie jest menopauza, jesteś
za młoda. Tak minęły trzy lata. Już nie
mogłem patrzeć, jak cierpi, powiedziałem
więc, że idziemy do prywatnego lekarza,
idziemy do kogoś, kto sobie z tym poradzi.
Żeby udać się do specjalisty, musisz
mieć skierowanie od swojego lekarza.
W porządku, wizyta umówiona, zbliża się
czas uporządkowania tego wszystkiego.
Patrzyłem, jak wchodzi do przychodni
i myślałem, że wszystko, czego bym chciał,
to aby lekarz powiedział jej: „Masz rację".
Przynajmniej dowiedzielibyśmy się raz
na zawsze.

Recepta na pół roku i moja dziewczyna
wygląda na zadowoloną. Jest teraz po
trzech miesiącach terapii i choć wciąż
są dni, gdy nie jest idealnie, zmiana
jest niesamowita. Czuje się z powrotem
sobą, jest więc nadzieja.

Zawsze będę pamiętał, co powiedziała po
pierwszym dniu terapii: „Czuję się, jakbym
znowu była nastolatką". Marzyłem
o usłyszeniu takich słów.

Nigdy się nie poddawaj. Ucałowania.

O mój Boże, Carl, płakałam, czytając
twoje słowa. To, jak trwałeś przy swojej
partnerce i obdarzałeś ją miłością
przez ten bardzo trudny okres, a potem
wspierałeś ją i pomogłeś jej otrzymać to,
czego potrzebowała, by na powrót stała
się sobą, jest niezwykle poruszające.
To naprawdę cudowne i tak cieszą mnie
jej słowa: „Czuję się, jakbym znowu była
nastolatką". Masz rację, Carl, nigdy się
nie poddawaj. Walcz.

Myślę, że Carl powiedział coś bardzo
ważnego – że czasami to przerażające,
gdy człowiek jest zaangażowany, a nie
wie, jak przez to przejść. I czasami trzeba
miłości kogoś, na kim ci naprawdę zależy,
by przeprowadził cię przez te trudne
momenty. A są nimi próby uzyskania
pomocy, próby uzyskania wsparcia
ze strony lekarzy i specjalistów od
menopauzy oraz terapii medycznej,
której potrzebujesz.

Czasami czujesz się tak, jakbyś nie miała
głosu, a czasami potrzebujesz kogoś,
kto ma głos, by działał równolegle z tobą.
A więc brawo, Carl, chylę czoła.

WŚCIEKŁOŚĆ – I JAK SOBIE Z NIĄ RADZIĆ

Wściekłość, która pojawia się z menopauzą, gdy twoje hormony szwankują, może być przerażająca. Czujesz się, jakby zaraz miały ci puścić hamulce, ale jednocześnie kompletnie nie masz pojęcia, dlaczego tak się zachowujesz.

Pozwól mi podać przykład. Gdy jesteś rodzicem, zawsze masz, wydawałoby się, nieskończony ciąg spraw, które musisz ogarnąć. W żadnym wypadku nie jestem wrzeszczącą matką. A zabranie dzieci z domu do szkoły każdego ranka jest jedną z tych rzeczy, które muszą zostać zrobione.

Gdy moje dzieci były bardzo małe, zwykle ustawiałam budzik na 20 minut wcześniej niż pozostali domownicy. To był mój czas na zorganizowanie się i chwilę odpoczynku. To wystarczało, bym poczuła, że nie zaczynam dnia wytrącona z równowagi. Małe 20 minut, które zrewolucjonizowały cały proces wychodzenia z domu o czasie i wszyscy w tym samym momencie. Jeżeli masz dzieci w wieku przedszkolnym albo szkolnym i nie stosujesz tego triku, zaufaj mi i zrób tak już jutro. To naprawdę działa.

Ale wraz z przyjściem perimenopauzy ta staranna organizacja i spokój w stylu zen wyleciały przez okno. Przygotowania do szkoły z doskonale dopracowanych czynności mycia, ubierania i karmienia dzieci, godnych rodziny Trappów[1], zamieniły się w najbardziej stresującą rzecz w życiu. Przemieniłam się w tę zestresowaną, gorączkowo spieszącą się matkę.

I gdy dzieci nie ruszały się tak szybko, jak według mnie powinny, czułam, jak wewnątrz mnie narasta i narasta olbrzymie tsunami stresu, gotowe uderzyć.

Wściekłość była mi zupełnie obca. To nie był sposób, w jaki zwykle wyrażałam uczucia. Była czymś przerażającym i niezrozumiałym. Po prostu nie wiedziałam, o co chodzi. Proces ruszania spod drzwi był całą serią nieskoordynowanych działań, ale ja przecież od tak dawna miałam to opanowane... więc co było teraz inaczej?

Nagle zaczęłam to wszystko odbierać bardzo osobiście. Czy dzieci guzdrały się, bo widziały, że jestem zestresowana? Czy robiły to specjalnie?

---

[1] Japoński serial animowany. W Polsce emitowany przez Polonię 1 i Polsat 2 [przyp. tłum.].

Czułam te napady irracjonalnego gniewu, ale przez większość czasu trzymałam je w ryzach. Nie mogłam zrozumieć, w jaki sposób radziłam sobie z tym przez całe lata, skoro teraz nagle po prostu nie mogę. To było trochę jak zespół napięcia przedmiesiączkowego – nigdy nie wiesz, kiedy uderzy, co może być wyzwalaczem i jak silne emocje tobą targną.

Raz czy dwa straciłam jednak kontrolę. I poczułam się OKROPNIE. Przed wyruszeniem do szkoły się załamałam i zaczęłam przepraszać dzieci. Słowa wydobywały się pomiędzy szlochami: „Przepraszam, nie wiem, skąd to się bierze, to nie wasza wina, tylko moja. Nie mam do was pretensji".

JAK ROZMAWIAĆ Z DZIEĆMI
O MENOPAUZIE

W przypadku większości z nas, mających dzieci, gdy uderza w nas menopauza, są one nieco starsze, możemy więc mieć pod jednym dachem rozchwiane hormony nastolatków i menopauzę.

Wspomniałam już, że od wieku ośmiu, dziewięciu lat dzieci są wystarczająco dojrzałe, by wyjaśnić im w prostych słowach, dlaczego mamusia czasami czuje się tak, jakby traciła wątek. Dzieci zauważają różne rzeczy i wiele słyszą. Jest więcej niż pewne, że już się zorientowały, iż coś się dzieje. Powinnaś dać im kredyt zaufania, uwierzyć, że będą w stanie zrozumieć. Ale musisz przekazać te informacje w odpowiedni sposób.

Niezależnie od tego, jak kuszące jest umniejszanie problemu albo udawanie, że on nie istnieje, zawsze lepiej być szczerym. Zamiast zamiatać swoje samopoczucie pod dywan, zbliż się do ich poziomu i postaraj się w odpowiedni dla ich wieku sposób wyjaśnić, co się dzieje.

Pamiętam kilka sytuacji, gdy załamałam się podczas wyruszania do szkoły. Tak bardzo obawiałam się tego, co dzieci sobie pomyślą. Gdy mama płacze, zwykle oznacza to, że stało się coś złego. Więc to z nimi przedyskutowałam. Wytłumaczyłam, dlaczego to nie była ich wina. Przyznałam, że płakałam, bo byłam zmartwiona sobą, a nie nimi.

„W ciele mamy dzieje się coś, co powoduje, że czasami czuje się zupełnie nie tak, jak powinna" – mówiłam. „Czasami trudno mi kontrolować te uczucia, ale biorę lekarstwo, które zaczyna to wszystko prostować, i dzięki niemu zaczynam czuć się jak człowiek".

POWIEDZ DZIECIOM, ŻE MOGĄ PYTAĆ O WSZYSTKO

Bardzo wcześnie zdecydowałam się powiedzieć dzieciom, że o wszystko mogą mnie pytać. Ptaki, pszczółki, miesiączki – wszystko. I to samo powinno dotyczyć menopauzy.

Jeżeli trudno ci to zwerbalizować, prowadź dziennik menopauzy i zapisuj. To wcale nie musi być wielka książka. Wystarczy tak: „Dzisiaj zdarzyło się to i to i czułam się w związku z tym tak i tak". Dostaną dzięki temu okno, przez które będą mogły zobaczyć, co czujesz, i zorientować się, dlaczego możesz zachowywać się tak, jak czasami ci się zdarza. Dzięki temu nie zostaną same w niewiedzy.

Jeżeli twoje dzieci są nieco starsze, mogą potrzebować pogawędki na temat menopauzy. Jeżeli opuściły już gniazdo, mogą nie być od ciebie tak zależne jak kiedyś, ale przecież wciąż jesteś ich mamą.

Pożycz im egzemplarz tej książki. Jeżeli potrzebujesz ich wsparcia i zrozumienia, musisz dać im narzędzia, które pozwolą im uzyskać informacje.

NIGDY NIE MÓW TEGO, CZEGO NIE MASZ NA MYŚLI

Niezależnie od tego, jak bardzo może to być trudne, gdy działasz pod wpływem chwili, jest jedna bardzo ważna zasada, której staraj się trzymać. Nawet gdy jesteś na absolutnym dnie swojej najczarniejszej wściekłości, nigdy, przenigdy nie mów tego, czego nie **miałaś na myśli.**

Cher ma rację. Słowa są jak broń, czasem ranią[2].

Wypowiedzianych słów nie da się cofnąć. Coś, co dla ciebie może być chwilowym wyłączeniem kontroli podczas wymiany zdań albo pełnowymiarowej kłótni, dla twoich dzieci, twojej drugiej połowy albo twoich przyjaciół może być zdaniem, które zapamiętają do końca życia. I te kilka słów może nieodwracalnie zmienić wasze relacje.

JEŚLI JEDNAK ZDARZY CI SIĘ POWIEDZIEĆ COŚ, CZEGO BĘDZIESZ ŻAŁOWAĆ, PAMIĘTAJ – NIE JESTEŚ NAJGORSZĄ OSOBĄ NA ŚWIECIE

Jeżeli na chwilę stracisz kontrolę i powiesz coś okropnego, zatrzymaj się, zrób długi, głęboki wdech, przyznaj się i przeproś. Nie mam na myśli przeprosin w stylu „przykro mi, że tak to odebrałeś" czy „przepraszam, ALE...". Mam na myśli szczere przeprosiny, płynące z głębi serca – może nie naprawi to stosunków między wami od razu, ale stanowić dla was bardzo ważny krok na tej drodze.

---

2 Słowa z utworu Cher *If I Could Turn Back Time* (Gdybym mogła cofnąć czas) [przyp. tłum.].

BĄDŹ BLISKO Z PRZYJACIÓŁMI, A Z PRZYJACIÓŁKAMI PRZECHODZĄCYMI MENOPAUZĘ JESZCZE BLIŻEJ

Nie mogę tego podkreślić jeszcze bardziej: jeśli jeszcze tego nie zrobiłaś, to MUSISZ zacząć rozmawiać o menopauzie z koleżankami i kolegami.

Całkiem często widzisz, jak przyjaciółki, które nie są tak obeznane w kwestii menopauzy jak ty, siedzą same, zastanawiając się, co się dzieje z ich ciałem. Czy chciałabyś, by czuły się zagubione, samotne i bezradne? Nie, oczywiście, że nie. Chciałabyś dla nich wszystkiego, co najlepsze, by były szczęśliwe i żeby było im dobrze. Zacznij więc mówić, dawać rady i nadzieję.

Jeśli chodzi o menopauzę, nie ma czegoś takiego, jak nadmiar informacji. Tyłek, biust, seks, poty: następnym razem, gdy wybierzesz się gdzieś z przyjaciółmi, opowiedz o wahaniach nastroju, mgle mózgowej, hormonach, plasterkach HTZ, aerozolach i żelach. Uczyń ten świat normalniejszym dla swoich przyjaciół, a także dla siebie.

Możesz być świadkiem chwili, gdy ktoś powie: „O mój Boże, ja też się tak czuję". I wtedy możesz opowiedzieć wszystko, czego się nauczyłaś.

STEROWANIE RELACJAMI W MIEJSCU PRACY

Będąc w domu, czułam, że mogę płakać, czuć się sfrustrowana i uzewnętrzniać emocje, miejsce pracy to jednak inna historia – tam wszystko dusiłam w sobie.

Gdy zmagałam się ze znalezieniem odpowiedniego słowa, ponieważ mój mózg był pełen mgły albo byłam

w płaczliwym nastroju, mogłam po prostu starać się to ukryć. Ale gdy się okazało, że nie jestem w stanie czytać z promptera, powiedziałam sobie: „Wystarczy. Już po mnie. Już nie mogę robić programów na żywo". Było to absolutnie przytłaczające.

**660 milionów kobiet
na świecie zbliża się ku
menopauzie, a połowa
z nich pracuje[3].**

**900 tysięcy kobiet
w Wielkiej Brytanii
odeszło z pracy
z powodu objawów
menopauzy[4].**

Zatrzymałam jednak te uczucia dla siebie i było to najgorsze, co mogłam zrobić. Jeżeli wybuch albo mgła mózgowa zdarzy się w pracy, będzie to zdecydowanie bardziej krępujące i przerażające, niż gdyby nastąpiło w domu albo w towarzystwie przyjaciół. Gdy czujesz się zagrożona, nastawiasz się na obronę. To najgorsze uczucie na świecie (Boże, sama myśl o kimś odczuwającym coś takiego powoduje, że chciałabym wszystkich przytulić).

Twoi przyjaciele i rodzina znają prawdziwą ciebie. Ludzie w pracy często znają cię tylko od jednej strony – widzą cię profesjonalną, mającą wszystko pod absolutną kontrolą, gdy więc wybuchniesz, będzie to wyglądało, jakbyś straciła nad sobą kontrolę.

Myślę, że to z tego powodu wiele kobiet odchodzi w tym czasie z pracy. Wymagania i oczekiwania są tak wysokie,

że gdy zdarzy ci się wpadka, nie spotkasz się ze zrozumieniem ani z empatią, tylko usłyszysz: „O Boże, co się **z nią** dzieje?", „Uderzenia gorąca? Aaa, **no proszę**".

Badania z 2021 roku wykazały, że co piąta kobieta w okresie menopauzy rezygnuje z szansy na awans, który w przeciwnym razie by rozpatrywała, 19 procent ogranicza liczbę godzin pracy, a 20 procent odchodzi[5]. Wyobraź sobie, jakie to ma znaczenie dla samej ekonomii. Pomyśl o całej wiedzy, doświadczeniu i energii, których zabraknie w pracy, bo kobiety w wieku pięćdziesięciu kilku lat sobie nie radzą.

Bardzo wiele kobiet podzieliło się historiami o tym, jak menopauza wpłynęła na ich pracę – od zmęczenia po mgłę mózgową – chcę teraz przytoczyć dwie historie o dwóch różnych zakończeniach.

„Porzuciłam pracę, którą kochałam" – Alison

Najpierw Alison, dla której sprawy zaszły za daleko i która nie znalazła innej możliwości, jak odejść z pracy.

W 2016 roku odeszłam z pracy – byłam funkcjonariuszką policji. Przebywałam na zwolnieniu, lecząc się z lęków i depresji,

[3] www.news-medical.net/health/Menopause-and-the-Workplace.aspx (29.04.2022).

[4] *Women Menopause and the workplace Inquiry*, Women and Equalities Committee Commons Select Committee, https://committees.parliament.uk/work/1416/menopause-and-the-workplace/

[5] *Menopause symptoms are killing woman's careers, major survey reveals*, Balance, 2021, https://www.balance-menopause.com/news/menopause-symptoms-are-killing-womens-careers-major-survey-reveals/

ale nie miałam wrażenia, by o to chodziło. Podjęłam decyzję o porzuceniu kariery z powodu narastającej mgły mózgowej. Nie mogłam znaleźć właściwych słów, miałam problemy z podejmowaniem decyzji i nie mogłam nawet przypomnieć sobie, jak brzmią przepisy prawne, które przecież tak dobrze znałam i które były niezbędne do właściwego wykonywania mojej pracy. Odeszłam. Nikt nie zadał pytania, co mogło być przyczyną mojego gwałtownego załamania.

Chciałam wyśliznąć się niezauważona i przez lata żyć jak pustelnik. Sześć miesięcy temu rozpoczęłam HTZ i teraz już wiem, że przez cały ten trudny czas miałam do czynienia z perimenopauzą.

Wiele mnie to kosztowało, ale teraz robię mozaiki, jestem artystką na samozatrudnieniu, przeniosłam się nad morze i włączyłam do mojej terapii pływanie w zimnej wodzie. Gdyby choć

jeden z lekarzy wspomniał o czymś takim pięć lat temu... Jestem pewna, że gdybym wtedy miała informacje, które zdobyłam dzięki Davinie, sprawy mogłyby przybrać zupełnie inny obrót.

Przykro mi, że dotarcie do tego miejsca kosztowało mnie aż tyle. Nie spotkałam pomocnych ludzi. Byłam dobra w pracy, ale nigdy już jej nie odzyskam. Na szczęście dzięki rosnącej świadomości inne kobiety będą mogły kontynuować kariery i nie przechodzić przez to co ja.

Alison, czytanie twojej historii łamie serce, ponieważ poza wszystkim innym jako społeczeństwo zostaliśmy pozbawieni fantastycznej policjantki. Bardzo mi smutno z tego powodu. Mam jednak nadzieję, że znajdujesz zadowolenie w swoich mozaikach – brzmi to fantastycznie – i bardzo się cieszę, że już się lepiej czujesz.

. . . .

„Noszę te swoje plasterki HTZ z dumą i otwarcie mówię o tym w pracy" – Claire

Gdy perimenopauza pojawiła się w jej życiu, Claire sądziła, że oszalała, ale ze wsparciem szefa, rodziny i dobrego lekarza dała radę się pozbierać.

W wieku 47 lat wiedziałam, że mogę mieć perimenopauzę. I już nawet poradziłam sobie z uczuciem zmęczenia i zapominaniem, jednak wybuchy wściekłości stawały się

coraz bardziej niepokojące. Były dni, kiedy mógł mnie zirytować nawet sposób, w jaki moja rodzina wchodziła do pokoju. Bardzo zirytować. Jakbym ich nienawidziła.

W pracy robiłam notatki i listy zadań, na wypadek gdybym czegoś zapomniała. Pewnego dnia siedzieliśmy z moim szefem na spotkaniu z klientem. Pamiętam, że myślałam wtedy: „Jak oni wszyscy się nazywają?", „Czego dotyczy to spotkanie?". Nie pamiętałam.

Zdołałam przetrwać spotkanie, po czym udałam się na stację. Gdy tam dotarłam, zorientowałam się, że nie wiem, gdzie mieszkam. Stałam przez 20 minut przed rozkładem jazdy ze łzami płynącymi po twarzy. Myślałam, że to demencja.

Wreszcie znalazłam w portfelu bilet, przeczytałam, gdzie mieszkam, i dotarłam do domu. Następnego dnia jechałam do pracy samochodem (z nawigacją, bo nie pamiętałam drogi) i myślałam tylko o tym, że pora udać się do ośrodka dla osób z demencją. Martwiłam się też o to, jak wówczas poradzą sobie moje dzieci.

Gdy tylko dotarłam do pracy, poproszono mnie do gabinetu szefa – naprawdę sądziłam, że zostanę wylana z pracy. Wiedziałam, że od wielu tygodni nie działam na pełnych obrotach. Powiedział, że ostatnio niepokoi się o moją pracę i oczywiście wspomniał o spotkaniu z poprzedniego dnia.

Wtedy się załamałam i powiedziałam, że sądzę, iż mam demencję. Zachował się wspaniale. Jego natychmiastową reakcją było: „Co powinniśmy zrobić, by ci pomóc?".

Tego wieczora z pomocą męża, tonąc we łzach, wypełniłam formularz dla lekarza pierwszego kontaktu. Moja lekarka oddzwoniła w ciągu 24 godzin i uspokoiła mnie, mówiąc, że najprawdopodobniej mam menopauzę i że powinnam

spróbować HTZ. Na szczęście znała się na rzeczy i wytłumaczyła mi, że to bezpieczne.

Teraz, po pięciu miesiącach, nie mam demencji i znowu kocham moją rodzinę!

Z dumą noszę plasterki i otwarcie mówię o tym w pracy. Gdy mam zły dzień albo jestem wściekła na cały świat, informuję współpracowników, że w pokoju jest „mroczna Claire", więc powinni mieć się na baczności i wspierać mnie. Moja podróż trwa, ale już nie czuję się sama z tym wszystkim.

Niemal straciłam pracę. Czy gdybym nie spotkała dobrej lekarki, kosztowałoby mnie to również zdrowie i małżeństwo?

Claire, to jest historia wielkiego sukcesu. Ja uważałam tak samo. Sądziłam, że mam demencję – byłam naprawdę przerażona. To wspaniałe, iż otrzymałaś pomoc od męża, udało ci się wypełnić formularz do lekarza online oraz że lekarka zdiagnozowała perimenopauzę i zaleciła HTZ. To wielki sukces! Dobra robota, jeśli chodzi o otwarte mówienie o tym w pracy. Twoja historia pomoże wielu osobom. Pamiętaj, że nie jesteś w tym sama.

Bardzo ci dziękuję za podzielenie się swoją historią – te pozytywne też są ważne. Zgadzam się z tobą: niech Bóg błogosławi twoją lekarkę! I dobra robota, szefie!

Alison odeszła z pracy, którą kochała i w której była dobra, ponieważ nikt jej nie zadał właściwego pytania. Nawet wtedy, gdy złożyła wypowiedzenie. Doprowadza mnie to do szału.

U Claire było przeciwnie, mimo że miała gówniany okres w życiu, jej szef stanął na wysokości zadania. Zauważył, że coś jest nie tak, zaprosił ją na rozmowę w cztery oczy i zapytał, co może zrobić, by jej pomóc.

To takie proste pytanie, a takie ważne. Kryje się za nim empatia, zrozumienie i przekonanie, że firma ma obowiązek pomóc Claire, a nie pozostawiać ją na pastwę losu. To jest reakcja, jakiej każda kobieta powinna oczekiwać od swojego pracodawcy.

Kobiety nie chcą taryfy ulgowej w miejscu pracy z racji menopauzy, nie oczekują też, że ktoś przyjdzie i zamontuje wentylatory na wszystkich biurkach (potrafisz sobie wyobrazić te fruwające w powietrzu kartki papieru, gdyby wszystkie naraz zostały włączone?). Mówiąc jasno i prosto, chcą jedynie zrozumienia.

Menopauza nie powinna być „tym czymś". Powinna stać się czymś normalnym. Czymś, o czym można rozmawiać. Jeżeli czujesz się zażenowana perspektywą rozmowy o niej z szefem albo współpracownikami, nie rób tego.

Brzmi to jak frazes, ale doświadczenie przychodzi z wiekiem. W okresie menopauzy możesz być już 20, 30 lat od rozpoczęcia kariery. Widziałaś już wszystko. Wiesz już wszystko. Jesteś niezastąpiona i, szczerze mówiąc, twój pracodawca byłby szalony, gdyby nie zrobił wszystkiego, co może, byś była szczęśliwa, rozwijała się i zostawiła wszystkich z tyłu na liście płac.

Masz wymierną wartość. Jesteś tego warta. Mów więc otwarcie o swojej menopauzie i o wsparciu, jakiego potrzebujesz – znajdziesz tu trochę sposobów, które możesz wypróbować już dziś.

ROZMAWIAJ ZE WSPÓŁPRACOWNIKAMI

Nie rób tego co ja i nie próbuj chować się przed ludźmi, z którymi pracujesz. Jeżeli masz wrażenie, że twój mózg zamienił się w papkę i nie możesz przypomnieć sobie imienia osoby, naprzeciwko której siedzisz w biurze od pięciu lat, nie czuj się skrępowana ani nie próbuj tego ukrywać. Powiedz: „To menopauza – czasami zapominam imiona i daty".

A gdy znowu spadnie na ciebie uderzenie gorąca, staw temu czoła, uśmiechnij się i uczyń to czymś normalnym.

Powiedz: „To uderzenie gorąca. Mam menopauzę. To się zdarza. Wyjdę na chwilę, by się ochłodzić, i zaraz wrócę".

NIE MOŻESZ OSOBIŚCIE POROZMAWIAĆ Z SZEFEM? OTO SPIS TEGO, CO POWINNAŚ ZAWRZEĆ W LIŚCIE DO NIEGO

→ Rozmowa zawsze jest najlepsza, ale jeśli wolisz przekazać swoje myśli na papierze albo chcesz mieć rodzaj kopii awaryjnej, napisz do szefa list.

→ Bądź szczera. Powiedz: „Tak się wtedy czułam i w ten sposób wpłynęło to na moją pracę". Pozwól mu poznać swoje objawy i opisz, w jaki sposób na ciebie wpływają – mgła mózgowa? Uderzenia gorąca? O co chodzi?

→ Bądź zapobiegliwa. Pokaż, że starasz się coś zrobić z objawami i wymień kroki, jakie dotychczas poczyniłaś. Byłaś u lekarza? Jesteś na HTZ?

→ Bądź pewna siebie. Nie obawiaj się prosić o pomoc, której potrzebujesz. To szansa na zmianę. Czy założenie grupy wsparcia może ci pomóc? Potrzebujesz pewnych zmian w rozkładzie dnia pracy?

→ Bądź konstruktywna. Spróbuj zakończyć list radośniejszą nutą. Chcesz być w pracy tak dobra, jak tylko możesz, ale potrzebujesz wsparcia i zrozumienia.

POTRZEBUJEMY WOJOWNICZEK MENOPAUZY W MIEJSCACH PRACY

Zaproponuj założenie grupy wsparcia dla kobiet z menopauzą, z cotygodniowymi spotkaniami, w przestrzeni, w której można usiąść i wymienić się doświadczeniami. Niezależnie od tego, czy będą to spotkania organizowane co tydzień, czy raz na miesiąc, zapisz ten termin w kalendarzach wszystkich pracowników. A potem wyciszcie

telefony, by każdy, kto będzie chciał, mógł brać udział w spotkaniach.

W takich grupach MUSZĄ być także mężczyźni. To nasi koledzy, przyjaciele i partnerzy. Korzyści z istnienia podobnych grup sięgają poza ściany biura czy miejsca pracy. Możesz mieć kolegów, których partnerki przechodzą menopauzę, a oni nie mają pojęcia, jak im pomóc. Mogą się naprawdę wiele nauczyć, słuchając i rozmawiając o tym z innymi kobietami. Będą mogli udzielić wsparcia partnerkom, siostrom albo matkom. Wspaniałym źródłem informacji na temat menopauzy w miejscu pracy jest portal henpicked.net.

PRACUJESZ W KORPORACJI? DOMAGAJ SIĘ UTWORZENIA WŁASNEJ PRZYCHODNI MENOPAUZOWEJ

Wiemy, że państwowa ochrona zdrowia jest przeciążona i dostęp do specjalisty w przychodni jest niczym gra na loterii.

W całej Wielkiej Brytanii[6] jest mniej niż 100 przychodni zajmujących się menopauzą[7]. Jeśli weźmiesz pod uwagę, że rzecz dotyczy połowy populacji i te tysiące tysięcy kobiet będą potrzebowały wsparcia specjalisty, widzisz, że to wcale nie jest dużo. A są miejsca w Australii, Stanach Zjednoczonych i Wielkiej Brytanii, gdzie kobieta, która otrzymała skierowanie, będzie musiała

---

[6] *Find your nearest BMS menopause specialist*, British Menopause Society, www.thebms.org.uk/find-a-menopause-specialist/?fbclid=IwAR3erCKWfLIBm-tX3BitMsCP4pbZpUyc2n-qvZDo9w6Mf1VgWM8vlxoCnE

[7] W Polsce terapię hormonalną menopauzalną prowadzą lekarze ginekolodzy i ginekolodzy-endokrynolodzy we współpracy ze specjalistami z innych dziedzin [przyp. kons.].

przejechać setki kilometrów, by spotkać się z lekarzem. I żeby spojrzeć na to z odpowiedniej perspektywy – w Szkocji jest 12 takich przychodni, a w całej Irlandii Północnej tylko jedna.

Nasze zdrowie i szczęście są w tej sytuacji zagrożone, dlatego nie możemy sobie pozwolić na siedzenie i czekanie. To obszar, w którym duży biznes powinien podnieść poprzeczkę. Wielkie korporacje powinny zakładać przychodnie leczenia menopauzy i zapewnić kobietom miejsca, gdzie otrzymają pomoc, wsparcie i poradę. W przeciwnym razie kobiety będą odchodzić z pracy, bo nie będą mogły sobie w niej poradzić albo będą ją tracić, ponieważ objawy menopauzy zostaną błędnie uznane za obniżenie wydajności.

TRZEBA UKIERUNKOWAĆ SZEFA? PONIŻEJ ŹRÓDŁA INFORMACJI NA POCZĄTEK

→ **Charetered Institute of Personnel and Development** ma przewodniki dla menedżerów na temat menopauzy w miejscu pracy (www.cipd.co.uk).

→ **Women's Health Concern,** część British Menopause Society, ma dostępne online źródła dotyczące menopauzy i pracy (www.womens-health-concern.org).

→ **Society for Occupational Medicine,** część Royal College of Physicians, posiada przewodniki o menopauzie w miejscu pracy (www.som.ork.uk).

A JEŚLI SYTUACJA NIE ULEGA POPRAWIE: CZY TO NAPRAWDĘ DOBRA PRACA DLA CIEBIE?

Byłaś u lekarza w sprawie swoich objawów, twój szef okazał się fantastyczny i mogłaś wdrożyć w pracy kilka pozytywnych zmian. Ale wciąż jakiś cichy głos w twojej głowie mówi, że jednak ta praca nie do końca jest taka, jaka być powinna.

I wiesz co? To dobrze. Nie obawiaj się przebranżowienia. Menopauza to czas zmian. Czy jest jakaś ścieżka kariery, o której zawsze marzyłaś i teraz czujesz się gotowa, by jej spróbować? Czy nadszedł czas na zmianę pracy i zrobienie czegoś supersatysfakcjonującego?

W niektórych przypadkach odejście może być najlepszą decyzją. Porozmawiaj z byłymi kolegami, którzy odeszli z pracy, a także z przyjaciółmi i krewnymi, którzy zmieniali pracodawcę.

Jeżeli szukasz inspiracji do zmiany, czytaj dalej...

„Po 30 latach odeszłam z pracy – teraz prowadzę własną firmę" – Sarah

Dla Sarah menopauza oznaczała ponowne odkrycie samej siebie, z wykorzystaniem umiejętności, które nabyła w czasie swojej trzydziestoletniej kariery, oraz odnalezienie prawdziwej satysfakcji w nowej roli.

Przez 30 lat pracowałam jako pielęgniarka w państwowej ochronie zdrowia. Byłam starszą pielęgniarką środowiskową i pracowałam z dziećmi w trudnej sytuacji życiowej. Miałam czworo własnych dzieci. Spełniałam się jako mama i pielęgniarka. Skończyłam 48 lat i wszystko się zmieniło.

Zaczęłam odczuwać niepokoje w pracy, cierpiałam na bóle głowy, objawy zespołu jelita drażliwego, nadciśnienie, mgłę mózgową i brak pewności siebie. Po wydarzeniu, które mogę opisać jako atak paniki w pracy, wyszłam i więcej nie wróciłam!

Przez sześć miesięcy siedziałam na sofie, patrząc w ścianę, moje córki usiłowały wspomóc mnie za pomocą kolorowanek i lekcji fortepianu, a syn mówił do mnie, jakbym miała kłopoty ze słuchem! Nigdy nie widzieli mamy w takim stanie.

Poszłam po poradę. Powiedziano mi, że jestem kompletnie wypalona i lepiej, żebym nie wracała do pielęgniarstwa. Utraciłam swoją tożsamość – jeżeli nie jestem pielęgniarką, to kim jestem?

Co powinnam zrobić?

Odkryć siebie na nowo. Przewijamy taśmę o pięć lat do przodu i teraz mam własny, dobrze prosperujący biznes – prowadzę kursy pediatryczne pierwszej pomocy w Sussex. Uczę świeżo upieczonych i przyszłych rodziców, opiekunów oraz dzieci w szkołach i uwielbiam to! Podoba mi się elastyczność, którą zapewnia własny biznes. Nigdy nie sądziłam, że to możliwe. Ścieżka do nowych umiejętności była stroma. Wciąż pomagam moim dawnym współpracownikom. Brałam też udział w programie szczepień przeciwko COVID-19.

Stwierdziłam, że to, przez co przechodziłam pięć lat temu, to była perimenopauza. Gdybym wtedy miała większą wiedzę na ten temat i więcej wsparcia w pracy, sprawy mogłyby się potoczyć zupełnie inaczej. Tak się jednak nie stało. Zamiast tego wiele nauczyłam się o sobie samej i mojej wewnętrznej sile, która pozwoliła mi założyć własną firmę. Zostałam królową mediów społecznościowych i zrozumiałam, jak istotne jest nawiązywanie kontaktów. Spotkałam fantastyczne i inspirujące kobiety.

Dziękuję ci, Sarah, za podzielenie się swoją historią. Cieszę się, słysząc o kobietach, które w tym właśnie okresie swojego życia uruchomiły własny biznes – to niezwykle inspirujące.

ROZDZIAŁ 11

JAK RADZIĆ SOBIE Z MENOPAUZĄ PRZY RAKU PIERSI – PORADY NA TEMAT HTZ I TERAPII NIEHORMONALNYCH

„Paznokcie pomalowane
na czerwono
i motocyklowa kurtka...
Choćby się rozstąpiło
piekło albo nastał
potop, I TAK nie dam
ich sobie odebrać".

„Po prostu lubię być
WYSŁUCHANA".

Po przeczytaniu setek nadesłanych historii zrozumiałam, że wiele kobiet boryka się z menopauzą i jednocześnie z rakiem piersi. Niektóre pisały o wspaniałej opiece i wsparciu, ale przekaz innych nie był optymistyczny albo mówił o ograniczonym dostępie do informacji lub wręcz o ich braku i pozostawianiu ich samym sobie.

Tylko w 2020 roku u 2,3 miliona kobiet na świecie zdiagnozowano raka piersi[1].

W tym rozdziale dr Naomi przedstawia narzędzia, które umożliwiają poradzenie sobie z menopauzą, podaje także pytania, które trzeba zadać, by otrzymać informacje, których potrzebujesz, a także omawia możliwości terapii. Dla osób, które nie mogą albo nie chcą przyjmować HTZ, mamy listę innych, niehormonalnych metod i terapii, które mogą być pomocne.

DR NAOMI: MOŻLIWOŚCI TERAPII, JEŚLI MIAŁAŚ RAKA

Kobiety z rakiem w historii medycznej, zwłaszcza z rakiem piersi, często czują się pomijane, jeśli chodzi o terapię menopauzy. Stwierdziłam, że kobiety, które go mają lub miały, czują się usunięte poza nawias w dyskusji o menopauzie. Trzeba to zmienić.

MIAŁAM RAKA PIERSI, CZY MOGĘ PRZYJMOWAĆ HTZ?

Najnowsze badania potwierdzają to, co sądziliśmy już wcześniej –

że estrogenowa HTZ nie podwyższa ryzyka wystąpienia raka piersi. Estrogen plus progesteron identyczny z naturalnym nie jest także łączony z podwyższonym ryzykiem tego raka. Estrogen z syntetycznym progesteronem jest wiązany z nieznacznym podwyższeniem ryzyka[2].

Nie wszystkie nowotwory piersi są takie same. Niektóre mają receptory hormonów, a inne nie. Te, które je mają, mogą przyrastać pod wpływem działania

[1] *Breast Cancer*, World Health Organization, 2021, https://www.who.int/news-room/fact-sheets/detail/breat-cancer
[2] *Breast Cancer*, World Health Organization, 2021, https://news-room/fact-sheets/detail/breast-cancer

hormonów. W około 75 procentach przypadków rak piersi ma receptory dla estrogenów (receptory estrogenowe dodatnie – ER+). Oficjalnie HTZ nie powinno się podawać kobietom z rakiem piersi w wywiadzie[3].

Aczkolwiek czasami, gdy kobieta miała raka bardzo dawno albo gdy był on zlokalizowany miejscowo, HTZ może być dopuszczalna pod kontrolą specjalisty. Podobnie jeżeli rak nie był hormonozależny, HTZ może być bezpieczna, ale też można ją stosować wyłącznie pod kontrolą specjalisty. Podejmując decyzję o wdrożeniu terapii hormonalnej albo terapii alternatywnej, zawsze najpierw omawiam indywidualną historię medyczną kobiety i jej oczekiwania, by rozważyć argumenty za i przeciw HTZ.

CO W PRZYPADKU RAKA PIERSI W HISTORII RODZINNEJ?

Kobietom z rakiem piersi w historii rodzinnej często się mówi, że nie mogą przyjmować HTZ, co w większości przypadków nie jest prawdą. Jeśli pokrewieństwo z osobami z rakiem jest bliskie (na przykład u twojej matki albo siostry zdiagnozowano raka piersi przed 40. rokiem życia), to jesteś bardziej zagrożona, ale nie uważa się, by HTZ dodatkowo podwyższało to ryzyko. Przed podjęciem decyzji o rozpoczęciu HTZ zalecałabym rozmowę ze specjalistą. Jeżeli masz raka piersi w historii rodzinnej, możesz poprosić lekarza o skierowanie do specjalistycznej poradni albo lokalnego centrum genetycznego, gdzie można się udać, by znaleźć więcej informacji.

„Zazdroszczę kobietom, które mogą beztrosko brać HTZ" – Darlaine

W 2016 roku, gdy Darlaine miała 55 lat, zdiagnozowano u niej inwazyjnego raka zrazikowego – rak ten powstaje w gruczołach mlekowych.

Nie odczuwałam wtedy charakterystycznych objawów menopauzy – jedynie obniżony nastrój. Podwójna mastektomia, sześć miesięcy

---

[3] *Tests on Your Breast Cancer Cells*, Cancer Research UK, 2020, https://www.cancerresearchuk.org/about-cancer/getting-diagnosed/tests-diagnose/hormone-receptor-testing-breast-cancer

po niej usunięcie jajników, wciąż balansowałam nad tą cholerną przepaścią, z której wpadłam prosto w piekło menopauzy. Jak miałam z tego wszystkiego wypłynąć, mając do dyspozycji jedynie parę płetw?

Co to za cholerstwo? Sądziłam, że sprawę pogarszają lekarstwa, które musiałam brać, by zahamować działanie estrogenów. Wyrosła mi cholerna kozia broda, na której mógłby zacumować statek, jej wyskubywanie wymagało siły Arniego. Miałam koszmarne bóle stawów, zwłaszcza kolanowych i biodrowych – wstawałam z krzesła ze stękaniem starej ciotki. A „pelikany" u ramion zwisały mi w fałdach podczas podnoszenia rąk.

Włosy i skóra utraciły blask. Miałam wyschniętą, piekącą waginę.

Zazdrościłam kobietom, które mogły beztrosko brać HTZ. Namiastkę normalności zapewniały mi miejscowo stosowany na moją wyschniętą kobiecość żel z estrogenem, czerwony lakier do paznokci i stara motocyklowa kurtka. Choćby się rozstąpiło piekło albo nastał potop, i tak nie dam ich sobie odebrać.

Darlaine – Chrystus żyje! Nie potrafię sobie wyobrazić, przez co przeszłaś, ale masz rację – nikt **nigdy** nie odbierze ci czerwonych paznokci i twojej kurtki. Przejrzymy wszystkie możliwości, które mogą ci pomóc, choć nie jest to HTZ. **Czytaj dalej!**

ALTERNATYWY: NIEHORMONALNE TERAPIE NA MENOPAUZĘ

Menopauza nie zawsze musi oznaczać HTZ. Niektóre kobiety nie mogą albo nie chcą jej stosować – to zdecydowanie ich wybór. Informacja, że nie możesz stosować HTZ, albo decyzja, że nie jest ona dla ciebie, może sprawić, że poczujesz się zagubiona. Takie odczucia mogą mieć zwłaszcza kobiety z rakiem piersi w historii medycznej.

Wróć do rozdziału 6 po konkretne porady dotyczące tego, czy możesz stosować

HTZ, jeżeli masz coś wspólnego z rakiem albo innymi problemami zdrowotnymi. Jeżeli nie możesz z niej skorzystać, wiedz, że są dostępne inne warianty, które – jak wynika z doświadczenia dr Naomi – mogą być skuteczne w walce z objawami menopauzy.

Poniżej niektóre z rozwiązań, które możesz przedyskutować z lekarzem.

DR NAOMI:

TERAPIE NIEHORMONALNE

ANTYDEPRESANTY (SSRI I SNRI)

Na co mogą pomóc? Obniżony nastrój, lęki, uderzenia gorąca, nocne poty.

Jak już mówiliśmy w rozdziale 6 (o menopauzie i zdrowiu psychicznym), antydepresanty nie powinny być pierwszą linią obrony przed związanym z menopauzą spadkiem nastroju, ale mogą stanowić opcjonalny środek na lęki, obniżony nastrój albo uderzenia gorąca, jeżeli nie możesz albo nie chcesz stosować HTZ. Mogą być bardzo skuteczne, ale ich przyjmowaniu mogą towarzyszyć skutki uboczne, takie jak nudności, suchość w ustach i obniżone libido.

Uwaga: jeżeli bierzesz tamoxifen, który wykorzystuje się w leczeniu raka piersi z receptorami estrogenowymi, nie możesz przyjmować antydepresantów w postaci paroksetyny czy fluoksetyny, gdyż te leki wchodzą ze sobą w interakcje.

KLONIDYNA

Na co może pomóc? Uderzenia gorąca.

Klonidyna jest najlepiej znana jako lek na nadciśnienie, ale jest także zarejestrowanym lekiem na uderzenia gorąca i poty. Skutki uboczne obejmują zawroty głowy.

GABAPENTYNA

Na co może pomóc? Przede wszystkim na uderzenia gorąca, ale może też wspomóc sen.

Gabapentyna to lek o wielu zastosowaniach – między innymi na epilepsję i nerwobóle. Ogranicza uderzenia gorąca u około połowy pacjentek[4], może też pomagać w uśmierzaniu bólu i poprawiać sen. Rezultaty są różne, a skutki uboczne obejmują senność, zawroty głowy i tycie. Jest to lek, którego przepisywanie podlega surowym zasadom.

---

[4] *Prescribable alternatives to HRT*, British Menopause Society, https://thebms.org.uk/wp-content/uploads/2018/03/Prescribable-alternatives-to-HRT-01EE.pdf

OKSYBUTYNINA

Na co może pomóc? Uderzenia gorąca.

Oksybutynina to lek, który wcześniej wykorzystywano w leczeniu nadaktywnego pęcherza, ale zostało wykazane, że pomaga także przy uderzeniach gorąca. Jest lekiem niehormonalnym, może być więc stosowany przez kobiety, które mają raka piersi w historii medycznej. Zwykle jest dobrze tolerowany, może jednak powodować suchość w ustach[5].

ANTAGONIŚCI RECEPTORA NEUROKININOWEGO TYPU 3

Na co może pomóc? Uderzenia gorąca i poty.

Zastosowanie antagonistów receptora neurokininowego typu 3 oznacza spektakularny postęp w leczeniu związanych z menopauzą uderzeń gorąca i potów u kobiet, które nie mogą przyjmować hormonów. Badania wykazały, że utrata estrogenów w okresie menopauzy zwiększa wydzielanie hormonu zwanego neurokininą B.

To stymuluje receptory neurokininowe typu 3, co z kolei wpływa na ośrodek kontroli temperatury w mózgu – czyli ta ścieżka jest nadmiernie stymulowana, gdy estrogenów jest mało. Zablokowanie tych receptorów powoduje zahamowanie całego procesu i redukcję objawów[6].

DOPOCHWOWE ŚRODKI NAWILŻAJĄCE I LUBRYKANTY

Suchość pochwy i sromu może być skutkiem ubocznym menopauzy, a także niektórych terapii antyrakowych, w tym leczenia raka piersi. Dopochwowe środki nawilżające i lubrykanty mogą być szczególnie pomocne, jako że są niehormonalne, ich stosowanie jest więc pozbawione ryzyka. Zalecam rozejrzenie się za tymi, które mają zbalansowane pH i osmolalność – po więcej szczegółów zajrzyj do fragmentu napisanego przez Sam. Ważne, by nie zapominać o tym, że miejscowo stosowane dopochwowe estrogeny nie niosą za sobą tego samego ryzyka co systemowa HTZ i często mogą być stosowane pod nadzorem specjalisty przez kobiety z rakiem piersi w wywiadzie medycznym.

---

[5] R.A. Leon-Ferre, P.J. Novotny, E.G. Wolfe et al., *Oxybutynin vs placebo for hot flashes in women with or without breast cancer*, 2019.
[6] *New non-hormonal treatment for hot flushes*, British Menopause Society, 2020, https://thebms.org.uk/2020/07/new-non-hormonal-treatment-for-hot-flushes/

INNE TERAPIE

Terapia poznawczo-behawioralna (CBT) jest psychoterapią rekomendowaną przez NICE (brytyjski Narodowy Instytut Zdrowia) w celu łagodzenia obniżenia nastroju i lęków. Może też ograniczyć uderzenia gorąca i poty. Jej zaletą jest to, że nie zawiera leków, nie ma więc skutków ubocznych. Może być jednak bardzo czasochłonna i nie zawsze jest dostępna w ramach państwowego systemu ochrony zdrowia, a zatem może być kosztowna[7].

Uważność i medytacja mogą pomóc przy objawach związanych z nastrojem oraz wspierają kojący sen[8].

Akupunktura. Niektóre kobiety mówią o bardzo dobrych efektach jej stosowania, ale może to być wynik niezwykle silnego efektu placebo.

Masaż i refleksologia. Istnieją dowody na ich skuteczność.

NIE ZAPOMNIJ O TRYBIE ŻYCIA

Tryb życia odgrywa istotną rolę w opanowaniu menopauzy. Dobrze zbalansowana dieta i redukcja cukru oraz produktów wysoko przetworzonych może złagodzić objawy. Alkohol i pikantne potrawy powodują rozszerzenie naczyń krwionośnych, co z kolei wywołuje uczucie ciepła i może powodować uderzenia gorąca albo je zaostrzać. Kofeina stymuluje wydzielanie adrenaliny, co może nasilać lęki i źle wpływać na sen. W następnym rozdziale znajdziesz mnóstwo informacji o tym, jak może pomóc zdrowy tryb życia.

---

[7] *Nonhormonal management of menopause-associated vasomotor symptoms: 2015 position statement of the North American Menopause Society*, „Menopause".
[8] D.S. Oliveira, H. Hachul, H.V. Goto, S. Tufik, L.R. Bittencourt, *Effect of therapeutic massage on insomnia and climacteric symptoms in postmenopausal women*, „Climacteric: the journal of International Menopause Society", 2012.

A CO Z LEKAMI ROŚLINNYMI?

Kobiety bardzo często próbują złagodzić objawy środkami roślinnymi, badania ich skuteczności są jednak ograniczone, a moc poszczególnych preparatów różna. Poniższa lista została utworzona na podstawie rekomendacji British Menopause Society i moich własnych doświadczeń.

Pluskwica groniasta to tradycyjna roślina północnoamerykańska, która może pomóc na uderzenia gorąca, choć nie jest tak skuteczne jak HTZ. Może też wchodzić w interakcje z innymi lekami, a bezpieczeństwo jej stosowania i toksyczność dla wątroby pozostają nieznane.

Kwas gamma-linolenowy jest kwasem tłuszczowym występującym w oleju z wiesiołka i ogórecznika. Ma działanie przeciwzapalne i może być pomocny, jeżeli masz objawy zbliżone do zespołu napięcia przedmiesiączkowego, np.

drażliwość piersi. Dowody naukowe są jednak ograniczone.

Żeń-szeń i inne środki medycyny chińskiej. Nie ma dowodów na ich skuteczność, choć niektóre pacjentki twierdzą, że im pomogły.

Izoflawony to rodzaj fitoestrogenów, które są podobne do estrogenów wytwarzanych przez organizm. Występują w czerwonej koniczynie, produktach sojowych i suplementach, ale rezultaty ich stosowania są niejednoznaczne, ich wartość jest więc niewielka. Zwykle nie są polecane dla kobiet z rakiem piersi w historii.

Dziurawiec to roślina, która może pomóc na uderzenia gorąca albo nocne poty oraz obniżony nastrój, aczkolwiek bezpieczeństwo i niezawodność jego stosowania są niepewne. Stwierdzono także interakcje z wieloma lekami.

Jeżeli masz lub miałaś zdiagnozowanego jakiegokolwiek raka, warto porozmawiać z onkologiem, ginekologiem i specjalistą od menopauzy, a najlepiej z wszystkimi trzema, by mogli wspólnie znaleźć najlepszy dla ciebie sposób działania. Zasługujesz na najlepszą terapię. Powodzenia.

ROZDZIAŁ 12

JAK SOBIE RADZIĆ Z MENOPAUZĄ PRZY INNYCH PROBLEMACH ZDROWOTNYCH

● ● ● ● ● ● ● ● ● ●

Jedna na dziesięć kobiet cierpi na endometriozę[1].

● ● ● ●

Trzy kobiety na cztery cierpią na zespół napięcia przedmiesiączkowego[2].

● ●

Co druga kobieta w którymś momencie swojego życia otrzyma diagnozę raka[3].

● ● ● ● ● ● ● ● ● ●

I każda przejdzie menopauzę.

Nie jesteśmy tylko statystyką. Zasługujemy na właściwą poradę, wsparcie i opiekę. Od raka jajnika po inne dolegliwości, takie jak endometrioza czy problemy z tarczycą – bardzo wiele kobiet, które dzielą się swoimi historiami, opowiada o tym, że jednocześnie zmagają się z menopauzą i innymi problemami zdrowotnymi.

---

[1] K.T. Zonderwan, *Endometriosis*, „The New England Journal of Medicine" 2020.
[2] M. Steiner, *Premenstrual syndrome and premenstrual dysphoric disorder: guidance and management*,
„Journal of Psychiatric and Neuroscience" 2020.
[3] *Overview cancer*, NHS.uk, 2019, https://www.nhs.uk/conditions/cancer/

„Menopauza po leczeniu raka: wszystko, co powiem, jest lekceważone przez kobiety, które rozpoczęły menopauzę w naturalny sposób" – Janine

Będąc nastolatką i dwudziestokilkulatką, Janine nie mogła się doczekać, kiedy skończą się jej miesiączki, gdyż nienawidziła związanych z nimi problemów i bólu.

Teraz jestem zła na siebie i czuję się strasznie głupia, że marzyłam o menopauzie.

Moja rozpoczęła się, gdy miałam 28 lat, na skutek leczenia raka, które spowodowało zatrzymanie czynności jajników. HTZ rozpoczęłam rok później ze względu na nieznośne objawy. Nocne poty, niestabilność emocjonalna, brak popędu płciowego i poczucie, jakbym była nienormalna, to nie są miłe doświadczenia.

Wreszcie nastał wielki moment, gdy poprosiłam o pomoc. Pewnego dnia wyruszyłam do pracy szczęśliwa, a gdy już tam dotarłam i właśnie zdejmowałam płaszcz, zaczęłam płakać. To nie było takie sobie popłakiwanie, tylko prawdziwy płacz ze szlochaniem i trzęsącymi się rękami. Koledzy sądzili, że musiało mi się stać coś strasznego... Ale ja nie miałam pojęcia, co się dzieje.

Zamknęłam się w toalecie, a kiedy minęło pół godziny, doszłam do wniosku, że nie mogę tam siedzieć cały dzień. Nie zważając na nic, poszłam więc, pochlipując, do swojego biurka. Wszyscy na mnie patrzyli, zdecydowałam więc, że trzeba im powiedzieć, by tego nie robili. Potem odturlałam swoje krzesło do kąta i siedziałam tam, aż łzy przestały mi płynąć.

Jestem na HTZ od ośmiu lat i postrzegam ją jak linę ratunkową. Mówią, że Red Bull doda ci skrzydeł – dobrze, w takim razie HTZ dała mi życie.

Staram się mówić o menopauzie, uważam, że to ważne. Boli mnie jednak fakt, że to, co mówię, spotyka się z lekceważeniem ze strony innych kobiet, które rozpoczęły menopauzę w naturalny sposób. Oczekuję czasów, gdy wszyscy będziemy mogli o tym mówić bez poczucia skrępowania i wspierać się nawzajem na każdym etapie.

Janine, dziękuję za podzielenie się swoją historią. Rak i HTZ to bardzo skomplikowany problem – musimy o tym mówić i uczyć siebie nawzajem.

DR NAOMI:

RAK I MENOPAUZA – JAK SOBIE RADZIĆ

Diagnoza raka może być naprawdę ciężkim przeżyciem, nie mówiąc już o tym, że jego leczenie często oznacza wcześniejszą menopauzę.

Toteż może dojść do sytuacji, kiedy będziesz musiała radzić sobie z terapią antyrakową i z menopauzą jednocześnie.

Bardzo często się zdarza, że kobietom mającym raka w osobistej lub rodzinnej historii medycznej mówi się, że pod żadnym pozorem nie mogą przyjmować HTZ. Nie zawsze jednak musi tak być, co oznacza, że niektóre kobiety cierpiące z powodu bardzo ciężkich objawów menopauzy, które mogłyby skorzystać z terapii hormonalnej, pozostawia się samym sobie.

Jeżeli masz raka w historii medycznej, zalecam rozmowę ze specjalistą o możliwościach, jakie są dla ciebie dostępne. Ważne, by przeanalizować twoją własną sytuację i rozważyć czynniki ryzyka oraz korzyści. Chodzi o ustalenie, co jest właściwe w twoim przypadku.

Jeżeli HTZ nie jest dla ciebie odpowiednia, pamiętaj, że istnieją alternatywy, które

omówiliśmy w poprzednim rozdziale. Mogą one przynieść ulgę w takich objawach jak uderzenia gorąca oraz problemy waginalne i dolegliwości związane z układem moczowym. I nie zapomnij dostosować trybu życia do nowej sytuacji.

Do terapii raka, które mogą spowodować wejście w menopauzę, należą:

→ Operacje chirurgiczne, w tym dotyczące jajników.

→ Chemioterapia.

→ Radioterapia w obrębie miednicy.

→ Leczenie hormonalne.

Operacja polegająca na usunięciu obydwóch jajników skutkuje nagłą trwałą menopauzą. W przypadku pozostałych terapii menopauza może być czasowa albo trwała. Wszystko zależy od rodzaju terapii i twojego wieku – im więcej masz lat, tym prawdopodobieństwo, że zmiany będą nieodwracalne, jest większe.

Spotkałam kobiety, których życie zostało wywrócone do góry nogami po usunięciu jajników. Nikt im wcześniej nie objaśnił, jakie są tego konsekwencje. Słyszałam o kobietach, którym radzono: „Skoro już tam będziemy możemy usunąć także jajniki", „Nawet tego nie zauważysz" i „Masz już dzieci, więc po co ci kolejne?". Czasami usunięcie jajników jest absolutnie niezbędne, ale nie wolno bagatelizować jego skutków.

Jajniki odpowiadają za wytwarzanie zdecydowanej większości estrogenów i znacznej części testosteronu. Gdy z jakiegokolwiek powodu zostaną usunięte, następuje natychmiastowa menopauza pooperacyjna. Ta natychmiastowość oznacza, że objawy mogą być znacznie cięższe niż standardowe.

Masz prawo spodziewać się szczegółowej rozmowy o operacji i jej skutkach ubocznych.

Powinnaś zadać onkologowi następujące pytania:

→ Co ta terapia oznacza konkretnie dla mnie – czy menopauza będzie chwilowa, czy trwała?

→ Co to oznacza dla mojej płodności?

→ Jaką terapię będę mogła stosować na objawy menopauzy i czy może zostać przepisana już teraz?

Jeżeli potrzebujesz więcej informacji, poproś o skierowanie do specjalisty od menopauzy.

„Menopauza jest czasem samotności dla wielu kobiet, w tym i dla mnie" – Heather

Heather w wieku 33 lat przeszła menopauzę pooperacyjną. W 2020 roku zdiagnozowano u niej rzadką odmianę raka, zwaną mięśniakomięsakiem gładkokomórkowym (po łacinie *leiomyosarcoma*), po nagłej konieczności zoperowania mięśniaka macicy, który uległ perforacji.

Ponieważ rak okazał się estrogenozależny, zadecydowałam o usunięciu jajników, by zmniejszyć ryzyko wznowy.

No więc przechodzę pooperacyjną menopauzę. Jest to ciężka walka. Nie mogę brać HTZ. Uderzenia gorąca są okropne, ale muszę nauczyć się z nimi

*żyć. To naprawdę trudne, gdyż mam
dwuletniego syna i wciąż staram się być
aktywna i opiekować się nim. Zwłaszcza
gdy jestem poza domem i mam uderzenia
gorąca, zaczynam się bardzo pocić, jest
to szczególnie krępujące i niezręczne.*

*Poza fizycznymi skutkami ubocznymi
menopauza silnie wpłynęła na moje
zdrowie psychiczne. Zmagałam się
z lękami i obniżonym nastrojem,
a menopauza (i diagnoza raka) jeszcze
to pogorszyły. Okazało się też, że mam
problemy z koncentracją, dokucza mi
mgła mózgowa i mam trudności
z zapamiętywaniem. To wszystko było
szczególnie trudne ze względu na
moją pracę. Próba wytłumaczenia tego,
co czuję i w jaki sposób to we mnie
uderzyło, była prawdziwym wyzwaniem,
gdyż trudno mówić o tych problemach
ludziom, którzy sami tego nie przechodzą.*

*Osiągnęłam prawdziwe dno,
mój nastrój naprawdę ucierpiał,
ale na szczęście teraz zaczęłam brać
antydepresant escitalopram i wygląda
na to, że pomaga. Są pewne informacje,
że ten lek może pomóc także na
uderzenia gorąca, ale na to trzeba
jeszcze poczekać. Zobaczymy.*

*Menopauza to dla wielu kobiet czas
samotności, podobnie jak dla mnie.
Nie mogę porozmawiać z rówieśnicami
o tym, czego doświadczam, ponieważ
one znajdują się na zupełnie innym etapie
życia. Wiele z nich ma małe dzieci i tak
dalej. Kilka razy wspomniano, że może
w przyszłości będę mogła brać HTZ,
ale mój rak jest tak rzadki i jest tak mało
dowodów i informacji, że nie wiem,
czy to kiedykolwiek nastąpi. Jednocześnie
obawiam się o długoterminowe skutki
mojej wczesnej menopauzy, staram się
więc możliwie dbać o zdrowie za pomocą
diety i ćwiczeń, na przykład z hantlami.
Zamierzam też regularnie robić sobie
skan DEXA.*

Heather, dziękuję za twoją historię.
Przesyłam ci wyrazy miłości.

· · · · · · ·

„Chciałabym się czuć wysłuchana i poprowadzona" – Kris

Kris od 15 lat cierpi na endometriozę oraz
PMDD (przedmiesiączkowe zaburzenia
dysforyczne). Opisuje życie z bólem
i myślami samobójczymi.

*Z powodu endometriozy miałam
intensywne krwawienia trwające od
siedmiu do dziesięciu dni. Powodowało
to znaczny dyskomfort. Seks w ciągu
kolejnych dni był bardzo bolesny. Potem
zdiagnozowano fibromialgię (przewlekłą
chorobę, która objawia się bólem całego
ciała) i, ogólnie rzecz biorąc, czułam,
że moje ciało przestaje działać.*

PMDD powodowało, że dziesięć dni przed okresem miałam ochotę się zabić. Pierwszego dnia okresu to uczucie łagodniało. Po prostu egzystowałam, a nie żyłam. Czułam, że nie wytrzymam dłużej. Histerektomia wydawała się jedynym sposobem zakończenia tych cierpień. Po niej poczułam się naprawdę świetnie. Czułam, że żyję. Próbowałam HTZ, ale wtedy znów pojawiły się PMDD. Przestraszyłam się, bo nie chciałam wracać do tego, od czego – jak sądziłam – już się uwolniłam. Tak naprawdę ten lęk nigdy nie został zrozumiany przez lekarzy, którzy sugerowali, że mogą pomóc antydepresanty. Wiedziałam, że w moim przypadku to nie jest prawda, więc nic nie brałam, ale moje ciało dopominało się tego, czego mu brakowało. Czułam się zagubiona. Nie wiedziałam, co zrobić, co by było najlepsze... Chciałam czuć się wysłuchana i poprowadzona tak, by potrzeby mojego ciała zostały zaspokojone.

Kris, bardzo ci dziękuję za opowiedzenie o PMDD. To bardzo ważne. Zbyt mało kobiet o tym mówi i za mało jest o tym w prasie i czasopismach. Jestem całkowicie pewna, że wiele kobiet cierpi na PMDD, nawet o tym nie wiedząc. Występują przy tym dodatkowe komplikacje, zwłaszcza jeśli chodzi o przyjmowanie jakichkolwiek hormonów – z powodu wahań poziomu ich wytwarzania przez organizm. Dlatego bardzo ci dziękuję za podzielenie się swoją historią.

DR NAOMI:
INNE SCHORZENIA I MENOPAUZA

ZESPÓŁ NAPIĘCIA PRZEDMIESIĄCZKOWEGO I PRZEDMIESIĄCZKOWE ZABURZENIA DYSFORYCZNE

Jedno i drugie może się zaostrzyć w okresie perimenopauzy. HTZ może pomóc, ale znalezienie odpowiedniej dawki i sposobu podania bywa wyzwaniem.

Jeżeli dotyczy cię któryś z tych przypadków, radzę powiedzieć o tym na pierwszej rozmowie z lekarzem i poprosić o skierowanie do specjalisty.

Jeśli jesteś wrażliwa na wahania hormonów, rozpoczęcie HTZ może nasilić objawy charakterystyczne dla napięcia przedmiesiączkowego, takie jak zdenerwowanie, wściekłość, płaczliwość, wrażliwość piersi i wzdęcia. Można je opanować, dobierając odpowiednią dawkę i metodę podania.

ENDOMETRIOZA

W Wielkiej Brytanii co dziesiąta kobieta w wieku reprodukcyjnym cierpi na endometriozę[4], która polega na tym, że tkanka przypominająca wyściółkę macicy zaczyna rosnąć w różnych innych miejscach. Podczas gdy wyściółka macicy (zwana endometrium) rozrasta się każdego miesiąca, a potem złuszcza podczas miesiączki, taka tkanka na innych częściach ciała nie może zostać usunięta. Może to prowadzić do bólu, powstawania blizn i objawów takich jak:

→ Ból w obrębie miednicy.

→ Bolesne miesiączki.

→ Ból podczas stosunku i po nim.

→ Problemy jelitowe, takie jak zaparcia i biegunki.

→ Problemy z układem moczowym.

→ Trudności z zajściem w ciążę – rozpowszechnienie endometriozy

u kobiet z niepłodnością może sięgać 30–50 procent[5].

→ Wyczerpanie.

Chociaż nie ma na to lekarstwa, są metody na poradzenie sobie z objawami. Należą do nich: uśmierzanie bólu, hormonalna terapia spowalniająca wzrost endometrium i pojawianie się nowych miejsc wzrostu oraz operacje.

Jeżeli chodzi o endometriozę i menopauzę, terapia może być dość skomplikowana, więc zawsze radzę kontakt ze specjalistą od menopauzy.

Jedną z możliwości jest HTZ, jednak endometrium pojawiające się poza macicą może być stymulowane przez estrogeny. Nie wyklucza to całkowicie stosowania HTZ, ale trzeba skontaktować się ze specjalistą, by przedyskutować, co będzie dla ciebie najkorzystniejsze.

W większości przypadków kobiety, którym usunięto macicę, nie potrzebują progesteronu. Endometrioza stanowi wyjątek, gdyż wtedy w dalszym ciągu w twoim ciele znajdują się fragmenty endometrium[6].

[4] P.A.W. Rogers et al., Priorities for endometriosis research recommendations from an international consensus workshop, „Reproductive Science" 2009, 16(4)-335-346, doi.org/10.1177/1933719108330568.

[5] L.J. Baker, P.M.S. O'Brien, Premenstrual syndrome (PMS): a peri-menopausal perspective, „Maturitas" 2012, 72(2): 121-125. doi.org/10.1016/maturitas.2012.03.007.

[6] H. Hamoda, N. Panay, H. Pedder, R. Arya, R.M. Savvas, The British Menopause Society and Women's Health Concern 2020 recommendations on hormone replacement therapy in menopausal women, „Post Reproductive Health" 2020, 26(4): 181-209. doi.org//10/1177/2053369120957514.

Może pomóc zmiana trybu życia (ćwiczenia oraz ograniczenie alkoholu, cukru i kawy).

Instytucja charytatywna Endometriosis UK jest w posiadaniu naprawdę pomocnych informacji o endometriozie i menopauzie, ma także linię bezpłatnej pomocy (www.endometriosis-UK.org).

PROBLEMY Z TARCZYCĄ

Prawdopodobieństwo wystąpienia problemów z tarczycą jest u kobiet dziesięciokrotnie wyższe niż u mężczyzn[7].

Są dwa rodzaje problemów:

→ Niedoczynność tarczycy, gdy produkuje ona niewystarczającą ilość hormonów.

→ Nadczynność tarczycy, gdy produkuje ona za dużo hormonów.

Obydwa rodzaje zaburzeń tarczycy mogą powodować takie objawy jak: zmiany nastroju, zmiany metaboliczne i tycie albo chudnięcie, zmęczenie i wrażliwość na zmiany temperatury. Są one podobne do objawów perimenopauzy.

Jak już wiemy z wcześniejszych rozdziałów książki, problemy z tarczycą częściej występują u kobiet z wczesną menopauzą albo z przedwczesną niewydolnością jajników – i odwrotnie. Dodatkowo obniżenie poziomu estrogenów w okresie perimenopauzy i menopauzy może także mieć wpływ na wielkość dawki przyjmowanych hormonów tarczycy.

MASZ PROBLEMY Z TARCZYCĄ I PRZYJMUJESZ HTZ? OTO, CO MUSISZ WIEDZIEĆ

Problemy z tarczycą nie powinny być barierą uniemożliwiającą przyjmowanie HTZ, aczkolwiek istnieje pomiędzy nimi wzajemne oddziaływanie, o którym niewiele wiadomo ze względu na brak badań. Poniżej wskazuję kluczowe punkty, na które trzeba uważać:

→ Zapotrzebowanie na hormony tarczycy zwiększa się w okresie menopauzy. HTZ może je obniżać – nie ma danych na ten temat.

→ Choć to zasadniczo estrogen przyjmowany doustnie wpływa na poziom hormonów tarczycy, warto jednak po rozpoczęciu terapii poprosić lekarza o skontrolowanie czynności tarczycy (przez badanie krwi), jeżeli pojawią się jakieś objawy z jej strony.

---

[7] *Thyroid and menopause*, British Thyroid Foundation, 2021, www.btf-thyroid.org/thyroid-and-menopause

MENOPAUZA I HIV[8]

W Wielkiej Brytanii żyje około 100 tysięcy osób zakażonych HIV[9]. Zagadnienie HIV i menopauzy nie zostało wystarczająco poznane, ale istniejące badania pokazują, że kobiety żyjące z HIV mają tendencję do wchodzenia w menopauzę we wcześniejszym wieku niż przeciętnie, zwłaszcza jeśli mają obniżony poziom limfocytów CD4 (białe ciałka krwi, biorące udział w niszczeniu bakterii i wirusów).

Badania przeprowadzone w 2021 roku na grupie 836 kobiet z HIV wykazały, że choć jedna trzecia spośród nich cierpiała na bardzo silne objawy menopauzy, to mniej niż połowa słyszała o HTZ, a mniej niż jedna na dziesięć ją stosowała. 5 procent kobiet z problemami urologicznymi stosowało miejscowy estrogen[10].

Przyczyny nie są jasne, ale uważa się, że HIV albo układ immunologiczny wpływają na jajniki i wydzielanie przez nie hormonów, co z kolei wywołuje objawy menopauzy.

Sam HIV i niektóre związane z nim terapie mogą (jak menopauza) zwiększać niebezpieczeństwo osteoporozy[11].

HTZ można brać razem ze środkami na HIV, ale porozmawiaj z lekarzem, czy nie istnieją jakieś interakcje pomiędzy terapiami, które stosujesz.

---

[8] W Polsce według danych NIZP PZH – PIB od wdrożenia badań w 1985 r. do 31 grudnia 2021 r. zakażenie HIV stwierdzono u 27557 osób, odnotowano 3868 zachorowań na AIDS, a 1448 osób zmarło [przyp. kons.].
[9] *HIV in the UK statistics*, National AIDS Trust, 2021, www.nat.org.uk/about-hiv/hiv-statistics
[10] H. Okhai et al., *Menopausal status, age and management among women living with HIV in the UK*, „HIV Medicine" 2021, 22(9): 834–842, doi.org/10.111/hiv.13138.
[11] *Osteoporosis*, Terrence Higgins Trust, 2021, www.tht.org.uk/hiv-and-sexual-health/living-hiv-long-term/osteoporosis

„Miałam pooperacyjną menopauzę i chorobę tarczycy – ale powoli docieram do celu" – Sophie

Sophie usunięto jajniki po tym, jak zdiagnozowano u niej mięśniaki – miała trzy, przy czym największy miał 10 cm średnicy.

Sześć miesięcy później rozpoczęłam estrogenową HTZ. Przepisano mi 0,5 mg na dzień i stopniowo zwiększano do 2 mg na dzień, ponieważ moje objawy były dość poważne.

Sytuację komplikowało to, że pod koniec 2017 roku zdiagnozowano u mnie niedoczynność tarczycy i jednocześnie chorobę Hashimoto (chorobę autoimmuno-logiczną polegającą na tym, że własny układ odpornościowy atakuje tarczycę). Teraz wiem, że tarczyca i estrogeny wchodzą ze sobą w interakcje i dają podobne objawy, trudno więc określić, co było przyczyną, a co skutkiem.

Nie miałam typowych uderzeń, tylko samo uczucie gorąca, które pojawiało się rankiem i późnym popołudniem. Byłam strasznie wyczerpana, miałam problemy ze snem, brakowało mi energii, dokuczały mi rozdrażnienie i lęki oraz bolesność podczas stosunku, a moje libido było na poziomie podłogi. I znowu nie wiadomo, czy był to objaw menopauzy, czy początek choroby Hashimoto.

W styczniu 2021 roku byłam u specjalisty od menopauzy. Lekarka przyjęła wszystko, co mówiłam, i rozumiała, dlaczego czuję się tak źle. Zrobiła mi badanie krwi, które wykazało, że poziom estrogenów jest o wiele za niski i że żel się nie wchłania, przestawiła mnie więc na plastry. Przepisała także żel z testosteronem, o czym od nikogo wcześniej nie słyszałam.

Umówiłam się na kontrolę do tej samej lekarki i ona ponownie podwyższyła mi dawkę estrogenu, a wykonany później test wykazał, że poziom tego hormonu jest już o wiele lepszy. Docieram do celu!

Dziękuję, Sophie, za twoją historię. To tylko podkreśla potrzebę większej liczby specjalistów od menopauzy, zwłaszcza w państwowej ochronie zdrowia. Cieszę się, że otrzymałaś pomoc i że masz już znacznie lepszy poziom estrogenu. Przybij piątkę!

Ten rozdział pokazuje, że każdy przypadek jest inny, a każda kobieta ma swoje indywidualne potrzeby. Warto zrobić własne rozeznanie, czytając tę książkę, i przygotować sobie pytania, które zechcesz zadać lekarzowi. Wiedza to potęga.

ROZDZIAŁ 13

WIDZĘ CIĘ – I WYGLĄDASZ CHOLERNIE DOBRZE. POZYTYWNE METAMORFOZY W OKRESIE ZMIANY

Powrót do formy podczas perimenopauzy i menopauzy wymaga czegoś więcej niż tylko hormonów i innych medykamentów. Ćwiczenia, odpowiednie odżywianie i generalnie czas na dbanie o siebie nie podlegają dyskusji i powinny być częścią twojego planu walki z menopauzą.

Nie wiesz, jak zacząć? Opisałam wszystko, od ćwiczeń po witaminy i składniki odżywcze, których nie może zabraknąć w twojej diecie. Do tego mam cudowne wskazówki, co zrobić, by czuć się i wyglądać jak najlepiej, otrzymane od królowej pielęgnacji ciała Caroline Hirons, porady dotyczące make-upu od Cheryl Phelps-Gardiner oraz zalecenia na temat właściwej pielęgnacji włosów od guru w tym zakresie – Michaela Douglasa.

RUSZAJ SIĘ

Gdy byłam dzieckiem i nastolatką, fitness nie był dla mnie czymś ważnym. Zaraz po dwudziestce moim głównym zajęciem było chodzenie po klubach. Sześć godzin tańca to całkiem niezłe kardio![1] Gdy osiągnęłam wiek 25 lat i skończyłam z klubami, paleniem, alkoholem i generalnie byłam czysta jak łza, moja waga poleciała w górę niczym balon.

Postanowiłam coś z tym zrobić, zaczęłam więc ćwiczyć. Początkowo nie wiedziałam jak. Zapisałam się na siłownię, ale była to kompletna strata czasu i pieniędzy, bo nie miałam pojęcia, jak działa którakolwiek z tych maszyn, a zapytanie o to któregoś z trenerów było dla mnie zbyt krępujące. Po prostu kręciłam się tam w stroju do ćwiczeń, starając się wyglądać w porządku, jakbym wiedziała, co robię.

Ćwiczenia wskoczyły na swoje miejsce dopiero, gdy byłam w ciąży z moją drugą córką Tilly i za pośrednictwem miejscowego magazynu poznałam Jackie i Marka Wrenów.

Każdy, kto zrobił cokolwiek z mojego DVD z ćwiczeniami, będzie kojarzył Jackie i Marka, ponieważ to oni nagrali ze mną większość tej płyty. Zainspirowali mnie i sprawili, że polubiłam ćwiczenia. To naprawdę ich zasługa.

Chciałam lepiej wyglądać i czuć się lepiej, ale tak naprawdę pragnęłam bardziej o siebie zadbać, by móc z kolei dbać o dwoje dzieci, które wówczas miałam (i byłam pewna, że będę miała kolejne, jeżeli szczęście mi dopisze).

---

[1] Kardio – rodzaj aktywności fizycznej, polegającej na długotrwałym wysiłku o różnej intensywności w zależności od rodzaju ćwiczenia – np. bieganie, kajakarstwo, jazda na rowerze [przyp. tłum.].

Od tego czasu ruch stał się ważną częścią mojego życia. I patrz, wraz z wiekiem schemat moich ćwiczeń nieco się zmienił. Być może trochę zwolniłam – gdy miałam 30, 40 lat, wykonywałam dużo ćwiczeń typu HIIT[2] i dość intensywne cardio. Zawsze ćwiczyłam co najmniej trzy albo cztery razy w tygodniu, ale potem zaczęłam się trochę hamować i już nie zadręczałam się w ten sposób. Podchodzę do tego z większym spokojem.

Wiem, które ćwiczenia lubię. Wiem, co naprawdę jest dobre dla mojego ciała, nie robię więc tego, co – mogłoby się wydawać – robić **powinnam.** To zmiana we mnie samej – myślę, że z wiekiem znacznie lepiej zrozumiałam siebie i już nie obwiniam się o różne rzeczy.

W pierwszych dniach perimenopauzy czułam się jednak, jakbym straciła parę. Uderzenia gorąca, brak snu... Naprawdę straciłam motywację do ćwiczeń, zwłaszcza rano. No bo czy naprawdę ktoś o szóstej rano wyskakuje z łóżka z okrzykiem „Juhuu!" na myśl o porannym bieganiu albo sesji ćwiczeń HIIT, które zamierza wykonać? Nie sądzę.

Wiedziałam, że po aktywności fizycznej powinnam być zadowolona z tego, co zrobiłam, ale w okresie perimenopauzy po prostu nie dawałam rady stawić temu czoła. Nie sypiałam w nocy, TAK BARDZO brakowało mi motywacji. I to mnie przerażało, bo do tego momentu zawsze czułam chęć do ćwiczeń.

Wszystko się zmieniło, gdy rozpoczęłam HTZ: uderzenia gorąca i nocne poty ustały, czułam się bardziej skupiona i wróciły moje zasoby energii. W porządku, nie byłam zachwycona na myśl o wstawaniu wczesnym rankiem, by ćwiczyć, ale robiłam to. A potem byłam zadowolona, że dałam radę.

DLACZEGO POWINNAŚ ĆWICZYĆ
W OKRESIE MENOPAUZY

Ćwiczenia są niezwykle ważne na każdym etapie naszego życia. Ale prawdziwego znaczenia nabierają w okresie perimenopauzy i menopauzy. Zmiana poziomu hormonów naraża nas na wiele problemów zdrowotnych, takich jak osteoporoza, choroby sercowo--naczyniowe czy zmienne nastroje, a nasze ciało zaczyna nabierać kilogramów, zwłaszcza w pasie.

---

[2] HIIT – rodzaj ćwiczeń fizycznych, tak zwany trening interwałowy o dużej intensywności [przyp. tłum.].

Łatwizna: sześć przyczyn, dla których powinnaś zacząć ćwiczenia TERAZ

Walczą z marazmem wieku średniego[3].

Pozwalają zachować mocne kości[4].

Pozwalają zachować bystry umysł[5].

Chronią serce[6].

Wspierają dobry nastrój[7].

Wspomagają sen[8].

JAK DUŻO POWINNAM ĆWICZYĆ?

Ogólna zasada mówi, że powinnaś ćwiczyć po pół godziny pięć razy w tygodniu[9]. Powiedziałabym, że na początek możesz postawić sobie za cel ćwiczenie minimum trzy razy w tygodniu, a potem zobaczysz, jak ci będzie szło[10].

Weź tygodniowy terminarz i na początku każdego tygodnia zapisz w nim terminy ćwiczeń. Powiedz sobie: „Tak, to jest czas na ćwiczenia" i zapisz to w odpowiednich polach. Potem umieść terminarz w jakimś widocznym miejscu, abyś nie mogła go zignorować, na przykład na tablicy korkowej w przedpokoju albo na lodówce.

Patrz na tydzień jako całość i ustaw ćwiczenia w najdogodniejszym czasie. Na przykład możesz zaplanować ćwiczenia w poniedziałek, środę i piątek, pozostawiając sobie wolny weekend. Ale jeżeli poniedziałek nie jest dobry ze względu na ogrom pracy, wybierz inny dzień.

NIGDY NIE JESTEŚ ZBYT ZAJĘTA NA ĆWICZENIA

Nie ma wymówek! Zawsze masz czas na ćwiczenie. Jak już zaczniesz, będziesz zdumiona, jak szybko stanie się częścią twojego życia. Jeśli zdarzy ci się pomyśleć: „Tak ciężko pracuję, że nie mam czasu w ciągu dnia" albo „Jedyne, o czym marzę pod koniec dnia, to klapnąć na sofę", to proponuję rozwiązanie najprostsze z możliwych – wcześniej wstawaj.

Nastaw budzik na pół godziny wcześniej, wykonaj zaplanowane ćwiczenia jako pierwszą czynność z rana i wciąż będziesz miała czas na to, czym chcesz wypełnić resztę dnia.

W każdy poniedziałek przystępowałam do ćwiczeń o godzinie 7.00 i byłam bardzo zadowolona z siebie, mogąc zakreślić je na liście jako wykonane już o 7.45. Zwykłam wysyłać przepełnione dumą selfie z podpisem: „Ooooch, ćwiczenia – odhaczone". Prawdę powiedziawszy, dosłownie **nienawidziłam** siebie za ten wpis, ale jednocześnie czułam się świetnie, że tego dokonałam, i to ustawiało mi cały tydzień.

---

[3] *Benefits of exercise*, NHS.uk, 2019, https://www.nhs.uk/live-well/exercise/exercise-health-benefits/

[4] *Osteoporosis prevention*, NHS.uk, 2019. https://www.nhs.uk/conditions/osteoporosis/prevention/

[5] *Benefits of exercise*, dz. cyt.

[6] *Physical inactivity*, British Heart Foundation, https://bhf.org.uk/informationsupport/risk-factors/physical-inactivity.

[7] *Benefits of exercise*, dz. cyt.

[8] B.A. Dolezal et al., *Interrelationship between Sleep and Exercise: A Systematic Review*, „Advances in Preventive Medicine", doi.org/10.1155/2017/1364387.

[9] *Physical activity guidelines for adults aged 19 to 64*, NHS.uk, 2021, https://www.nhs.uk/live-well/exercises/exercises-guidelines/physical-activity-guidelines-for-adults-aged-19-to-64/

[10] Tamże.

ZNAJDŹ ĆWICZENIE, KTÓRE LUBISZ

Ludzie często pytają mnie o ulubione ćwiczenie, ale najlepszą odpowiedzią jest: „Znajdź coś, co polubisz".

Nie zabieraj się za robienie czegoś, bo uważasz, że powinnaś. Jeżeli czujesz się z tym niekomfortowo albo cię to nudzi, nie musisz się tego trzymać. Ludzie mówią mi: „Próbuję codziennie biegać, ale strasznie tego nie lubię". Wtedy myślę: „No to po co to robisz? Równie dobrze mogłabyś zawzięcie pedałować na rowerku stacjonarnym". Nawet jeżeli uważasz, że powinnaś pójść ćwiczyć o godzinie 6.00, bo to dobre cardio, to nie marnuj pieniędzy, bo na dłuższą metę tego nie wytrzymasz.

Jeżeli przez pewien czas nie ćwiczyłaś albo chcesz coś zmienić, spróbuj czegoś nowego. Może to być zumba albo pływanie, mogą być ćwiczenia w domu, rower stacjonarny albo bieganie, jeżeli to lubisz. Chodzi o to, by eksperymentować i próbować wielu różnych rzeczy.

Na mojej stronie www.ownyourgoals davina.com znajduje się ponad 500 różnych treningów – zaryzykuję, to brzmi jak reklama, ale to moja książka, więc uważam, że wolno mi tu promować własną platformę fitnessową. Możesz po prostu spróbować ściągnąć kilka różnych schematów i zobaczyć, co ci odpowiada.

Treningi są różne – od pięciominutowych do pięćdziesięciominutowych. Są tam też porady żywieniowe i specjalne programy na menopauzę – mnóstwo rzeczy do wypróbowania. A także trochę naprawdę fajnych artykułów o poprawianiu samopoczucia.

DOPIERO ZACZYNASZ ALBO BRAKUJE CI CZASU? SPRÓBUJ ĆWICZEŃ W DOMU

W znacznym stopniu ten trend rozwinął się w okresie pandemii covidowej, ale sądzę, że ćwiczenie w domu zawsze jest fantastyczne. Możliwość naciśnięcia „play" w sypialni albo w salonie i wstawiania ćwiczeń pomiędzy zajęcia domowe bez konieczności opuszczania domu jest bardzo wygodna.

To także dobry pomysł, jeżeli nie odpowiada ci grupa, do której trafiłaś na zajęciach albo nie lubisz chodzenia na siłownię czy po prostu jest okropna pogoda. Jeżeli czujesz się zawstydzona, skrępowana poceniem się, swoim wiekiem lub wymiarami albo po prostu nie jesteś zbyt towarzyska, to znakomita metoda utrzymania aktywności w bezpiecznej dla ciebie przestrzeni. Mnóstwo treningów domowych można wybrać z Own Your Goals Davina, jest też bardzo dużo darmowych materiałów wideo na YouTube i oczywiście jest piękny Joe Wicks[11].

---

[11] Joe Wicks – brytyjski trener fitness, prezenter telewizyjny i autor [przyp. tłum.].

EPICKIE CHODZENIE

Choć jest ono bardzo niedoceniane i pomijane – uwielbiam chodzenie. Jest darmowe, nie wymaga wymyślnego sprzętu i całkowicie rozjaśnia mi umysł. Łatwo też wpasować je w życie. Spróbuj odprowadzać dzieci do szkoły, chodzić do sklepu albo na stację kolejową, zamiast od razu wskakiwać do samochodu.

Dwa razy dziennie wychodzę na spacer z moim psem Bo – zakładam na ubranie pas biodrowy do biegania, z czego moje dzieci się wyśmiewają, ale jest idealny, bo mogę do niego zapakować przysmaki dla psa i torebki na kupę.

To prowadzi mnie wprost do następnej porady: jeżeli lubisz zwierzęta i jest dla nich miejsce w twoim życiu, weź psa. Uwierz mi, nie pożałujesz. Psy absolutnie bezwarunkowo okazują miłość i są NAJLEPSZYMI kompanami!

Pies nie zwraca uwagi na twoją menopauzę, on po prostu pragnie tego cholernego spaceru. Zupełnie jakbyś miała swojego własnego psiego Pana Motywatora, bez spandeksu – wychodzę z Bo dwa razy dziennie, czy deszcz, czy słońce.

Chodzenie jest doskonałym ćwiczeniem obciążeniowym, które wzmacnia kości. Z zasady ćwiczenie obciążeniowe to takie, które działa przeciw ciążeniu, jeśli więc

chodzenie nie jest z twojej bajki, zastąp je tańcem czy nawet wchodzeniem po schodach.

Ostatnia rzecz o chodzeniu. Pamiętasz mantrę z początku książki, że „wiesz, dokąd idziesz"? Tak, wciśnij gaz i zwiększ tempo. Zwiększenie sprężystości kroku oznacza, że prędzej dotrzesz tam, dokąd zmierzasz, spalisz więcej kalorii, przyspieszysz akcję serca i wydzielanie endorfin. Często zakładam słuchawki i podejmuję energetyczny spacer z Bo u boku. Może to wyglądać na nieco zwariowane i powoduje chichoty innych spacerowiczów, ale kto by się przejmował? Lubię to.

Gdy zatem następnym razem wyjdziesz na spacer, pamiętaj: głowa do góry, ramiona do tyłu, wciągnięty brzuch, wymachuj ramionami i idź.

MIESZKASZ BLISKO WODY? SPRÓBUJ PŁYWANIA

Pływanie w jeziorach, stawach i morzu ma w sobie coś z korzystania z chwili. I to z ważnego powodu: zimna kąpiel rozpędza układ odpornościowy i metabolizm, poprawia sen i nastrój. To dlatego terapia z wykorzystaniem zimnej wody jest dla ciebie pożądana[12].

Chwilę temu oglądałam klip o grupie kobiet w Swansea w Południowej Walii,

---

[12] B. Knechtle et al., *Cold water swimming-benefits and risks: a narrative review*, „International Journal of Environmental Research and Public Health", 2020, doi.org/10.3390/ijerph17238984.

które całą grupą pływały w zimnej wodzie, by złagodzić objawy menopauzy.

Ubrane w kostiumy kąpielowe, pianki i czapki, wbiegły do morza, trochę marznąc, wrzeszcząc z zimna, ale jednocześnie śmiejąc się do rozpuku. Pogawędki, towarzystwo i ćwiczenia – to doskonałe zestawienie.

DLACZEGO KUCHENNE DISCO MOŻE BYĆ TYM, CZEGO POTRZEBUJESZ

Trening nie zawsze musi oznaczać ganiania po polach w każdą pogodę czy podnoszenia ciężarów w siłowni. Poćwiczenie 20 minut tu i pół godziny tam może dużo zmienić – i zmienia.

To może być także każda aktywność, która zmusi cię do ruchu – wyjście na spacer, zabawa z dziećmi albo wnukami w parku i wreszcie moje ulubione tańczenie w kuchni do jakiegoś jazgotu z radia.

Każda aktywność się liczy. Cokolwiek wybierzesz, będziesz lepsza od kogoś, kto wyleguje się na sofie, oglądając Netflixa i chrupiąc chipsy.

NIE MUSISZ ROBIĆ TEGO SAMA – ZNAJDŹ SOBIE KOMPANA

Jeżeli masz problemy z silną wolą, znajdź „towarzysza od wymówek". Czy to przyjaciółka, partner, czy kolega z pracy, z którym chodzisz na lancz – dobrze jest mieć kogoś odpowiedzialnego,

kto w razie czego da ci motywacyjnego kopniaka w tylną część ciała. Prawdopodobnie będziesz mniej marudzić, że nie masz ochoty, a już na pewno będzie z tym więcej zabawy.

Biegam z moją przyjaciółką Anną. Jest ode mnie trochę młodsza i jest znacznie lepszą niż ja biegaczką. Bardzo mnie motywuje i jest niebywale uprzejma – gdy na chwilę mam dość biegania, truchta obok mnie z prędkością mojego chodu, mimo że mogłaby w dowolnym momencie przebiec półmaraton.

Ogromnie podnosi moją motywację – dzwoni do mnie i mówi: „Wybieram się pobiegać, chcesz iść ze mną?". A ja mruczę pod nosem: „Choroba, myślałam, że dzisiaj mi się upiecze...". Ale zwłaszcza w wolne dni, gdy trochę bardziej kręcę się w kółko – w dni pracujące jest to nieco trudniejsze – fantastycznie potrafi wyciągnąć mnie na wspólne bieganie. Jest taka inspirująca!

I patrz, czasami wychodziła pobiegać i inspirowała mnie do przebieżki w domu, gdy nie dałam rady wybrać się razem z nią. Mogłam myśleć, że ona idzie pobiegać, więc ja też. Nie musicie zatem biegać razem, gdy jest to niewykonalne – możecie ćwiczyć wspólnie na odległość. Nie musicie nawet mieszkać w tej samej strefie czasowej.

Innym dobrym pomysłem jest ustanowienie cotygodniowych spotkań dla uzgodnienia waszych celów i zaplanowania nadchodzącego tygodnia.

WYBIERZ TRENING PASUJĄCY DO TWOJEGO NASTROJU

Taniec interpretacyjny do dźwięków Enyi nie pomoże, jeżeli wszystko, czego pragniesz, to zatańczyć pogo, bardzo, bardzo głośno słuchając Rage Against the Machine.

Gdy jestem w złym nastroju, wybieram trening, który pozwala wypchnąć złe uczucia - na przykład boks. Włączam drum and bass i rzeczywiście pozbywam się tego paskudztwa. Spróbuj - gwarantuję, że będziesz się czuła o niebo lepiej.

Z kolei, gdy czujesz się smutna i słaba, zrób coś, co wydaje się delikatne i czułe, jak pilates albo jakieś przyjemne pozycje jogi.

A co ty na to, by wziąć udział w zawodach charytatywnych? Może zwiększy to twoją motywację? Spróbuj biegu 5K albo charytatywnego spaceru w grupie.

JEDZ PO SWOJEMU
DLA ZDROWSZEJ MENOPAUZY

Często słyszę pytania o utrzymanie wagi w wieku średnim... Nie jestem dietetyczką, ale doświadczenie podpowiada mi, że z upływem lat nie spalam już tyle kalorii co dawniej. Podkreślam, że jem te same potrawy co zawsze, tylko troszkę mniej. Nie mam obsesji liczenia kalorii. Daj spokój, szczerze mówiąc, życie jest za krótkie.

Jedzenie może stanowić podporę emocjonalną w tych momentach życia, kiedy wszystko zdaje się przytłaczać. Wiem, że nie tylko ja zajadałam stres w okresie covidowego lockdownu. Menopauza może działać podobnie. Jesteś zbyt wykończona, by ugotować coś zdrowego, miałaś zły dzień w pracy, ogólnie czujesz się opadnięta z sił, a ta wielka tabliczka czekolady w kredensie po prostu mruga do ciebie i jest zbyt kusząca, by ją zignorować. Kilka kawałków w ciągu paru minut zamienia się w całą tabliczkę wielkości XXL.

Stwierdziłam, że na tym etapie życia mój metabolizm w sposób naturalny nieco zwolnił i okazało się, że trudniej mi zrzucić wagę, jeżeli zdarzyło mi się trochę przytyć. Mój sposób to utrzymanie aktywności fizycznej i zwracanie uwagi na to, co jem. Nie stosuję konkretnych diet, tylko staram się ogólnie ograniczać przez kilka dni, jeżeli zdarzy mi się pozwolić sobie na zjedzenie trochę więcej.

**Wielkość twojej dłoni –
porcja białek,
na przykład chudego
mięsa albo ryby**

**Wielkość twojej pięści –
porcja warzyw**

**Jedna garść –
porcja węglowodanów**

**Jeden kciuk –
porcja tłuszczów**

Jeżeli wiesz, że z jakiegoś powodu skrada się ku tobie nadwaga, to chcąc osiągnąć istotne obniżenie wagi, będziesz musiała zaatakować z dwóch stron: 20 procent to ćwiczenia, a 80 procent to jedzenie.

OPONKA? NIE PANIKUJ

Nabranie wagi w wieku średnim nie jest nieuniknione i jeżeli zechcesz, możesz ją zrzucić.

W okresie menopauzy masa mięśniowa się zmniejsza, trzeba więc wtedy jeść dużo białka. Jeśli jednak będziesz jadła tyle, co w wieku dwudziestu kilku lat, nawet nie zauważysz, kiedy przytyjesz.

Jeżeli musisz się ograniczyć, w pierwszej kolejności zacznij zwracać uwagę na wielkość porcji. Nie potrzebujesz w kuchni wielkiego zestawu wymyślnych wag, możesz użyć jako wskaźnika swojej dłoni.

SPRAW SOBIE MNIEJSZY TALERZ

Inny, naprawdę prosty sposób, który stosuję, gdy już pozwolę sobie na kulinarne ekscesy – ma on swoje zastosowanie zwłaszcza po Bożym Narodzeniu – to zmiana talerza na mniejszy.

Początkowo możesz się czuć trochę głodna, ale gdy zaczniesz tracić wagę i twój żołądek nieco się skurczy, będziesz potrzebowała mniej jedzenia.

BĄDŹ SZCZERA W KWESTII TYCH OKAZJONALNYCH PRZYJEMNOŚCI

Widziałam dzieci, które w ciągu pierwszych lat na uczelni przybrały na wadze po sześć i więcej kilogramów, głównie z powodu alkoholu i fast foodów o czwartej nad ranem.

Nie mówię, że masz odrzucić wszystko, co lubisz. Wystarczy, że nie będziesz przesadzać i zamawiać ulubionego jedzenia na wynos trzy razy w tygodniu ani brać dokładki do każdego dania. Kluczowy jest umiar.

Cukier to moja Nemezis. Gdy zacznę, naprawdę trudno mi się zatrzymać. Czasami kupuję czekoladę albo inne smakołyki „dla Chestera", DOSKONALE WIEDZĄC, że tak naprawdę kupuję je dla siebie.

Jeżeli robisz coś podobnego i zdarza ci się pochłonąć wszystkie słodkości naraz, być może lepiej będzie usunąć je wszystkie z kredensu, dopóki nie uda ci się nabrać lepszych nawyków. Co z oczu, to i z serca.

Oczywiście już w ogóle nie piję, ale jeżeli jesteś przyzwyczajona do picia paru lampek wina co wieczór, zawrzyj sama ze sobą pakt – że nie pijesz wina w weekendowy wieczór. Albo ogranicz liczbę wieczorów z winem w tygodniu. Alkohol zawiera mnóstwo pustych kalorii i zdecydowanie ogranicza możliwość dobrego snu.

CZY HTZ MOŻE SPOWODOWAĆ SPADEK WAGI?

W HTZ nie ma nic, co samo w sobie powodowałoby utratę masy ciała, ale zapewne stwierdzisz, że jeśli masz trochę do zrzucenia, terapia da ci rozpęd, by coś z tym zrobić. Chcę powiedzieć, że zmęczenie, lęki, depresja i bóle wystarczą do odebrania motywacji nawet najbardziej zaangażowanego fana siłowni. W moim przypadku HTZ pomogła na objawy i ułatwiła ponowne rozbudzenie chęci do ćwiczeń.

WITAMINY I SUBSTANCJE ODŻYWCZE KONIECZNE DO PRZEBRNIĘCIA PRZEZ MENOPAUZĘ – I DALEJ

Wapń

Wapń zapewnia wytrzymałość i zdrowie kości. Uważa się, że chroni przed osteoporozą. Możesz go sobie dostarczyć, jedząc warzywa liściaste, tofu, tłuste ryby takie jak łosoś, produkty mleczne i mleko roślinne oraz bogate w niego produkty zbożowe[13].

Witamina D

Ta witamina ułatwia naszemu ciału pobieranie wapnia, jednak trudno zaspokoić całe zapotrzebowanie na nią, opierając się jedynie na jedzeniu. Większość witaminy D w organizmie jest produkowana dzięki wystawieniu skóry na słońce w ciągu letnich miesięcy, ale możesz też pomyśleć o suplementowaniu jej jako o swoistej polisie ubezpieczeniowej – zwłaszcza jesienią i zimą. Wykazano, że przyjmowanie 1000 jednostek witaminy D wzmacnia kości, poprawia wrażliwość na insulinę oraz odporność[14].

Magnez

Magnez to pierwiastek, który może poprawiać sen, obniżać stres i koić podrażnione mięśnie. Powinnaś móc pobrać cały niezbędny magnez z diety – idealnym źródłem są migdały i orzechy nerkowca, a także zielone warzywa i pełne ziarno. Pamiętaj jednak, że alkohol i kofeina ograniczają jego wchłanianie[15].

Inne

Suplement, który biorę codziennie, to tabletka zawierająca witaminy C i D. Stosuję taką do żucia, co bardzo mi odpowiada, gdyż jest ona jak cukierek! Przyjmuję także witaminy B (wszystkie w jednej tabletce), a wieczorem biorę magnez – na lepszy sen i tonus mięśniowy. Codziennie stosuję też kolagen. Kolagen jest białkiem, zwiększam więc w ten

---

[13] *Vitamins and minerals: calcium*, NHS.uk, 2021, https://www.nhs.uk/conditions/vitamins-and-minerals/calcium/

[14] *Vitamins and minerals: vitamin D*, NHS.uk, 2021, https://www.nhs.uk/conditions/vitamins-and-minerals/vitamin-d/

[15] *Vitamins and minerals: others*, NHS.uk, 2021, https://www.nhs.uk/conditions/vitamins-and-minerals/others/

sposób spożycie tej substancji, i o to właśnie chodzi. Biorę kolagen nie tylko ze względu na włosy, skórę i paznokcie (większość ludzi robi to właśnie z tego

względu), lecz także dla wzmocnienia ścięgien i więzadeł.

Ale zawsze najpierw porozmawiaj z lekarzem.

S.O.S. DLA SKÓRY

Wysuszona, pomarszczona i trochę jakby smutna.

Brzmi, jakbym opisywała samotną rodzynkę, ale w rzeczywistości tak wyglądała moja skóra w okresie perimenopauzy.

Lubię patrzeć na zmarszczki pojawiające się ludziom koło oczu, gdy się uśmiechają, ale zmarszczki patrzące na mnie rankiem z lustra zwyczajnie mnie dołują.

Jeżeli doświadczasz tego samego, ratunek jest pod ręką: przed tobą niekwestionowana królowa pielęgnacji skóry Caroline Hirons.

Caroline jest wysoko wykwalifikowaną kosmetyczką, wykształconą w ponad stu dziedzinach. Jej kariera obejmuje także indywidualizowane zabiegi kosmetyczne twarzy i międzynarodowe treningi dla czołowych marek. Ma za sobą dziesiątki lat doświadczeń w przemyśle dotyczącym pielęgnacji skóry i jest zwolenniczką

działania zgodnie z naturą. Najpierw zaczęłam śledzić ją w mediach społecznościowych i poczułam się tak, jakbym znalazła pierwotnego ducha pielęgnacji. Jest szczera, otwarta i zna się na pielęgnacji skóry w okresie menopauzy. Pomstuje na cały przemysł, który rozrósł się wokół menopauzy, czy raczej, jak ona to nazywa, „moneypauzy". Jeżeli ona nie wie czegoś o pielęgnacji skóry, to znaczy, że nie jest to warte uwagi. Jest najprawdziwszą wojowniczką menopauzy. Tutaj opowie o tym, co trzeba wiedzieć o pielęgnacji skóry w perimenopauzie i menopauzie.

Następnie, gdy ona już podzieli się swoją wiedzą, ja przedstawię kilka sposobów na kompletnie nieabsorbujący makijaż, który zajmie ci dosłownie pięć minut i – obiecuję – sprawi, że poczujesz się znakomicie.

Teraz oddaję głos Caroline Hirons, która wyjaśni, dlaczego twoja skóra się zmienia, i przekaże kilka eksperckich sposobów na to, by wyglądała znakomicie.

KURS MISTRZOWSKI PIELĘGNACJI
SKÓRY CAROLINE HIRONS

CO SIĘ DZIEJE Z MOJĄ SKÓRĄ W OKRESIE PERIMENOPAUZY?

Gdy w okresie perimenopauzy rozpoczynają się wahania poziomu estrogenów, może to dać porządnego kopniaka twojej skórze. Spadek tych hormonów wpłynie na jej zdolność do zatrzymywania ceramidów – kwasów tłuszczowych wspomagających utrzymanie jej nawodnienia.

Skóra każdej z nas reaguje inaczej – możesz w ogóle nie mieć problemów, ale u większości kobiet perimenopauza oznacza zaczerwienienia i plamy na skórze. Gdy doszłam do czterdziestki, pojawił się trądzik – teraz po prostu znikąd. Miałam coś, zwłaszcza w okolicach podbródka, co mogłam nazwać trądzikiem „heavy-duty" – jest jak wulkan, który po prostu nigdy nie wybuchnie.

Ponieważ skóra zwyczajnie staje się cieńsza, zapewne zauważysz (począwszy od perimenopauzy), że potrzebuje więcej czasu na gojenie. W związku z tym, jeżeli pojawią się na niej plamy, to będą się dłużej utrzymywać. Twoja skóra będzie wolniej reagować, bo nie ma już receptorów, które umożliwiają radzenie sobie z przebarwieniami. I tak samo ze skaleczeniami i otwartymi ranami – prawdopodobnie także będą się dłużej goiły.

Co z tym zrobić

Nie rzucaj się na najmodniejsze składniki i nie kupuj całej baterii środków przeciw starzeniu skóry, co tutaj rozumiemy jako wygładzanie zmarszczek. W czasie perimenopauzy najważniejsze są zaczerwienienia i plamy. To nimi trzeba się zająć.

To nie oznacza, że masz stawać na głowie, by coś z tym zrobić, i agresywnie traktować całą twarz. Proszę, nie atakuj swojej twarzy! Niektóre kobiety, gdy pojawią się u nich plamy, zaczynają postrzegać skórę jak wroga. Zajmuj się miejscami, w których pojawiają się plamy, a nie całą twarzą.

Od czasu perimenopauzy zmieniłam środek nawilżający na lżejszy, zrobiony na bazie wody, który szybko się wchłania. Odczuwam go na skórze jako znacznie delikatniejszy i bardziej komfortowy.

Poszukuj produktów z ceramidami i peptydami. Peptydy to krótkie łańcuchy aminokwasów, które wspomagają ożywienie matowej i odwodnionej skóry. Obie te substancje to łagodne środki pomagające utrzymać pod kontrolą barierę skórną, bez użycia agresywnych specyfików.

SKÓRA I MENOPAUZA

Po wejściu w menopauzę poziom estrogenów spada jeszcze bardziej i skóra zaczyna tracić napięcie i elastyczność, co prowadzi do pojawienia się zmarszczek i obwisłych policzków. Gdy stwierdzisz, że twoja skóra zmienia się z krostowatej w naciągniętą i suchą po myciu, może to oznaczać dalszy spadek poziomu estrogenów i to, że zbliżasz się do menopauzy.

I żeby jeszcze dolać oliwy do ognia – twoja skóra ma problemy z utrzymaniem nawilżenia, możesz więc stwierdzić, że zmienia się z krostowatej w suchą, łuszczącą się i swędzącą, podczas gdy ty się zastanawiasz, co to za draństwo.

Ponieważ w chwili wejścia w menopauzę poziom hormonów nadal podlega wahaniom, mogą się zdarzać niespodzianki, ale zasadniczo twoja skóra na tym etapie ma tendencję do bycia suchą i nieco ziemistą z wyglądu.

Co z tym zrobić

Jeżeli nie zostały ci przepisane przez specjalistę, oszczędź pieniądze, omijając szerokim łukiem produkty, które obiecują powstrzymanie uderzeń gorąca oraz takie, które „naprawią" twoją skórę.

Jeżeli twoja cera jest sucha i matowa, najważniejsze jest przywrócenie jej nawilżenia. To nie oznacza, że trzeba używać jakiegoś bardzo intensywnie nawilżającego środka (chyba że skóra jest bardzo sucha i swędząca). Coś na bazie wody też może zadziałać.

Nie wydawaj fortuny na detoksykujące maseczki z glinki. Użyj czegoś wręcz przeciwnego – poszukaj maseczki nawilżającej. A jeżeli zbliża się jakieś duże wydarzenie, pamiętaj, że dobry olejek do twarzy bardzo szybko zdoła ukryć mnóstwo grzechów.

I znowu szukaj produktów z ceramidami i peptydami. Myśl o łagodnych specyfikach, które nie wywołają u skóry stresu. W dzień menopauzowa skóra zwykle dobrze reaguje na oczyszczające mleczka i kremy, mgiełki do twarzy i dobre środki nawilżające – nie pomijaj dobrego środka do ochrony przed promieniowaniem słonecznym! Generalna zasada brzmi, że jeżeli możesz czytać książkę na dworze przy naturalnym świetle, to znaczy, że potrzebujesz kremu z filtrem. Po zmroku powtórz dzienny schemat działania, tylko bez kremu z filtrem.

Stwierdziłam, że nie jest mi już po drodze z aktywnymi produktami, takimi jak retinol. Bariera ochronna mojej skóry jest uszczuplana z powodu menopauzy, nie lubi więc ona silnego retinolu, który tolerowała jeszcze pięć albo dziesięć lat temu. Najważniejsze, by wsłuchiwać się w swoją skórę i stosować na nią to, z czym będzie mogła sobie poradzić.

NIEABSORBUJĄCY MAKIJAŻ ZAJMUJĄCY PIĘĆ MINUT

Gdy miałam czterdzieści kilka lat, zaczęłam codziennie robić sobie lekki makijaż. Nawet jeśli to było pośpieszne podmalowanie rzęs przed wyjściem, czułam się dzięki temu szczęśliwa.

Cheryl Phelps-Gardiner, moja artystka od makijażu, którą pierwszy raz spotkałam na zdjęciach dla Garniera, jest FANTASTYCZNA. Pracowała ze wszystkimi wielkimi fotografami, takimi jak David Bailey, a także ze wszystkimi supermodelkami. Cheryl była pierwszą osobą, która powiedziała mi, że jeśli nie zamierzam zrobić pełnego, efektownego „smoky eyes", mam nie robić niczego kredką na dolnej powiece: jest to bardzo postarzające, gdyż wizualnie przesuwa oczy ku dołowi.

Poniżej niektóre z jej topowych porad.

PODSTAWOWE PORADY
NA TEMAT MAKIJAŻU
OD CHERYL PHELPS-GARDINER

To porady dla każdej kobiety, która chciałaby, by jej makijaż był superszybki i superłatwy. W miarę starzenia nasza skóra traci ten charakterystyczny rozkwit młodości. Chciałabym pomóc ci go odtworzyć. Nie znajdziesz tu więc porad w stylu Kim Kardashian. Rekomenduję też pewne marki, ale pamiętaj, że masz do dyspozycji także mnóstwo innych.

PODKŁAD

Istnieje wiele rodzajów podkładów: płynne, w kremie, pudrowe, oparte na wodzie.

Za najlepszy i najłatwiejszy w użyciu uważam płynny podkład Chanel Vitalumiere, który występuje w odmianach od lekkiego do średniego krycia. Daje przyjemny rozświetlający efekt i ma dobrą gamę kolorów. Jest drogi, ale jednorazowo potrzebujesz go naprawdę niewiele, wystarcza więc na długo.

Jeżeli masz ładną skórę, możesz w ogóle pominąć podkład – na przykład Davina ma świetną skórę i robiąc sobie

makijaż do pracy, często używa zamiast niego barwionego nawilżacza (Laura Mercier produkuje znakomite odcienie).

Niezależnie od rodzaju skóry, im mniej, tym lepiej. Na tym etapie ignoruj ciemne plamki i skazy, by skóra wyglądała świeżo. Twoim celem jest cienka woalka na twarzy i szyi.

KOREKTOR

Dobrym pomysłem jest wybranie palety z dwoma lub więcej odcieniami, tak byś mogła je zmieszać i zapewnić odpowiedni kolor skórze otaczającej skazę. Oferują je Bobbi Brown, Laura Mercier i Il Makiage, ale prawdę powiedziawszy, takie palety proponuje większość producentów kosmetyków. Bardziej od różowych podobają mi się odcienie żółte. Użycie pędzelka, takiego jak pędzelek do szminki, daje większą kontrolę nad mieszaniem kolorów i ich nakładaniem czubkami palców.

Pod oczy stosuję YSL Touche Éclat i puder Secret Brightening Laury Mercier...

jest NIEZBĘDNY w moim zestawie.
To świetny, lekko połyskujący puder –
uważam, że jest magiczny! Laura Mercier
produkuje także pędzelek o nazwie
Pony Tail, który jest idealny do nakładania
delikatnymi, lekkimi muśnięciami pudru
na skazy i pod oczy.

POLICZKI

Gdy już masz perfekcyjny podkład,
trzeba przywrócić skórze dawny rozkwit.

Pamiętaj, że chcesz naśladować kolor
policzków, który pojawiał się po szybkim
spacerze w rześki zimowy poranek,
czyli różowy z lekką śliwkową nutą.

Ruszamy prosto po Boomstick Colour,
gdyż to idealny odcień. W opakowaniu
wygląda na przerażająco ciemne bordo,

ale nie jest taki. Daje woal w kolorze
zbliżonym do naturalnego rumieńca
i magicznie dopasowuje się do każdej
karnacji. Fantastycznie wygląda również
na ustach, ma cudowny połysk.
Jakiegokolwiek różu użyjesz, wybierz
ten w kremie.

Następnie dodaj nieco połysku na
szczytach kości policzkowych, czubku
nosa i na środku podbródka. Lubię Total
Euphoria produkowany przez NARS,
ale jest przecież wiele firm sprzedających
rozświetlacze. Potrzebujesz blasku,
a nie iskrzenia. Potrzebujesz świeżej,
nawilżonej skóry z delikatnym kolorem…
Och, i nie zapomnij o tuszu do rzęs.

NA RATUNEK WŁOSOM

Piękne włosy to według mnie prawdziwy wzmacniacz pewności siebie. Podobnie jak nałożenie odrobiny szminki. Gdy moje włosy dobrze wyglądają, czuję się dobrze.

Zaczęłam siwieć w wieku 25 lat i wtedy zaczęłam farbować włosy (prawdę mówiąc, farbowałam, odkąd miałam 18, ale wtedy chodziło mi o pozbycie się paskudnej szarzyzny). Znam mnóstwo kobiet, które wyglądają niebywale szykownie z siwymi włosami, ale ja po prostu nie jestem jeszcze na to gotowa.

Tylko czasami daję sobie ufarbować włosy podczas sesji zdjęciowej. Ludzie są zaskoczeni, że zwykle farbuję je sama w domu. To po prostu wygodniejsze niż siedzenie trzy godziny na fotelu u fryzjera. Mogę sobie nawalić koloru na głowę, gadając z dziećmi, albo wykonać trochę pracy, czekając, aż farba dokona swoich czarów.

Kiedy przyszła perimenopauza i zanim zaczęłam HTZ, moje włosy stały się nieco przyklapnięte, suche i eech... Dziś wiem, że po prostu błagały o hormony.

Michael Douglas jest fryzjerem sesyjnym obecnym w tym biznesie od ponad 30 lat. To, czego nie wie o włosach, nie jest warte uwagi. Pracuje z wszystkimi wielkimi markami, w reklamie, przedsięwzięciach komercyjnych, filmie i programach TV. Zajmował się fryzurami wielu celebrytek, a moim fryzjerem jest od ponad 20 lat. To on założył klinikę włosów na Instagramie. Są tam relacje na żywo, do których zaprasza kobiety i mężczyzn i rozwiązuje ich problemy z włosami. Jest wśród tych gości wiele kobiet w okresie menopauzy.

FRYZJERSKA KLASA MISTRZOWSKA
MICHAELA

Oto kilka fantastycznych porad, których udzielił podczas swoich relacji na żywo na Instagramie kobietom w okresie menopauzy.

CZTERY PRZYCZYNY, DLA KTÓRYCH TWOJE WŁOSY CIERPIĄ W OKRESIE PERIMENOPAUZY I MENOPAUZY

Naturalny proces starzenia

Gdy robimy się starsi, nasze komórki zaczynają się wolniej rozmnażać, a każda komórka powstaje ze swojej wcześniejszej wersji. W pewnym artykule naukowym przeczytałem o błyskotliwej analogii, która to tłumaczy: to trochę jak robienie kserokopii. Pierwsza kopia jest ostra i wyraźna, ale gdy zaczniemy robić kolejną kserokopię z poprzedniej kserokopii, to już nie jest to. Zasadniczo to samo dzieje się z naszymi komórkami, kiedy się starzeją.

Dodatkowo jakość i ilość włosów pogarsza się wraz ze starzeniem się mieszków włosowych (z których włosy wyrastają). Przestają one wytwarzać barwnik, masz więc coraz więcej siwych włosów i stają się one cieńsze.

Hormony

Przez całe nasze życie hormony mają olbrzymi wpływ na zdrowie włosów.

Mówiąc najprościej, włosy przechodzą przez fazę wzrostu i fazę zrzucania. Faza wzrostu trwa w przypadku ludzkiego włosa około 90 procent czasu jego życia, reszta to faza zrzucania – to dzieje się wtedy, gdy przeciągniesz przez fryzurę palcami i znajdziesz kilka zaplątanych pasm albo kiedy znajdujesz włosy zbierające się w wannie.

Spadek poziomu estrogenów w okresie perimenopauzy i menopauzy może zaburzyć ten proces. Powoduje on ograniczenie fazy wzrostu z 90 do 60 procent i zwiększa intensywność zrzucania, a zatem więcej włosów wypada, a mniej rośnie.

Gdy estrogeny są w odwrocie, dochodzą do głosu androgeny, które normalnie są hamowane. Jedną z pierwszych rzeczy, którą robią, jest spowodowanie skurczenia mieszków włosowych. Włosy będą rosły, ale znacznie cieńsze.

Twoje geny

Kobiece łysienie, którym zwykle najbardziej dotknięta jest część ciemieniowa, to dziedziczna dolegliwość, w której faza wzrostu jest krótsza. Może się zdarzyć w każdym wieku, ale najczęstsze jest po menopauzie, gdy zmiany hormonalne dodatkowo wpływają na długość fazy wzrostu włosa.

Dieta

Spowolnienie fazy wzrostu jest zasadniczo uzależnione od hormonów, ale jest też związane z ogólnym stanem zdrowia i dietą. Włosy znajdują się daleko na liście priorytetów, jeśli chodzi o rozdział witamin i składników odżywczych z pożywienia. Mięśnie, kości, zęby, oczy i skóra otrzymują je jako pierwsze, jeśli więc nie stosujesz zbilansowanej diety, włosy nie otrzymają tego, co jest im niezbędne.

SPOSOBY RADZENIA SOBIE Z WŁOSAMI W OKRESIE MENOPAUZY

Jeżeli masz menopauzę, przechodzisz przez fazę zrzucania włosów i twoja dieta nie jest najlepsza, wtedy, do licha, będą cierpieć włosy - i to będzie widać.

Oto parę sposobów na przywrócenie im piękna.

Udaj się do lekarza w sprawie hormonów

Przywrócenie właściwego poziomu estrogenu pomoże ustawić prawidłowo fazy wzrostu i zrzucania. Musisz się tego trzymać, bo zmiana nie nastąpi natychmiast. Włosy rosną średnio około centymetra na miesiąc, więc musisz poczekać co najmniej 4-6 miesięcy, by zobaczyć realny wpływ HTZ.

Nie można nie doceniać wpływu zdrowej diety

Jesteśmy tak cholernie zajęci układaniem wszystkiego w życiu, że często zapominamy o dostarczaniu sobie paliwa i odpowiednim odżywianiu. Rodzaj włosów odziedziczyliśmy w genach, nie możesz więc spowodować, by cienkie włosy zrobiły się grube albo kręcone zaczęły rosnąć prosto, ale jest idealny sposób na to, by twoje włosy z powrotem lepiej rosły - proteiny. Potrzebujesz w pożywieniu 55-60 gramów protein dziennie, by wspomóc wzrost nowych, zdrowych włosów. Kolagenowe suplementy zawierające aminokwasy są znakomite dla włosów, paznokci i skóry. Witamina D także wspomaga utrzymanie włosów w fazie wzrostu, zapewnij sobie więc odpowiednią dawkę dzienną. Żelazo również ma takie działanie.

Dodaj swoim włosom nieco ikry

Trochę doczepionych włosów naprawdę
może sprawić wrażenie, że twoje własne
są gęstsze i bujniejsze.

Tak zwane root touch-up w aerozolu
to preparaty doskonałe do maskowania
odrostów, siwych pasm itp.

Dbaj o skórę głowy

Skóra głowy jest niezwykle ważna –
to żyzna gleba, na której rosną włosy.

Jeżeli tracisz włosy, możesz spróbować
dermabrazji skóry głowy, która oczyści ją
i umożliwi przygotowanie mieszków do
wytworzenia nowych włosów. Pamiętaj,
by udać się w tym celu do specjalisty.

Jeśli cierpisz na kobiece łysienie, mogą
pomóc domowe kuracje z minoxidilem,
które przywrócą do życia niemal już
obumarłe mieszki włosowe. Codzienne
wmasowywanie go w skórę głowy może
przynieść dobre rezultaty. Ale znowu:
nie uczyni to cienkich włosów grubymi,
bo to zapisane jest w genach.

Dbaj o włosy delikatnie i z miłością

Jeśli suszysz włosy suszarką, regularnie
je kręcisz albo prostujesz, to zanim
zaczniesz to robić, powinnaś użyć takich

produktów jak ochronny krem do włosów
albo specjalny aerozol do ich suszenia.

Jeżeli chodzi o prostowanie włosów,
to mniej znaczy więcej: ludzie korzystają
z prostownicy znacznie intensywniej, niż
potrzeba, przeciągając nią po niektórych
partiach włosów trzy albo cztery razy.
Lepiej zrobić to raz, powoli, nałożywszy
na włosy jakiś produkt ochronny.

Jeżeli już to robisz, przyjrzyj się używanym
szczotkom. Mają one ograniczony okres
przydatności, gdy więc robią się wytarte
i zniszczone – wymień je.

Nie pozwól, by definiował cię twój wiek

Zdecydowanie nie zgadzam się
z twierdzeniem, że włosy mają wyglądać
w jakiś sposób, gdy osiągniesz konkretny
wiek. Nigdy nie będziesz za stara na styl,
który ci odpowiada. To, czego chcesz, jest
najlepszą z możliwych wersji ciebie.

Jedną z moich klientek jest Ann Mitchell,
aktorka z serialu EastEnders. Jest po
osiemdziesiątce i wygląda fantastycznie.

PIĘĆ SPOSOBÓW
NA MŁODSZY WYGLĄD
I MŁODSZE SAMOPOCZUCIE

UŚMIECHAJ SIĘ!

To takie proste!

Uśmiech powoduje, że wyglądasz ciepło, pozytywnie, przystępnie, po prostu jak ktoś, z kim ludzie będą chcieli przebywać. Jest to także bardzo seksowne.

Gdy się uśmiechasz, nawet mimo że powstaje od tego milion zmarszczek wokół oczu, ludzie zwracają uwagę na wielki wspaniały uśmiech i nie zauważają kurzych łapek.

ZRÓB PORZĄDEK Z ZĘBAMI

Łysiejący mężczyźni często proszą Michaela o radę, gdy nie wiedzą, co zrobić z utratą włosów, i zawsze otrzymują odpowiedź: „Zrób porządek z zębami".

To takie prawdziwe. Naprawdę nie można nie doceniać siły ładnego uzębienia. Ludzie UWIELBIAJĄ miłe, wielkie uśmiechy, zrobienie zębów w ogromnym stopniu wzmocni więc twoją pewność siebie.

Aparaty ortodontyczne moich dzieci, których zastosowanie całkowicie zmieniło ich uśmiechy i zachowanie, zainspirowały mnie do zrobienia tego samego.

Pomyślałam, że też spróbuję, i zdobyłam aparat Invisalign®. Jest całkowicie przezroczysty i pomoże wyprostować zęby, a to wiele zmienia. Warto też zwrócić uwagę, że prostowałam sobie zęby, będąc po pięćdziesiątce – nie ma limitu wieku.

PODCIĄGNIJ TE PSIE USZY!

Gdy robimy się starsze, zwłaszcza gdy miałyśmy dzieci, nasze piersi ruszają na południe. Nagle okazuje się, że nie znajdują się tam, gdzie były dotychczas. I wszystkie zaczynamy wydłużać i wydłuuuużać ramiączka od staników, aż może się wydawać, że nosimy szelki, a nie cholerny stanik.

Nie rób tego. Skróć ramiączka i podciągnij te psie uszy. Twoje piersi będą nadal wyglądać świetnie, tylko potrzebują trochę dodatkowego wsparcia i nieco ikry.

I gdy już przy tym jesteśmy, przejrzyj szufladę z majtkami i stanikami i wyrzuć te, które widziały lepsze dni. Pamiętam sondaż, który wykazał, że kobiety noszą te same dwa staniki przez dziesięć lat. DZIESIĘĆ! Pomyśl o wszystkich akcjach i zmianach hormonalnych, które przez ten czas przeszedł twój biust – nie mówiąc o tym, ile cykli prania w tym czasie przeszedł stanik.

Jeśli twój biały niegdyś stanik nieco zszarzał, wiesz, co masz zrobić. Wywal go. Out!

Idź i zrób z tym coś, kup nowy – może być komfortowy, seksowny, podtrzymujący, jakikolwiek – niech dekolt wróci w twoje życie.

KONIEC JĘCZENIA

Stwierdzasz, że zaczynasz wydawać dźwięki typu „oooooch", „eeeee" i „uuuuuch", gdy musisz się schylić, by podnieść coś z podłogi? To hejnał starości.

Przez ostatnie kilka lat, gdy schylałam się, by zdjąć adidasy, słyszałam samą siebie wydającą podobne odgłosy i od razu czułam się, jakbym miała 500 lat. Mam na myśli to, że nie pamiętam, bym wydawała takie dźwięki, gdy miałam trzydzieści kilka lat i że muszę nauczyć się zagryzać wargi i tego nie robić.

Jeżeli też zaczęłaś tak robić, to przestań. NIE JĘCZ!

CHODŹ W TAKI SPOSÓB, BY BYŁO WIDAĆ, ŻE MASZ CEL

Tak chodzą młodzi ludzie, a ja zauważyłam, że z wiekiem zaczęłam chodzić dużo wolniej. Pomyślałam sobie: „Boże, to przestało wyglądać, jakbym szła **dokądś"**. Ale nie tylko to. W pewnym sensie cała zwalniasz i nie spalasz już tyle kalorii co wtedy, gdy byłaś młodsza.

Pamiętaj więc, by przyspieszyć kroku, ponieważ to jest trening, który powoduje, że wyglądasz młodziej – albo wydajesz się młodsza – i powoduje wydzielanie endorfin, które tak lubimy. Załóż słuchawki i puść sobie jakiś metal. Dzięki temu zwiększysz tempo.

I OSTATNIA RZECZ:
NIE ZAPOMINAJ KOCHAĆ SIEBIE

Jako grupa, my, kobiety w okresie menopauzy, jesteśmy dla siebie bardzo surowe. Chcę powiedzieć, że wydaje mi się, iż kobiety przez całe życie są bardzo wymagające wobec samych siebie. Spędzamy mnóstwo czasu, krytykując siebie – i oczywiście inne kobiety. Kiedy zaczynam oceniać inne kobiety, zawsze myślę: „Dobra, ale co się ze **mną** dzieje?". Bo jeżeli jestem krytyczna wobec innych kobiet, zwykle jest jasne jak słońce, że coś dzieje się ze mną i powinnam o tym porozmawiać z przyjaciółmi albo wyrzucić to z siebie w inny sposób.

Otrzymujemy naprawdę wystarczająco wiele wszystkiego tego, z czym musimy sobie w życiu radzić. Pomyśl o tym, co kobiety – w historii czy w swoim własnym życiu – muszą znosić: porody, miesiączki, owłosione nogi, menopauza… i tak dalej. NIE POTRZEBUJEMY zrzędzić na siebie nawzajem i się oceniać. Nie róbmy tego!

My, panie z menopauzą, musimy pamiętać, że jesteśmy w okresie naszej drugiej wiosny i to jest świetna okazja, aby odrzucić stare maski i style i zaplanować tę nową fazę naszego życia – fazę, która potrwa 30–40 lat – gdy możemy określić się całkowicie od nowa i stać się tym, kim chcemy być.

Jeżeli pewnego dnia zajadasz się ciastem i masz świadomość, że przez pewien czas nie ćwiczyłaś albo jesteś zła na siebie, że nie udało ci się osiągnąć tego, co miałaś nadzieję osiągnąć, to w porządku. Tylko naciśnij reset i powiedz sobie: „Dobra, jutro też jest dzień i mogę zacząć od nowa".

Uściskaj swoje ciało. Nie zrozum mnie źle, czasami ja też chciałabym mieć nogi jak Elle Macpherson albo piersi, które nie wykarmiły trojga dzieci, ale kocham moje ciało. Tyle razem przeszliśmy. Trzy razy było ciężarne, było obijane, przeszło przez sportowe szaleństwo, efekt jo-jo. Ale jest moje.

Celebrujmy nasze kształty. Wiem, że menopauza wielu z nas dała kopa, fizycznie i mentalnie, ale wiesz co? Nadal tu jesteśmy i nadal dajemy radę ustać… po prostu! Hahahahaha.

Uwierz, gdy mówię: widzę cię i wyglądasz super.

ROZDZIAŁ 14

PRZETRWAJ ZMIANY I NIEŚ PRZEKAZ

Nienawidzę słowa menopauza.

Oznacza „ostatni okres". Brzmi niczym kropka. Menopauza i potem... nic. Czarna dziura nudy. Otchłań.

A w Japonii nazywają menopauzę drugą wiosną. Cholernie mi się to podoba! Nie jesień, nie pieprzona zima, **druga wiosna,** ludzie!

Może mówię trochę jak podstarzała hipiska, ale gdy już uporządkujesz hormony, przychodzi odrodzenie. Gdy wracamy do równowagi, nadchodzi czas, kiedy możemy zacząć żyć od nowa.

Zamiast zapowiadać koniec życia, dzisiejsza menopauza to jego środek. Gdybyś się urodziła około 1841 roku, spodziewano by się, że przeżyjesz zaledwie 42 lata. Dzisiaj średnia długość życia kobiet w Anglii wynosi 83[1] lata[2].

Widzisz?! Mamy TYLE życia, aby działać.

Gdy ucałujesz na pożegnanie czas rodzenia dzieci, przychodzi pewnego rodzaju uwolnienie, kiedy myślisz: „Czego **ja** chcę? Co jeszcze jest dla **mnie?**".

Jeśli o mnie chodzi, to jestem teraz w dobrym miejscu. Hormony mam we względnym porządku. Jestem w szczęśliwym punkcie kariery. Podobnie jest w kwestii relacji – z przyjaciółmi, rodziną, partnerem. A moje dzieci robią się coraz starsze. Uwielbiam się przyglądać, jak dojrzewają i rosną – oczywiście nie tylko fizycznie, lecz także mentalnie – i zmieniają się w młodych dorosłych.

I powiem ci o jeszcze jednej rzeczy, którą absolutnie uwielbiam – jest to patrzenie na inne kobiety korzystające z wolności w tym środkowym okresie życia. Wprowadzają zmiany, próbują nowych rzeczy, może rozkręcają własne biznesy, pozbywając się zahamowań i przestarzałych etykiet, ruszają w świat.

Społeczeństwo na własną szkodę ignoruje kobiety w okresie menopauzy i postmenopauzy. Jesteśmy przebojowe, seksowne, mądre i nigdzie się nie wybieramy.

Musimy przeformułować „zmianę" i postawić to wyrażenie na głowie. Menopauza nie oznacza starzenia i spowolnienia, tylko wejście w kolejną fazę naszego życia, w której będziemy mogły przejść do działania i robić to, czego **my same chcemy.**

DLACZEGO WSZYSTKIE POTRZEBUJEMY BYĆ PODOBNE DO GOLDIE

Mogę naprawdę godzinami scrollować strony portali społecznościowych. Jedną

---

[1] *What is happening to life expectancy in England?*, The Kings Fund, 2021, https://www.kingsfund.org.uk/publications/whats-happening-life-expectancy-england
[2] Średnia długość życia kobiet w Polsce w 2021 roku wynosiła 79,7 wg raportu GUS [przyp. red.].

z moich ulubionych jest Instagram Goldie Hawn.

Oglądając jej posty, po prostu wyję. Jest tam cudowny klip, w którym skacze jak wariatka na trampolinie – jeżeli go nie widziałaś, obejrzyj teraz. Zabrakło mi tchu od samego patrzenia.

To, co najbardziej u niej uwielbiam, to jej nieprawdopodobna energia. Jest po siedemdziesiątce, wygląda fantastycznie, robi, co chce, mówi, co chce, i nie przejmuje się tym, co ludzie sobie o niej myślą.

Wszystkie powinnyśmy być podobne do Goldie. Powinnyśmy pozwolić, by inspirowały nas kobiety, które są 10, 20, 30 lat przed nami; które mówią nam, że wszystko będzie OK i że wiek średni nie oznacza zapinania się na ostatni guzik i zachowywania się stosownie do naszych lat, tylko odrzucenie zahamowań. I nie możemy zapominać, że MY jesteśmy o 10, 20, 30 lat przed innymi, młodymi kobietami, i to MY mamy być dla nich inspiracją. Mamy pokazać im, że wszystko zmierza ku dobremu.

ABSOLUTNIE ZABÓJCZE KOBIETY
W OKRESIE MENOPAUZY

Gdy scrollujesz media społecznościowe, szybko do ciebie dociera, że jest tam wiele kobiet, które przechodzą przez to samo co ty. Przecież tak wiele z nich skontaktowało się ze mną, by opowiedzieć mi swoją historię. Wszystkie są genialne i z ochotą wchodzą w dialog.

„Dzielę się moją podróżą przez menopauzę, by pokazać innym, że nie trzeba czuć zakłopotania ani zawstydzenia" – Linzi

Linzi ma 47 lat i perimenopauzę. Musiała poradzić sobie ze stratą jednego z rodzeństwa na skutek samobójstwa w okresie lockdownu. Poza tym wychowuje czteroletnie bliźnięta i zmaga się z przewlekłą chorobą.

Menopauza może być wielką niedogodnością, ALE ja nauczyłam się poruszać razem z nią, zamiast przeciw niej. Posty Daviny o dobrym samopoczuciu zainspirowały mnie do większej dbałości o ciało. Przedtem skupiałam się wyłącznie na zdrowiu psychicznym.

Zdaję sobie sprawę z wielkiej wagi edukowania samej siebie, rozmawiania i dzielenia się z innymi swoją podróżą przez menopauzę – bez zakłopotania i wstydu.

Wiele z moich przyjaciółek ma po trzydzieści kilka lat, chciałabym więc być dla nich przykładem; pokazać, że nie ma się czego bać.

Nigdy nie byłam osobą, która dużo ćwiczyła, ale teraz założyłam klub biegaczy w mojej społeczności w Tunbridge Wells, zaczęłam codziennie pedałować na rowerku Peloton i zwiększyłam ekspozycję na światło słoneczne, by zmaksymalizować produkcję witaminy D. Zmieniłam także dietę, skupiając się bardziej na świeżych produktach i ograniczając alkohol. Rezultaty już teraz są bardzo wyraźne. Mogę tylko albo żałować siebie, albo wziąć swoje życie we własne ręce jako kobieta – i z pewnością robię to drugie. Czuję się wyróżniona, że mogłam przejść przez to wszystko i w rezultacie stać się silniejsza.

Cooo? Założyłaś klub biegaczy w Tunbridge Wells? GDZIE? Chcę przyjść!

· · · · · ·

„Na powrót czuję się sobą" – Adele

Adele jest właścicielką i dyrektorem generalnym dwóch firm, które zatrudniają ponad 40 osób i mają ponad 3 miliony funtów obrotu. Jak sama mówi, jest bardzo zajętą kobietą.

Od 42. urodzin sprawy zaczęły iść „nie tak" – pojawiły się bardzo ciężkie miesiączki, kłopoty z pamięcią, a przed każdym okresem problemy z jelitami. Nastrój zmieniał mi się z dnia na dzień.

Umówiłam się do lekarza, który stwierdził, że mam zespół jelita drażliwego albo depresję. Ani razu nie wspomniał o menopauzie. Moja edukacja w katolickiej szkole w latach 70. polegała na tym, że biologia kobiety była „przerabiana" bardzo szybko, nie skojarzyłam więc faktów, wciąż uważając, że jestem za młoda na menopauzę.

Skończyłam 46 lat. Dokuczały mi te same objawy, które opisałam powyżej, ale doszedł do nich świąd skóry. Często miałam wzdęcia. Moja pamięć i zdolność wypowiadania się były fatalne. Podupadłam na zdrowiu, a moje lęki osiągnęły monstrualne rozmiary.

Zrobiłam autodiagnozę z pomocą Dr Google'a i zaczęłam planować

własny pogrzeb (naprawdę!), bo byłam przekonana, że mam raka. Lekarz zrobił mi badania krwi, wysłał mnie na tomografię żołądka i mózgu, ale nigdy nie sprawdził poziomu hormonów. Musiałam sobie radzić ze wszystkimi objawami, prowadząc dwa biznesy i ogarniając codzienne życie domowe z rosnącymi i wymagającymi nastolatkami.

Gdy spytałam lekarza o menopauzę, zapytał, czy mam jeszcze okresy, a – według jego opinii – jeśli tak, to nie jest to menopauza. W 2019 roku przyjaciółka zasugerowała wizytę u ginekologa. Dostałam namiary na jej lekarza i wtedy – BUM – po wykonaniu badań okazało się, że tak – mam perimenopauzę. Od razu dostałam plastry HTZ i pigułkę z progesteronem. W ciągu trzech miesięcy na powrót poczułam się sobą. Wróciła zdolność do komunikowania się w jasny, spójny sposób, wróciła umiejętność występowania przed publicznością z pewnością siebie (znowu mogłam to robić!).

Adele pokazała, że Dr Google to nie jest najlepszy diagnosta! Frustruje mnie to, że twoja menopauza nie została zdiagnozowana wcześniej, ale cieszę się, że z powrotem możesz być szefową!

„Zrobię wszystko, byśmy stali się pokoleniem #MakeMenopauseMatter (uczyńmy menopauzę ważną)" – Diane

Diane Danzebrink jest osobistą terapeutką i konsultantką zdrowia psychicznego specjalizującą się w menopauzie. Jest założycielką Menopause Support (Wsparcie w menopauzie) – menopausesupport.co.uk i kampanii #MakeMenopauseMatter.

Diane jest niesamowita, inspirująca i chciałabym, abyś przeczytała jej historię, napisaną jej własnymi słowami, w całości.

Kilka lat temu nie poświęcałam menopauzie ani odrobiny uwagi. A teraz przewińmy taśmę do przodu, do dzisiejszych czasów – okazuje się, że jem, piję i śpię z myślą o niej.

W lipcu 2012 roku musiałam przejść całkowitą histerektomię, połączoną z usunięciem obydwu jajników, macicy i jej szyjki, gdyż podejrzewano, że mam raka jajnika. Gdy ktoś ci powie, że sądzi, iż masz raka jajnika, chcesz, by zrobiono ci operację tu i teraz. Czekanie na wezwanie do szpitala to były najdłuższe dni mojego życia.

Po operacji pani ginekolog wyjaśniła mi, że zabieg trwał dłużej i był bardziej skomplikowany, niż się spodziewano, gdyż stwierdziła wówczas poważną endometriozę i adenomiozę. To tłumaczy ciężkie, bolesne miesiączki oraz ból w miednicy i na dole kręgosłupa, których

to dolegliwości doświadczałam od bardzo wielu lat. Na nieszczęście podczas operacji został uszkodzony pęcherz moczowy, stąd atrakcyjny worek z moczem przyczepiony do nogi – na szczęście tylko na pewien czas. Dobra wiadomość była taka, że, używając jej słów, operacja została wykonana „w samą porę". Wyniki badań laboratoryjnych potwierdziły, że miała rację, uff!

Przed operacją nie otrzymałam żadnej informacji o potencjalnych skutkach wpadnięcia w pooperacyjną menopauzę i możliwych objawach. Nikt mi nie powiedział, jak sobie z tym radzić. Gdy opuszczałam szpital, powiedziano mi, bym umówiła się do lekarza pierwszego kontaktu, gdy już będę na siłach. Byłam zszokowana, usłyszawszy, że nie pozostanę pod opieką ginekologa.

Wiele lat wcześniej moja mama otrzymała HTZ po operacji raka jajnika. Gdy dowiedziałam się, że środek otrzymywano z moczu ciężarnych klaczy, byłam przerażona i zdecydowałam, iż to nie dla mnie. Przerażające historie o tej terapii i raku piersi nie pomogły mi zmienić nastawienia. Nie miałam pojęcia, jak ważne jest przyjmowanie po operacji hormonów zastępczych. Nikt mi tego nie wytłumaczył. Ale wkrótce się tego dowiedziałam.

Kilka miesięcy po operacji sprawy przybrały bardzo zły obrót i postępowało to bardzo szybko. Fizycznie sobie radziłam, ale mentalnie zaczęłam zmagać się z różnymi problemami. Coraz bardziej dokuczały mi lęki i brak pewności siebie. Zaczęłam doświadczać ataków paniki, a większą część nocy spędzałam, leżąc wybudzona i desperacko usiłując zasnąć. Czasami strach i lęki stawały się tak intensywne, że musiałam budzić męża, by mnie uspokoił – to było ostatnią rzeczą, jakiej potrzebował, jako że przejął odpowiedzialność za wszystko, gdy moje zdrowie psychiczne zaczęło się pogarszać.

Praca stała się całkowicie niemożliwa, gdyż straciłam całą pewność, uwagę i koncentrację. Coraz rzadziej opuszczałam dom i niechętnie spotykałam się z przyjaciółmi, odbierałam telefony czy otwierałam pocztę – byłam pewna, że może zawierać tylko złe wiadomości. Każdy kolejny dzień wydawał się gorszy od poprzedniego i przebrnięcie przez niego było niczym brodzenie po pachy w gęstym syropie. Stawałam się coraz bardziej niepewna i irracjonalna, ale wciąż odmawiałam udania się do lekarza, gdyż sądziłam, że wariuję. Byłam pewna, że jedyną drogą są przyjmowane do końca życia antydepresanty albo szpital psychiatryczny. Mąż tak bardzo obawiał się o moje zdrowie psychiczne, że w końcu nie miał wyboru i musiał poprosić moją mamę, by przyjechała i zostawała ze mną na czas, gdy on szedł do pracy.

Moja biedna mama pilnowała mnie w dzień, a potem była regularnie budzona w nocy, gdy skradałam się przez półpiętro,

wpełzałam do jej łóżka i szlochałam jak dziecko, nie chcąc budzić mojego nieszczęsnego wykończonego męża. Przyszłość nie zapowiadała się dobrze. Czułam się bezużyteczna, beznadziejna i nic niewarta. Nie miałam pojęcia, gdzie zniknęła ta prawdziwa „ja". Utraciłam całą radość. Byłam smutna, przestraszona i zagubiona. Zmieniłam się nie do poznania. Lecz nie to było najgorsze. Do tej pory to ja byłam osobą, do której wszyscy przychodzili po wsparcie i poradę. Silna, wrażliwa, wyważona przyjaciółka, na której zdrowym rozsądku zawsze można było polegać, która umiała pomóc w znalezieniu rozwiązania każdego problemu – gdzie ona się do diabła podziała?

Pewnego ranka, niedługo potem, byłam bardzo bliska odebrania sobie życia. Pamiętam, że myślałam, jaki ciężar stanowię dla ludzi, których kocham, i o ile lepiej by było, gdyby mnie już tu nie było. Dokładnie pamiętam ciężarówkę, pod którą chciałam wjechać samochodem, i nie byłoby mnie tu, gdyby nie Henry, jeden z moich psów rasy jack russel, który zaszczekał w odpowiednim momencie i przywołał mnie do rzeczywistości. Zaczęłam szlochać i gwałtownie się trząść na myśl o tym, co niemal zrobiłam. Nie wiem, jak dojechałam do domu, i niewiele pamiętam z reszty tego dnia, poza tym, że opowiedziałam mężowi, co próbowałam zrobić.

Mój mąż od razu skontaktował się z naszą przychodnią i już po kilku godzinach siedziałam naprzeciwko lekarki, wychlipując jej swoją historię ostatnich kilku miesięcy. Wyjaśniła, że mam właśnie ciężkie objawy menopauzy, spowodowane drastycznym spadkiem poziomu estrogenów na skutek usunięcia jajników. Następnie opowiedziała mi o korzyściach i zagrożeniach przyjmowania HTZ z hormonami identycznymi z naturalnymi i o tym, czym to się różni od HTZ, którą zalecono mojej mamie. Zapewniła mnie, że tego właśnie potrzebuję. Mały kwadratowy plasterek, który mi przepisała i który miałam dwa razy w tygodniu przyklejać sobie na udzie, w ciągu kilku dni wszystko zmienił. Świat już nie był mrocznym, przerażającym miejscem. Ale bardzo szybko ulga zamieniła się w złość.

Patrząc wstecz na to, co niemalże zrobiłam, zastanawiam się, jak wiele kobiet czuło to samo co ja, bo nie dostały informacji i wsparcia, które mogłyby je przygotować na przyjście zdolnej zniszczyć ich życie menopauzy. Pamiętam, jak powiedziałam mężowi, że absurdalne jest to, że połowa populacji przez to przejdzie, ale nikt o tym nie słyszał. Obiecałam sobie, że jeżeli jeszcze kiedykolwiek znowu poczuję się sobą, zrobię coś, by zmienić przyszły krajobraz menopauzy.

Powrót do siebie zajął mi dwa lata. Skończyło się prywatną konsultacją u specjalisty, dzięki czemu otrzymałam właściwą kombinację rodzaju i dawki HTZ. Za tę konsultację musiałam zapłacić i choć tego nie żałowałam, denerwowało mnie, że wiele kobiet nadal jest zmuszanych do zafundowania sobie prywatnej opieki lekarskiej w okresie menopauzy, podczas gdy powinny otrzymać należną im pomoc od państwowej ochrony zdrowia. Miliony z nich nigdy nie wezmą pod uwagę prywatnej wizyty – i nie powinny – lecz zbyt dużo cierpi w milczeniu. I to jest skandal.

Gdy poczułam się silniejsza, zaczęłam się zastanawiać, co mogę zrobić, by to zmienić. Wiele lat temu studiowałam psychoterapię, ale ostatecznie wybrałam inną ścieżkę kariery. Teraz podjęłam decyzję, że wrócę do studiowania psychoterapii i coachingu. Zaczęłam też uczęszczać na profesjonalne kursy pielęgniarskie – specjalność: menopauza. W tym czasie założyłam Menopause Support, który jest dziś spółką użyteczności publicznej, oferując edukację, informację, porady, wsparcie i mnóstwo bezpłatnych materiałów.

Po ukończeniu studiów zdecydowałam, że będę się specjalizować w poradnictwie dla kobiet w okresie menopauzy, w nadziei na to, że pomogę tym, które tak desperacko tej pomocy potrzebują. Zaczęłam otrzymywać od mediów prośby o to, bym opowiedziała o barierach, które napotykają kobiety w dostępie do właściwej pomocy i wsparcia, oraz o szeroko pojętym wpływie menopauzy na zdrowie psychiczne, relacje i karierę. Moja skrzynka pocztowa była i wciąż jest przepełniona e-mailami od kobiet dzielących się łamiącymi serce doświadczeniami, historiami o tym, jak niezdiagnozowane i nieleczone objawy menopauzy wpłynęły na ich życie. To niezmiennie upokarzające, że całkowicie obce osoby dzielą się ze mną osobistymi szczegółami swojego życia, starając się uzyskać pomoc, której tak potrzebują.

Życie wykonało bardzo niespodziewany zwrot, byłam jednak zachwycona tym, że mogę pomóc w zwróceniu powszechnej uwagi na menopauzę. Pewnego ranka w 2017 roku, gdy wychodziłam z BBC, zadzwonił telefon. Gdy odebrałam, usłyszałam głos posłanki Carolyn Harris, która zapraszała mnie do Westminsteru, gdzie chciała mi zaoferować pomoc w zwróceniu uwagi Parlamentu na moją sprawę. Mimo wspierania kobiet indywidualnie, publicznego zabierania głosu i pracy z parlamentarzystami, wciąż miałam wrażenie, że tylko skrobię temat po wierzchu, zdecydowałam więc, że czas na ogólnokrajową kampanię. W październiku 2018 roku z pomocą Carolyn uruchomiłam w Westminsterze kampanię #MakeMenopauseMatter.

Jej celami były:

→ Zapewnienie obowiązkowych kursów na temat menopauzy dla wszystkich lekarzy i studentów medycyny.

→ Uruchomienie doradztwa i wsparcia w każdym miejscu pracy.

→ Włączenie menopauzy do programu zajęć o związkach i edukacji seksualnej w szkołach.

Jestem zachwycona tym, że tysiące ludzi podpisało petycję i że zaledwie w dziewięć miesięcy menopauza została uwzględniona w programie szkolnym w Anglii – z pomocą posłanki Rachel Maclean, która jest wspaniała. Wciąż jest jednak wiele do zrobienia.

Menopauza to nie jest tylko problem kobiet. To kwestia praw człowieka. Podczas gdy większość tych bezpośrednio dotkniętych to kobiety, może też dotykać osoby transpłciowe i niebinarne. Pośrednio może dotykać każdego, kto zna albo kocha osobę, która przez to przechodzi – partnerkę, członka rodziny, przyjaciółkę czy koleżankę.

Tam, gdzie powinna istnieć edukacja i informacja na temat menopauzy, zieje przepaść. Zdrowy rozsądek podpowiada, by edukację i świadomość na ten temat uczynić priorytetem dla naszych profesjonalnych pracowników ochrony zdrowia, liderów biznesowych i ogólnie społeczeństwa w celu uniknięcia rozpadu relacji i rodzin, dodatkowych kosztów w systemie ochrony zdrowia i w przemyśle. Najważniejsze dla naszego krótko- i długoterminowego stanu zdrowia jest dobre samopoczucie.

Gdy w 2015 roku postanowiłam rozpocząć zwiększanie świadomości społecznej, byłam w tym samotna. Niewiele było ludzi gotowych wypowiedzieć słowo „menopauza". Jestem zachwycona, że w ciągu kilku ostatnich lat nastąpił przełom i wiele innych osób opowiedziało się za zmianą. Zdecydowanie zmierzamy w dobrym kierunku. Zrobię wszystko, byśmy stali się pokoleniem #MakeMenopauseMatter.

Wielkie dzięki, Diane. Bardzo chciałam przedstawić twoją historię. Działaj dalej! Piątka!

NIEŚ PRZESŁANIE O MENOPAUZIE

Ranek 28 października 2021 roku był jednym z tych szarych, wilgotnych, dżdżystych dni, gdy wydaje się, że deszcz już nigdy się nie skończy.

Owinięta wielkim ciepłym płaszczem wysiadłam z pociągu na dworcu Charing Cross i samotnie poszłam przez mokre ulice Londynu. Gdy jednak skręciłam na Parliament Square, od lat miejsce niezliczonych demonstracji, protestów i wieców, słońce przedarło się przez chmury – na mojej twarzy pojawił się wielki uśmiech.

TAK! Pomyślałam. Dlaczego? Ponieważ na skrawku trawnika naprzeciwko budynku Parlamentu stała armia kobiet, które zgromadziły się, by walczyć o lepszą opiekę menopauzową w samym sercu władzy.

Byłyśmy tam, by wesprzeć kampanię posłanki Partii Pracy Carolyn Harris na rzecz zniesienia opłat za recepty na HTZ w Anglii. Powiewając plakatami, ubrane w t-shirty, robiłyśmy niesamowity hałas i nie chciałyśmy zamilknąć. Tak wiele odważnych, silnych, inspirujących, BYSTRYCH kobiet – i każda gotowa opowiedzieć swoją historię.

Ostatecznie Parlament nie zaakceptował wszystkiego, co chciałyśmy, ale otrzymałyśmy obietnicę, że kobiety będą płaciły za receptę na HTZ tylko raz w roku.

Było to fantastyczne osiągnięcie Carolyn. Stanie u jej boku, obok innych wojowniczek menopauzy takich jak Diane Danzebrink, Mariella Frostrup, Penny Lancaster, Sam Evans i Karen Arthur, było niezwykłym przeżyciem.

Płakałam. Właściwie nie byłam pewna, dlaczego płaczę, był to jednak czas niebywałych emocji – widok tych wszystkich kobiet, które przyszły, by wesprzeć inną kobietę, Carolyn Harris, która zajmowała miejsce w parlamencie i mogła spowodować autentyczne, realne zmiany. Nie tylko dla nas, ale i dla przyszłych pokoleń. Było to niezwykle poruszające. Myślę jednak, że najistotniejsze w tym dniu było to, że nie chodziło o politykę czy liczenie głosów – chodziło o sprawy kobiet i rzeczywistą zmianę, o to, że kobiety, mężczyźni, politycy, prowadzący kampanie i ludzie reprezentujący wszystkie dziedziny życia zjednoczyli się, by osiągnąć jeden cel.

„Najwspanialsze jest to, że nie jest to sprawa polityczna. To sprawa kobieca, a dzisiaj wszyscy się zjednoczyli, by osiągnąć związany z nią wspólny cel" – krzyczałam przez megafon. „Nie chodzi tylko o kobiety w okresie menopauzy, chodzi o nasze córki... nasze babcie, które nie otrzymały w ogóle żadnego wsparcia".

Dla mnie był to moment, kiedy chciałam, by mnie ktoś uszczypnął. Wyglądało na to, że rzeczywiście idzie ku dobremu. Zmagania na początku mojej menopauzy, decyzja, by zacząć o tym mówić i wykorzystać moją platformę internetową, aby inne kobiety nie czuły się osamotnione, niebywała reakcja na mój film dokumentalny, długie noce spędzone w mediach społecznościowych na odpowiadaniu na pytania, udzielaniu porad, wirtualnych uściskach dla kobiet, które czuły się tak samotne, jak ja się czułam – ten dzień przed budynkiem Parlamentu uświadomił mi, że coś się zmienia.

Wiem, że nie jestem pierwszą osobą, która bębni o menopauzie. Jest naprawdę wiele wojowniczek z autentycznym entuzjazmem. Kobietom w okresie perimenopauzy i menopauzy potrzebna jest zmiana wizerunku, by były postrzegane jako wesołe, szykowne, doświadczone, wyzwolone, świetne baby, jakimi są w rzeczywistości. Nigdy nie podejrzewałam, że stanę się taką kobietą. Kobietą z megafonem. Przed budynkiem cholernego Parlamentu.

Jeżeli ja mogłam to zrobić, to ty też możesz. I potrzebujemy CIĘ, bo dopiero zaczynamy. Nie musisz stać przed Parlamentem i wymachiwać plakatem, by zostać wojowniczką menopauzy – chociaż polecam to, bo to świetna zabawa. Każda z nas może odegrać własną rolę w postępujących zmianach.

Trzeba nieść przesłanie o menopauzie w domu, w pracy, wśród przyjaciół czy na spacerze z psem – zobacz poniżej,

jak to robić. Nigdy więcej wstydu, nigdy więcej piętna, pamiętasz?

BĄDŹ SZCZERA

Najważniejsze są szczere, otwarte rozmowy: z przyjaciółmi, z rodziną, z kolegami, a także z samą sobą.

Mam nadzieję, że po przeczytaniu tej książki wszyscy ostatecznie wyrzucą sformułowania typu „dąż do celu", „rób dobrą minę" czy „weź się do roboty" do kosza, gdzie jest ich miejsce. Wiesz, że nie musisz się zmagać ze swoją sytuacją ani na siłę sama sobie radzić. Wiesz ze stron tej książki albo z własnego doświadczenia, jak wyniszczająca może być ta walka. Jeżeli się z tym zmagasz, mów o tym i szukaj pomocy. Idź do lekarza, porozmawiaj z przyjaciółmi. Pomoc JEST w zasięgu ręki.

BĄDŹ AMBASADOREM

Wykorzystaj wiedzę, którą zdobyłaś, czytając tę książkę, i mów, mów, mów, MÓW o tym.

Przekaż tę książkę przyjaciołom, rodzinie, kolegom z pracy. Nie musisz mieć menopauzy. Nie musisz nawet być kobietą.

Wykorzystaj te informacje, by doprowadzić do zorganizowania odpowiedniego wsparcia w twoim miejscu pracy. A jeżeli TY jesteś szefem – na co czekasz?

BĄDŹ SPRZYMIERZEŃCEM

Skąd to nieco wojskowe sformułowanie? Nikt nie zostaje w tyle. Tak, chcemy, by nikt nie pozostawał w tyle.

Podczas spotkania z przyjaciółką możesz mieć niejasne przeczucie, że coś jest nie tak. Albo spotkasz w mediach społecznościowych kogoś przechodzącego trudny okres. Powiedz kilka słów otuchy, wesprzyj, wysłuchaj.

Rozmawiaj z osobami w pracy, które wyglądają, jakby miały objawy menopauzy. Zapytaj: „Hej, nie pomyślałaś, że to może być to?".

Pamiętasz tę rozmowę telefoniczną z moją kuzynką, o której pisałam na początku książki, kiedy nie miałam pojęcia, co się ze mną dzieje? Ona wszystko zmieniła. Uruchomiła cały łańcuch zdarzeń, które doprowadziły do diagnozy i do otrzymania właściwej terapii, co przywróciło mi życie i szczęście.

Trzeba wciąż mówić, ale także słuchać.

NIECH CIĘ USŁYSZĄ

Masz teraz w posiadaniu komplet informacji, gdy więc usłyszysz, jak ktoś sprzedaje wciąż te same stare mity, postaw się. Wyjaśnij sprawę. Zaproponuj naukowy punkt widzenia, przedstaw fakty, statystyki, informacje, których twoi rozmówcy potrzebują, by podjąć świadome decyzje w swojej sprawie.

PRZEDE WSZYSTKIM BĄDŹ DUMNA!

Jesteś twardą babką!

WSZYSTKIE jesteśmy
twardymi babkami.

Do diabła z tobą, menopauzo!

NIE będziemy cicho.

WOJOWNICZKI MENOPAUZY

dr Naomi Potter
Instagram: @drmenopausecare
Naomi jest bardzo błyskotliwa i praktyczna, nikt nie potrafi udzielać tak wyczerpujących wyjaśnień. Dołącz do niej na Instagramie.

Carolyn Harris, posłanka
Twitter: @carolynharris24
Po prostu KOCHAM Carolyn. Kobiety takie jak ona zmieniają świat. Trzeba ją wspierać, bo zmienia prawo dla nas, kobiet.

Caroline Hirons
Instagram: @carolinehirons
Królowa kamuflażu. Sensowne porady o pielęgnacji skóry.

Diane Danzebrink
Twitter: @Dianedanz #makemenopausematter
Absolutna pionierka; założycielka kampanii wzywającej wszystkich lekarzy pierwszego kontaktu do odbycia obowiązkowego szkolenia na temat menopauzy i wszystkie szkoły medyczne do włączenia jej do swojego programu.

Gabby Logan
Twitter: @GabbyLogan
W średnim wieku i bez zahamowań, prowadzi podcast Mid•Point.

dr Nighat Arif
Instagram: @drnighatarif
TikTok: @drnighatarif
Lekarz pierwszego kontaktu w brytyjskiej państwowej ochronie zdrowia i najbardziej zajęta osoba na świecie. Niezmordowanie pomaga wszystkim kobietom, a zwłaszcza tym ze swojej społeczności.

Mariella Frostrup
Twitter: @mariellaf1
Dziennikarka, pisarka, prowadząca kampanie Mariella jest, jak dla mnie, dowódcą straży pośród wojowniczek menopauzy. Była pierwszą kobietą, którą widziałam, jak publicznie wypowiada się o menopauzie. Mariella, bardzo ci dziękuję. Jesteś absolutnie wspaniała.

Karen Arthur
Instagram: @thekarenarthur #wearyourhappy
Możecie pamiętać Karen z mojego programu dokumentalnego – pyskata, z ikrą, gospodyni błyskotliwego podkastu *Menopause Whilst Black*.

Kate Muir
Twitter: @muirkate
Pisarka, aktywistka, dokumentalistka i sprzymierzeniec, unosząca kurtynę skrywającą menopauzę. I moja przyjaciółka.

Samantha Evans
Instagram: @samtalkssex
Nasza stała sekspertka od menopauzy – jeżeli czegoś nie wie, to znaczy, że nie warto tego wiedzieć.

Cathy Proctor
Instagram: @meandmyhrt
Uwielbiam Cathy – naprawdę starała się znaleźć odpowiednio skomponowaną HTZ; jej Instagram pomógł bardzo wielu osobom.

Meg Mathews
Instagram: @megsmenopause
Wykorzystuje swoją platformę, by edukować ludzi i ośmielać kobiety. Jedna ze strażniczek menopauzy.

dr Anne Henderson
Instagram: @gynaeexpert
Ginekolog i akredytowana specjalistka British Menopause Society.

Tim Spector
Instagram: @timspector
Epidemiolog, który pisze o metabolizmie i cukrze podczas menopauzy.

Black Women in Menopause UK
Instagram: @blackwomeninmenopause
Wydarzenia, wzajemne wsparcie i miejsce do dzielenia się doświadczeniami.

Paulina Porizkova
Instagram: @paulinaporizkov
Supermodelka, aktorka, pisarka. Uwielbiam ją.

Liz Earle
Instagram: @lizearleme
Ekspertka od dobrego samopoczucia w wieku
średnim i prawdziwa legenda.

Lorraine Candy
Instagram: @lorrainecandy
Dziennikarka i bestsellerowa autorka „Sunday
Times". Kozak kobieta. Robi fantastyczny podkast
(poniżej).

Postcards from Midlife
Instagram: @postcardsfrommidlife
Podkast Lorraine Candy i Trish Halpin.

Lisa Snowdon
Instagram: @lisa_snowdon
Publikuje na Instagramie fantastyczne relacje
na żywo z dr Naomi.

dr Shahzadi Harper
Instagram: @drshahzadiharper
Lekarka od perimenopauzy i szanowana autorka
The Perimenopause Solution.

Jennifer Kennedy
Instagram: @catastrophegalloping
Autorka *Galloping Catastrophe. Musings of
a Menopausal Woman* – ta kobieta jest przezabawna.

Meera Bhogal
Instagram: @meerabhogal
Porady na temat dobrego odżywiania w okresie
menopauzy.

Buck Angel
Instagram: @buckangel
Jest fantastyczny – „mężczyzna z kobiecą
przeszłością, innowator LGBTQ, aktywista
ziołolecznictwa, trans...".

Tania Clyde
Instagram: @queermenopause
Promuje wszelkie źródła dotyczące menopauzy
oraz edukację dla terapeutów i specjalistów
ochrony zdrowia w kwestii potrzeb osób
LGBTQIA+.

Jane Anne James
Instagram: @janemhdg
Założycielka grupy dyskusyjnej o menopauzie
i HTZ na Facebooku. To świetna grupa.

Nigel Denby
Instagram: @Harleystreetathomemenopause
Specjalista dietetyk od menopauzy – naprawdę
świetny.

MPowered Women
Instagram: @mpowered_women
Ekspertki i błyskotliwe kobiety, które wyposażą cię
w siłę do przejścia przez twój wiek średni.
Za zakrętem są proste drogi.

Luinluland
Instagram: @luinluland
Ludzie zmieniający nastawienie do menopauzy,
nieustraszeni rzecznicy pozytywnego nastawienia
i założyciele Zero Fuck Club.

Anita Powell
Instagram: @blkmenobeyond
Prezenterka radia społecznościowego, autorka
podkastu *Black Menopause and Beyond* oraz
działaczka społeczna.

Hormone Health
Instagram: @hormonehealthuk
Prywatna przychodnia kobieca, założona przez
Nicka Panaya, który jest brytyjskim guru
w dziedzinie menopauzy.

The Latte Lounge
Instagram: @loungethelatte
Internetowa społeczność kobiet w wieku średnim.

Menopause Mandate
Instagram: @menopausemandate
Łączy wszystkie grupy związane z menopauzą,
by zmusić rząd do polepszenia opieki w tym
zakresie. Prawdziwy grom.

dr Louise Newson
Instagram: @menopause_doctor
Specjalistka od menopauzy i ogólnie guru.

Lorraine Kelly
Instagram: @lorrainekellysmith
Nie trzeba przedstawiać...

INDEKS

PODZIĘKOWANIA

DAVINA

O Boże, od czego zacząć? Tak wiele osób wzięło udział w mojej podróży z książką *Menopauzing*. Chciałabym zacząć od podziękowania wszystkim wojowniczkom menopauzy niezmordowanie publikującym na portalach społecznościowych, tworzącym blogi, rolki, tweety... wszystko, co może pomóc kobietom nawigować przez wiek średni i naszą drugą wiosnę. Jesteście wielkim źródłem pociechy i uwielbiam każdą minutę wieczornego wspólnego tweetowania – dziękuję wam. Wiecie, kim jesteście i wiele spośród was zostało wymienionych na końcu tej książki.

Chcę także przekazać szczególne pozdrowienia Kat Keogh, za uporządkowanie moich działań oraz pomoc w skupieniu się (to naprawdę skomplikowane zadanie) i bycie źródłem wszelkiej wiedzy o menopauzie. Wydawnictwo HQ – dziękuję, że jesteście. Lisa Milton – dzięki tobie to wszystko stało się możliwe. Dziękuję z głębi serca. Dziękuję błyskotliwym projektantom z Imagist i cudownemu fotografowi Markowi Haymanowi.

I jeszcze Louise McKeever z HQ. O mój Boże!!! Dziękuję za cierpliwość i bardzo dziękuję za „zdobycie" mnie. Jesteś naprawdę, naprawdę błyskotliwa. Dziękuję Amandzie Harris. Wiesz, jak cię uwielbiam. Bez ciebie nigdy bym tego nie zrobiła.

Dziękuję także Emily i Molly, moim agentkom i przyjaciółkom. Czuję się obdarowana przez los,

mając was obydwie przy sobie. Dziękuję Georgie White – nikt nie dowiedziałby się o tej książce, gdyby nie twoja pomoc w wysłaniu jej w świat. Dziękuję za wepchnięcie mnie na TikToka...

Wielkie podziękowania dla dr Naomi Potter. Pokochałam ją na Instagramie. Jej informacje są niczym medyczne ekspertyzy sądowe. Przykłada ona szczególną wagę do tego, by były łatwe do zrozumienia i przetrawienia. Wykonała ogromną pracę, tworząc przekaz dla nas wszystkich. Czuję wobec ciebie ogromny respekt i podziwiam cię.

Wielki, płynący z głębi serca dług wdzięczności mam wobec wszystkich kobiet, które przysłały czasami łamiące serce, a czasami podnoszące na duchu historie o ich menopauzie. Dzięki nim inne kobiety poczuły się mniej osamotnione. A jak wiemy, można tę sytuację odczuwać jako czas wielkiej izolacji i samotności.

Dziękuję naszym współpracownikom, Caroline Hirons (fantastycznej części naszej rodziny z HQ), Cheryl Phelps-Gardiner (uściski) i Michaelowi Douglasowi, który wymaga specjalnego wspomnienia. Dziękuję za twoją mądrość. Jesteś moją płytą rezonansową. Ogromnie cię cenię i poważam.

I wreszcie Holly, Tilly i Chester. Wybaczcie, że wasza mama jest szurnięta.

DR NAOMI

Podziękowania dla Mike'a, moich rodziców Carol i Rona, Jacoba, Bena, Ollie, Rosie i Isli za to, że zawsze są. Dziękuję także dr Kate Lethaby i dr Alison Macbeth za ostatni, szybki i gruntowny rzut oka, który bardzo

sobie cenię. Oczywiście dziękuję Davinie za jej bezgraniczną pasję i entuzjazm, bez których ta książka nie zostałaby napisana i wiele kobiet nadal cierpiałoby w milczeniu.